Kerstin Münder
»Ich liebe den Menschen und nicht das Geschlecht«

W0108400

Kerstin Münder

»Ich liebe den Menschen und nicht das Geschlecht«

Frauen mit bisexuellen Erfahrungen

ULRIKE **HELMER** VERLAG

Bibliografische Information Der Deutschen Bibliothek

Die Deutsche Bibliothek verzeichnet diese Publikation in der
Deutschen Nationalbibliografie; detaillierte bibliografische Daten
sind im Internet über http://dnb.ddb.de abrufbar.

© 2004 Copyright Ulrike Helmer Verlag, Königstein/Taunus

Alle Rechte vorbehalten
Umschlaggestaltung: Atelier KatarinaS
Druck und Bindung: W. Niederland Verlagsservice, Königstein/Taunus
Printed in Germany
ISBN 3-89741-140-7

Gesamtverzeichnis sendet gern: Ulrike Helmer Verlag,
Altkönigstraße 6a, D-61462 Königstein/Taunus
E-Mail: ulrike.helmer.verlag@t-online.de
Fax: 06174 / 93 60 65
Besuchen Sie uns im Internet: www.ulrike-helmer-verlag.de

»Lerne die Regeln, damit du sie richtig brechen kannst.«
(Der XIV. Dalai Lama)

Inhalt

Einleitung

Bisexuelle Frauen sind offenbar wandelnde Defizite: Unentschieden, feige, untreu, polygam – so lauten die gängigen Klischees. Ist das alles, was über Frauen gesagt werden kann, die bisexuell begehren? Was gibt es jenseits dieser Vorurteile über sie zu wissen? Und: gäbe es womöglich gar positive Entdeckungen zu machen?

Dieses Buch wendet sich an bisexuelle Frauen, an Personen, die ihnen nahe stehen – seien es PartnerInnen, FreundInnen, Eltern und Geschwister –, an TherapeutInnen, BeraterInnen, MultiplikatorInnen sowie an alle, die auf das Thema neugierig sind.

Diejenigen, die selbst Erfahrungen damit gemacht haben, Frauen und Männer zu begehren, erkennen sich sicherlich an vielen Stellen wieder. Ich hoffe, dass ihnen dieses Buch eine Hilfe in der Auseinandersetzung mit ihrem sexuellen Begehren sein kann. Im Laufe des Entstehungsprozesses dieses Buches haben mir aber auch lesbische Frauen immer wieder Interesse an diesem Thema signalisiert. In Gesprächen wurde mir klar, dass Bisexualität für lesbische Frauen ein schwieriges und konfliktbeladenes Thema ist, vor dem viele lieber die Augen verschließen. Und doch ist es ein Thema, mit dem sie sich letztlich auseinandersetzen wollen und vielleicht sogar müssen, denn schließlich sind oder waren viele von ihnen mit bisexuell begehrenden Frauen zusammen. Ich wünsche mir, dass ihnen dieses Buch einen Einblick in die Erfahrungswelten bisexueller Frauen gibt und sie ermutigt, sich weiter mit dem Thema zu beschäftigen. Vielleicht kann es ein Anlass sein, das Gespräch und die Auseinandersetzung mit bisexuellen Partnerinnen und Freundinnen zu suchen. Das gleiche hoffe ich natürlich für alle anderen, die bisexuell begehrenden Frauen nahe stehen bzw. mit ihnen zu tun haben.

Obgleich Liebe, Begehren und Sexualität zentrale Bestandteile des Lebens und der Identität von Menschen in heutigen Gesellschaften sind, ist über weibliches bisexuelles Begehren bislang wenig bekannt. Auch im Rahmen von Forschung und Lehre sowie in pädagogischen und therapeutischen Aus- und Weiterbildungen wird es bisher kaum thematisiert. Dies steht im deutlichen Gegensatz dazu, dass Bisexualität derzeit in manchen Kreisen, wie zum Beispiel der Technoszene, geradezu als ›en vogue‹ gilt und in den Medien zunehmend präsent ist. Unter Titeln wie »Abartig! Wie kannst du nur Frauen und Männer lieben?« (Bärbel Schäfer, RTL) und »Bisexuell – ich will mich nicht entscheiden!« (Jörg Pilawa, SAT1) wird Bisexualität zum Gegenstand von Talkshows. Auch in Frauenzeitschriften finden sich von Zeit zu Zeit Artikel über bisexuell begehrende Frauen. Darin wird jedoch fast ausschließlich von Frauen berichtet, die mehrere Beziehungen gleichzeitig leben. Bei den LeserInnen wird der Eindruck erweckt, alle bisexuell begehrenden Frauen lebten polygam. Fotos, die die Frauen zusammen mit ihren diversen BeziehungspartnerInnen zeigen, unterstreichen diesen Eindruck. Wenn bisexuelles Begehren derart reißerisch und einseitig thematisiert wird, leistet das keinen brauchbaren Beitrag zum Verständnis von Bisexualität, sondern tradiert lediglich abgedroschene Klischees.

Dass es bezüglich des bisexuellen Begehrens von Frauen ein Defizit an sachlichen Informationen gibt, hängt mit verschiedenen Faktoren zusammen, die eine lange Geschichte haben: Aktive weibliche Sexualität wurde lange tabuisiert und ist bis heute keine Selbstverständlichkeit. Dies gilt ebenfalls für gleichgeschlechtliches Begehren. Hinzu kommt die Vorherrschaft dualistischen Denkens, das Frauen und Männer als Gegensätze konstruiert, sie also einander gegenüberstellt und damit zugleich paarweise zuordnet. Dadurch, dass bisexuelles Begehren sowohl auf gesamtgesellschaftlicher als auch auf wissenschaftlicher Ebene lange Zeit tabuisiert wurde, konnten sich Stereotype und Klischeebilder ausbreiten. Bisexuell begehrenden Frauen und Männern fehlt es daher an Vorbildern und Orientierungsmöglichkeiten, die es ihnen erleichtern könnten, sich mit ihrem Begehren nach beiden Geschlechtern auseinander zu setzen.

Wissenschaftliche Bemühungen, sich explizit mit dem Thema Bisexualität zu befassen, gibt es erst seit Mitte der 1980er Jahre. Sie stammen in der Mehrzahl aus dem US-amerikanischen Raum. Oftmals konzentrieren sie sich auf negative und belastende Aspekte bisexuellen Begehrens oder haben diese als Ausgangspunkt. So vermittelte mir die Beschäftigung mit der Literatur zum Thema Bisexualität zunehmend den Eindruck, bisexuelles Begehren gehe vor allem mit einer Fülle von Schwierigkeiten einher und sei unglaublich problematisch. Es frustrierte mich, ausschließlich über Diskriminierungserfahrungen und Ausgrenzung zu lesen. Über positive und produktive Erfahrungen, die mit bisexuellem Begehren verknüpft waren, wurde nur selten berichtet. Und wenn das doch der Fall war, erschienen mir diese Schilderungen oftmals sehr einseitig, beschworen sie doch Bisexualität als Allheilmittel gegen eine Vielzahl von gesellschaftlichen Problemen.

Dadurch, dass viele Publikationen negative und problematische Aspekte bisexuellen Begehrens ins Zentrum stellen, entsteht ein einseitiges Bild. Bisexuell begehrende Frauen und Männer werden zumeist in der Rolle von ›Opfern‹ darstellt. Dieses Bild entspricht nur begrenzt meinen eigenen Erfahrungen. Zwar sind mir in meiner Arbeit als Leiterin von Aufklärungsveranstaltungen zum Thema ›Gleichgeschlechtliche Lebensweisen‹ immer wieder Tabus und Vorurteile begegnet. Meine persönlichen Erfahrungen haben mir aber auch gezeigt, dass bisexuelles Begehren eine große Bereicherung sein kann.

Um zu einem ganzheitlicheren Bild bisexuellen Begehrens beizutragen, entschloss ich mich, im Rahmen einer eigenen Studie theoretische Erörterungen und Erfahrungsberichte zu verbinden: Ich wollte den positiven und unterstützenden Aspekten weiblichen bisexuellen Begehrens nachgehen! Dabei war es mir wichtig, bisexuell begehrende Frauen selbst zu Wort kommen zu lassen: Wer sind diese Frauen? Wie leben sie? Welche Erfahrungen machen sie in emotionalen und sexuellen Beziehungen zu Frauen und Männern? Wie erleben sie die Auseinandersetzung mit ihrem Umfeld? Wie beschreiben sie ihr Begehren? Und wie bewerten sie selbst ihre bisexuellen Erfahrungen? Dazu habe ich Gespräche mit sechs Frauen geführt und ausgewertet. Die zentrale Frage dabei war, inwieweit bisexuelles Begehren eine Bereicherung und einen Gewinn im Leben von Frauen sein kann. Worin liegen der Reiz, das Spannende und vielleicht auch das Außergewöhnliche dieser Erfahrungen? Anstatt zu fragen, wo bisexuell begehrende Frauen von Abwertung und Diskriminierung betroffen sind, wollte ich herausfinden, wo sie Unterstützung und Ermutigung in der Auseinandersetzung mit ihrem Begehren und ihrer sexuellen Identität erfahren haben. Ich wollte aufzeigen, welchen Einfluss bisexuelle Erfahrungen auf das Selbstkonzept, die sexuelle Selbstdefinition und den Lebensalltag von Frauen haben.

Aus der Studie entstand das vorliegende Buch. Der erste Teil enthält einen Blick in die Geschichte, um zunächst einen Eindruck davon zu vermitteln, wie im Laufe der letzten Jahrhunderte über bisexuelles Begehren gedacht und wie damit umgegangen wurde. Dann werde ich zeigen, warum sich Menschen überhaupt über ihre Sexualität definieren, was unter einer sexuellen Identität zu verstehen ist und welcher Nutzen, aber auch welche Gefahren damit verbunden sind, sich auf solche Identitäten zu beziehen. Ein Überblick über die Forschung zum Thema Bisexualität soll deutlich machen, inwiefern ich diese für defizitär halte.

Der zweite Teil dieses Buches ist den persönlichen Gesprächen gewidmet, die den Grundstock meiner Untersuchung bildeten. Dabei kommen meine Gesprächspartnerinnen selbst zu Wort, denn ihre Berichte vermitteln den LeserInnen einen Zugang zu der Erfahrungswelt bisexuell begehrender Frauen. Abschließend gehe ich der Frage nach, welche Relevanz meine Ergebnisse für die Praxis von Bildungsarbeit, Beratung und Therapie haben könnten.

Ich danke all denen, die mich bei der Arbeit an diesem Buch unterstützt haben.

Mein besonderer Dank gilt den Frauen, die mit mir über ihre bisexuellen Erfahrungen gesprochen und mir einen Einblick in diesen persönlichen Lebensbereich gegeben haben.

Für bereichernde Korrekturvorschläge, moralische Unterstützung, liebe Worte und Nachsicht mit meinen Launen danke ich: Ingrid Furchner, Marion Swiergot, Björn Süfke, Momo Thulke, Sandra Münstermann, Katrin Pohlmann, Anja Ross, Heike Klösel, Tina Patzelt, Dominika Krejs, Stephanie Gauster und Doro Köster sowie Anja, Rosi und Hans-Georg Münder. Schließlich danke ich allen, die mich immer wieder ermutigt und dabei unterstützt haben, die Ergebnisse meiner Studie zu veröffentlichen.

1 »No-Names, Kranke, VerräterInnen« – die Geschichte der Bisexualität

Warum soll es in diesem Buch schwerpunktmäßig um die positiven und Gewinn bringenden Aspekte von Bisexualität gehen? Um das zu verstehen, ist es sinnvoll einen Blick in die Geschichte der Sexualwissenschaften zu werfen. So lässt sich verdeutlichen, warum wir auf eine bestimmte Art und Weise über Sexualität denken und reden. Es wird möglich, die heutige Forschung zum Thema Bisexualität in ihren historischen Kontext einzuordnen und ein Verständnis für deren Fragestellungen zu entwickeln.

Diese Darstellung erhebt keinen Anspruch auf Vollständigkeit. Im Mittelpunkt werden Ansichten und Theorien zum Thema Homosexualität stehen, da sich Überlegungen zu Bisexualität in der Regel hieraus ableiten. Ich werde aber auch auf das sich wandelnde Verständnis von weiblicher Sexualität und von Sexualität zwischen Frauen eingehen sowie auf soziale Strömungen und politische Systeme, die den sexualwissenschaftlichen Diskurs maßgeblich beeinflusst haben.

Eli Coleman macht darauf aufmerksam, dass sich das Verständnis von Bisexualität und damit die Art und Weise, wie über Bisexualität gedacht und theoretisiert wurde, im Laufe der Geschichte dreimal maßgeblich verändert hat (Coleman 1994). Meine Darstellung wird sich an diesen Paradigmenwechseln orientieren.

Vom Verhalten zum Wesen

Ein Blick in die Geschichte zeigt, dass es bisexuelles und homosexuelles Verhalten schon in früheren Gesellschaften, zum Beispiel im antiken

Griechenland, gegeben hat. Mit der Existenz dieses Verhaltens war jedoch nicht notwendigerweise eine Identität als Homosexuelle/r oder Bisexuelle/r gebunden. Identitätskonstruktionen auf der Basis von sexuellem Begehren vorzunehmen ist, historisch gesehen, ein relativ neues Phänomen, das sich vor allem in westlichen Gesellschaften ausgeprägt hat.

Wie kam es aber dazu, dass Menschen in westlichen Gesellschaften Identitäten auf der Basis sexuellen Verhaltens angenommen haben? Und welche Bedeutung haben diese Identitäten?

Um die Existenz sexueller Identitäten nachvollziehen zu können, ist es zunächst einmal notwendig, sich mit der Entstehung des Begriffs der Sexualität zu befassen. Vor dem 16. Jahrhundert existierte kein Begriff, der unserem heutigen Verständnis von Sexualität entspricht. Die Wahrnehmung von ›dem Sexuellen‹ als einem Ganzen entstand erst im Laufe des 17. und 18. Jahrhunderts. Der Begriff der Sexualität wurde sogar erst im 19. Jahrhundert geprägt.

Der Umgang mit Körperlichkeit und sexuellen Handlungen war im vorbürgerlichen Verständnis nicht in dem Ausmaß auf den Privatbereich beschränkt wie heute. Da ausschließlich solche Handlungen als sexuell betrachtet wurden, die der Reproduktion dienten, wurden alle anderen Handlungen und Aktivitäten nicht als sexuell gesehen. So waren in dieser Zeit Nacktheit und sexuelle Handlungen, die nicht der Fortpflanzung dienten, vollkommen selbstverständlich in der Öffentlichkeit sichtbar. Frauen lebten eine aktive Sexualität, die erst nachträglich (von Männern) als »lüstern, promisk und unersättlich« beschrieben und somit abgewertet wurde (Wrede 2000, S. 36).

Ab dem 16. Jahrhundert entwickelten sich die Grundlagen, auf denen das bürgerliche Verständnis von Sexualität aufbauen konnte. Sexualität und andere körperliche Prozesse wie Sterben, Krankheit und Geburt wurden zunehmend tabuisiert und in den Bereich des Privaten verlagert. Sexualität wurde mehr und mehr mit Scham- und Schuldgefühlen belegt.

Im Zeitalter der Industrialisierung verbreitete sich schließlich das Ideal der Selbstbeherrschung, das sich auch im Bereich der Sexualität widerspiegelte. Ausgehend von dem biblischen Grundgedanken, dass kein Samen verschwendet werden dürfe, erfuhr jegliche Sexualität, die nicht dem Ziel der Reproduktion diente (wie zum Beispiel der Oralverkehr oder gleichgeschlechtliche Sexualität), eine Abwertung. Das wurde damit begründet, dass diese Sexualpraktiken Lebensenergie entzögen, die für höhere Dinge eingesetzt werden könnte. Im jüdisch-christlichen Kulturkreis wird Sexualität seitdem mit Reproduktion, Natur- und Triebhaftigkeit gleichgesetzt. Männliche Sexualität hat demnach aktiv und fordernd zu sein. Frauen werden hingegen auf eine passive, empfangende und der Hingabe verpflichtete Sexualität festgelegt. Im Laufe des 19. Jahrhunderts verbreitete sich dieses bürgerliche Verständnis von Sexualität zunehmend auch in den anderen Gesellschaftsschichten.

Verwissenschaftlichung und Verbürgerlichung trugen ihren Teil dazu bei, dass sich im Laufe des 18. Jahrhunderts immer mehr die Überzeugung durchsetzte, ausschließlich gegengeschlechtliches Begehren entspreche der Norm. Die Kirche betrachtete gleichgeschlechtliche Sexualität als Todsünde und homosexuelle Handlungen wurden sowohl von kirchlicher als auch von staatlicher Seite missbilligt und sanktioniert.

Im Rahmen von Wissenschaft und Literatur wurde gleichgeschlechtliches Begehren bis Mitte des 19. Jahrhunderts ausschließlich auf der Basis von sexuellen Handlungen beschrieben. Diese Beschreibung erfolgte anhand von Begriffen wie ›Tribadismus‹[1] oder ›griechische Liebe‹, Bezeichnungen, die sich ausschließlich auf die Verhaltensebene beziehen.

Mitte des 19. Jahrhunderts traten Frauen und Männer zunehmend stärker als Individuen in Erscheinung. Bis dahin wurden Frauen vor allem über ihre Familienbeziehungen definiert. Die Ehe galt als Zweckgemeinschaft und wurde in den seltensten Fällen mit romantischer Liebe assoziiert. Da Frauen weder zum Ehemann noch zu anderen Männern enge emotionale Kontakte pflegten bzw. pflegen durften und die meiste Zeit mit anderen Frauen verbrachten, bestanden die engsten emotionalen Beziehungen zumeist zu anderen Frauen. Erotik und Sexualität waren mehr oder weniger häufig Bestandteil dieser Beziehungen. Durch die finanzielle Abhängigkeit von Männern war die Ehe jedoch von existentieller Bedeutung für Frauen. Frauenbeziehungen konnten folglich nicht offen gelebt werden und wurden von Männern nicht als ernst zu nehmende Konkurrenz betrachtet. Vielmehr wurden sie als ›Spielerei‹ oder als ›Vorübung‹ für die Ehe abgetan.

Dies ist auch der Grund, warum lesbische Sexualität im Gegensatz zu schwuler in Deutschland und in vielen anderen Ländern nie strafrechtlich verfolgt wurde. In Großbritannien zum Beispiel war Sexualität unter Frauen nicht strafbar, weil befürchtet wurde, dass allein die Diskussion um eine strafrechtliche Verfolgung Frauen auf die Idee bringen könnte, sexuelle Beziehungen zu anderen Frauen zu haben. Hier wird deutlich, wie wenig Eigeninitiative und Selbstverantwortlichkeit Frauen in der Sexualität zugetraut wurde. Neben einer Vielzahl an negativen Konsequenzen hatte diese Sichtweise aber einen Vorteil: Da sie als asexuelle Wesen betrachtet wurden, die sich allein über ihre Familie definieren, konnten Frauen Liebe, Erotik und Sexualität mit anderen Frauen leben, ohne dass sie als Lesben oder Bisexuelle betrachtet wurden. Denn dies hätte unweigerlich zu einer Sanktionierung ihres Verhaltens geführt. Diesen ›Freiraum‹ hatten Frauen jedoch nur, so lange sie nach außen weiterhin der traditionellen Frauenrolle entsprachen und nicht versuchten, sich männliche Attribute wie zum Beispiel ein ›männliches‹ Äußeres oder mehr Autonomie anzueignen. Transvestitinnen, die aus der weiblichen Rolle herausfielen, wurden durchaus für ihr Handeln bestraft.

Gleichgeschlechtliches Begehren unter Frauen war also in dieser Zeit in einem gewissen engen, privaten Rahmen lebbar. Es wurde jedoch gesellschaftlich nicht akzeptiert und war folglich in der Öffentlichkeit nicht sichtbar. Die Konsequenzen sind auch heute noch spürbar: Frauenbeziehungen werden noch immer gering geschätzt, belächelt und auch offiziell nicht als gleichwertig anerkannt. Viele Frauen haben daher Schwierigkeiten, selbstbewusst mit ihrem gleichgeschlechtlichen Begehren und ihren Liebesbeziehungen zu Frauen umzugehen. Frauen, die Frauen begehren, haben daher kaum Vorbilder und Orientierungsmöglichkeiten.

Die Entstehung der Sexualwissenschaften Mitte des 19. Jahrhunderts hatte einen entscheidenden Einfluss auf die Bedeutung von Sexualität. Die Betrachtung von Frauen und Männern als erotisierte Individuen verlieh Sexualität einen anderen Stellenwert. Sie wurde fortan nicht mehr nur als eine mehr oder minder akzeptierte Handlung begriffen. Stattdessen reflektierte sie das Wesen einer Person und sagte etwas Bedeutsames über deren Charakter aus. Sexualität wurde somit von einer Handlungskategorie zu einer Seinskategorie. Damit war der ›Grundstein‹ für eine Pathologisierung gleichgeschlechtlichen Begehrens gelegt. Hier ist Eli Coleman zufolge der erste Paradigmenwechsel im

Verständnis von (Bi-)Sexualität anzusiedeln. Erfolgte die Beschreibung gleichgeschlechtlichen Begehrens zuvor anhand von Handlungsbezeichnungen, wurde von diesem Zeitpunkt an eine Kategorisierung vorgenommen, die Individuen aufgrund ihrer Sexualität als ›normal‹ oder ›pervers‹ klassifizierte.

Der Rechtsassessor Karl-Heinrich Ulrichs unternahm 1864 den ersten Versuch einer systematischen Erfassung sexueller Orientierungen. Er entwarf ein Klassifikationsschema, das von einer Verschränkung der Geschlechtsrolle und der sexuellen Neigung ausgeht. Da Ulrichs annahm, dass ein Mann keinen anderen Mann lieben könne, folgerte er, dass Männer, die dies tun, eine ›abnorme‹ Psyche hätten. Dies äußere sich in der Übernahme von Eigenschaften und Verhaltensweisen, die dem anderen Geschlecht zugeschrieben werden. Ulrichs Argumentation stützte sich auf gleichgeschlechtliches Sexualverhalten bei Männern. Er übertrug seine Grundüberlegungen jedoch auch auf Frauen und bezog sie in sein Klassifikationsschema mit ein. Folglich unterteilte Ulrichs Menschen in vier Kategorien: ›Urninge‹ (Männer, die Männer begehren), ›Urninginnen‹ (Frauen, die Frauen begehren), ›Dioninge‹ (Männer, die Frauen begehren) und ›Dioninginnen‹ (Frauen, die Männer begehren). Da sein Kategorienschema die reale Vielfalt menschlicher Verhaltensweisen nicht zu erfassen vermochte, erweiterte Ulrichs es, bis es zuletzt 13 Kategorien beinhaltete. Seine ursprüngliche Intention, eine übersichtliche Klassifikation zu ermöglichen, führte er somit ad absurdum.

Die Annahme Ulrichs, dass gleichgeschlechtliches Begehren mit einer Umkehrung der Geschlechtsrollen einherginge, hielt sich und bildete auch in weiteren sexualwissenschaftlichen Theorien eine zentrale Grundannahme. Bis heute beherrscht sie zudem das Alltagsdenken vieler Menschen über gleichgeschlechtliches Begehren und zeigt sich in Vorurteilen, denen zufolge schwule Männer ›Tunten‹ und lesbische Frauen ›Mannweiber‹ sind.

Ulrichs ging weiterhin davon aus, dass sowohl die Geschlechtsidentität als auch die sexuelle Identität polar konstruiert sind, d.h. ein Mensch ist eindeutig Mann oder Frau und begehrt gleich- oder aber gegengeschlechtlich. Auch diese Grundannahme hat das Denken und Theoretisieren über Sexualität maßgeblich beeinflusst. Eine weitere Hinterlassenschaft Ulrichs ist die Annahme, dass gleichgeschlechtliches

Begehren angeboren sei. Er forderte dessen Straffreiheit, indem er argumentierte, dass Menschen nicht für etwas bestraft werden dürften, worauf sie keinen Einfluss hätten. Diese Argumentationsweise wurde später von Richard von Krafft-Ebing und Magnus Hirschfeld sowie von der ›homosexuellen Befreiungsbewegung‹[2] der 1970er Jahre aufgegriffen, um sich für die Rechte gleichgeschlechtlich begehrender Menschen einzusetzen.

Im Jahre 1869 prägte der österreichisch-ungarische Schriftsteller Karl Maria Benkert (später: Karoly Maria Kertbeny) den Begriff ›Homosexualität‹[3]. Diesem wurde kurz darauf der Begriff ›Heterosexualität‹ nachgebildet. Hetero- und Homosexualität wurden als Gegensätze (normal – pervers) konstruiert, was dazu führte, Menschen eindeutig einer der beiden sich gegenseitig ausschließenden Kategorien zuzuordnen. Damit war ein zweiteiliges Begriffspaar geschaffen, das bis heute das Denken über Sexualität bestimmt. Das heterosexuelle, reproduktive Verhalten bildet die Norm, das homosexuelle Verhalten stellt die Abweichung bzw. Perversion dar. Der Begriff ›Bisexualität‹[4] wurde später der Vollständigkeit halber hinzugefügt, um Personen zu beschreiben, die nicht eindeutig einer der beiden ersten Kategorien zugeordnet werden konnten. Bisexualität wurde jedoch bis auf weiteres nicht als ein eigenständiges Phänomen, sondern als eine Variante homosexuellen Verhaltens betrachtet.

Mitte des 19. Jahrhunderts übernahm die Medizin die Erforschung gleichgeschlechtlichen Begehrens. Der Psychiater Carl Westphal veröffentlichte 1869 seine *Psychopathia Sexualis*, in der er sich aus medizinischer Sicht mit den ›Konträrsexuellen‹ beschäftigte. In seinem Verständnis handelt es sich bei ›konträren Sexualempfindungen‹ oder ›Inversionen‹ um einen psychopathologischen Zustand. Auf diese Weise wurden unter dem Einfluss der medizinischen Wissenschaften aus den vormals ›Perversen‹ und (aus Sicht der Kirche) ›SünderInnen‹ nun ›Kranke‹ und somit ›PatientInnen‹, die einer Behandlung bedurften.

Diese Sichtweise führte dazu, dass von nun an vor allem Ursachen von Homosexualität und entsprechende Heilmittel dagegen im Mittelpunkt des Interesses standen. Ziel der Forschungsvorhaben war es, dem angenommenen Seelenzwittertum entgegenzuwirken und aus den Betroffenen ›richtige‹ Frauen und Männer zu machen. Dies bedeutete zum einen, die Betroffenen dazu zu bringen, die ihrem biologischen Geschlecht zugeordnete Geschlechtsrolle anzunehmen und sich dementsprechend zu verhalten. Zum anderen hieß es, die PatientInnen davon zu überzeugen, das jeweils andere Geschlecht zu begehren.

Die Klassifikation gleichgeschlechtlich begehrender Frauen und Männer als ›Kranke‹ und ›PatientInnen‹ brachte einen Vorteil mit sich: Von nun an war es schwieriger, diese juristisch zu belangen. Dass die Einstufung als ›PatientIn‹ jedoch auch massive Einschränkungen mit sich brachte, wird deutlich, wenn wir uns vor Augen führen, welchen Qualen die Betroffenen im Rahmen einer ärztlichen ›Behandlung‹ ausgesetzt waren. Die psychiatrische Therapie schloss in vielen Fällen Maßnahmen wie Fixierung, Elektroschocktherapie oder Zwangsmedikation ein. Dies lässt die vordergründige Absicht, dem Wohl der PatientInnen zu dienen, zweifelhaft erscheinen und legt die Vermutung nahe, dass es sich hier um Maßnahmen handelte, die in erster Linie der gesellschaftlichen Normierung und Kontrolle dienten. An die Stelle des juristisch begründeten Freiheitsentzuges war das gesellschaftlichen Normierungsinstrument der Psychiatrisierung getreten. Gleichgeschlechtlich begehrende Menschen wurden nun zwar nicht mehr strafrechtlich verfolgt, jedoch in ihren persönlichen Rechten und Freiheiten weiterhin massiv beschnitten. Sie blieben somit eine Zielscheibe für Stigmatisierung und gesellschaftliche Ausgrenzung.

Die Erforschung gleichgeschlechtlichen Begehrens befasste sich jahrzehntelang vor allem mit männlicher Homosexualität. Dies wurde damit begründet, dass es über weibliche Homosexualität kein Datenmaterial gäbe. Wahrscheinlicher ist jedoch, dass das gleichgeschlechtliche Begehren von Frauen deshalb keine Beachtung durch die Wissenschaft fand, weil es schlichtweg nicht ernst genommen wurde. Da weibliche Sexualität auf Passivität und Reaktivität festgeschrieben wurde, war es für viele nicht denkbar, dass zwei Frauen Sexualität ohne das Dazutun eines Mannes leben können, geschweige denn, dass diese Sexualität eine Alternative zu der mit Männern darzustellen vermag.

Diesem Denken setzte auch die Erste Frauenbewegung Ende des 19. Jahrhunderts nichts entgegen. Im Rahmen dieser Bewegung wurden gleichgeschlechtliche Beziehungen und lesbische Liebe nicht thematisiert. Zwar lebten einige Frauenrechtlerinnen in Frauenbeziehungen, wollten dies jedoch nicht öffentlich machen, da sie der Überzeugung waren, diese Thematik sei nichts für die ›normale Hausfrau‹. Es dürfte jedoch weitere Beweggründe gegeben haben, gleichgeschlechtliche Liebe und Sexualität unter Frauen nicht zu thematisieren: In der Ersten Frauenbewegung hatten sicherlich andere politische Themen Vorrang und Sexualität wurde noch nicht als Politikum begriffen. Zudem hatten die frühen Feministinnen berechtigterweise Angst vor Sanktionen.

Ende des 19. Jahrhunderts ging Richard von Krafft-Ebing davon aus, dass Homosexualität eine biologisch verursachte Krankheit sei. Seiner Meinung nach gab es sowohl auf der körperlichen als auch auf der psychischen Ebene sogenannte Zwitter: HermaphroditInnen. Er benutzte den Begriff ›psychischen Hermaphroditismus‹ synonym mit Bisexualität und nahm an, dass die meisten psychischen HermaphroditInnen homosexuell lebten. Um diesen zu helfen, sollte man sie unterstützen, ihre heterosexuellen Anteile zu leben, damit sie in der Lage seien, eine reife, heterosexuelle Sexualität zu entwickeln. Krafft-Ebing sah in der Bisexualität folglich einen Ausdruck defizitärer Entwicklung. Seiner Meinung nach stellte sie ein unreifes Stadium innerhalb der persönlichen Entwicklung zur (gesunden) Heterosexualität eines Individuums dar.

Diese These wurde um die Jahrhundertwende unter anderem von Sigmund Freud aufgegriffen und modifiziert. Freud hat im Laufe seiner Karriere sehr widersprüchliche Meinungen zum Thema Bisexualität vertreten; ich gehe im folgenden ausschließlich auf diejenigen Aspekte ein, die das Verständnis von Bisexualität nachhaltig beeinflusst haben.

Freud sah Bisexualität als ursprüngliche, ›primitive‹ Form der Sexualität, die sich im Laufe der Entwicklung überwinden lässt. Bisexualität hatte für ihn zwei Bedeutungen: Sie bezeichnet sowohl das Begehren nach beiden Geschlechtern als auch die grundsätzliche Koexistenz von maskulinen und femininen Komponenten innerhalb der Psyche aller Individuen. In der Literatur zum Thema Bisexualität führt dies immer wieder zu Verwirrungen, da häufig von einer Wortbedeutung zur anderen gewechselt wird, ohne dies kenntlich zu machen. Freud zufolge überwinden reife Individuen diese primitive Daseinsform und entwickeln eine eindeutige Geschlechtsrolle und eine heterosexuelle Orientierung. Bisexuelles Verhalten ist demnach ein Relikt aus früheren Entwicklungsstufen und Kennzeichen einer unreifen Persönlichkeit.

In Deutschland wurde die Erforschung gleichgeschlechtlichen Begehrens nach der Machtübernahme durch die Nationalsozialisten und der

Zerstörung des Sexualwissenschaftlichen Instituts des Arztes Magnus Hirschfeld[5] 1933 eingestellt. In den Augen der Nationalsozialisten war Homosexualität ein angeborenes Defizit. Frauen und Männer, die das eigene Geschlecht begehrten, wurden zu ›rassisch minderwertigen‹ Menschen erklärt. Alle, die dafür gehalten wurden, waren von massiven Restriktionen betroffen, die von öffentlicher Schikanierung über die Meldepflicht für homosexuelle Kontakte und die Erteilung von Berufsverboten bis hin zur Internierung in Konzentrationslagern reichten. In den Konzentrationslagern wurden lesbische Frauen allerdings nicht als ›Homosexuelle‹ geführt, die als Kennzeichen den rosa Winkel zu tragen hatten, sondern sie waren der Gruppe der ›Asozialen‹ zugeordnet. Auch hier zeigt sich, dass lesbische Sexualität weniger ernst genommen wurde und offenbar eine geringere Bedrohung darstellte als die Sexualität schwuler Männer. Insgesamt ermordeten die Nationalsozialisten mehrere Tausend Menschen aufgrund ihrer sexuellen Orientierung.

Die Abschaffung des ›Homosexuellen‹ durch Kinsey

Die Zerstörung des Sexualwissenschaftlichen Instituts durch die Nationalsozialisten hatte zur Folge, dass in Deutschland über Jahrzehnte hinweg keine Forschung auf diesem Gebiet betrieben wurde. Sexualwissenschaftliche Forschungsarbeiten und Publikationen kommen seit dieser Zeit vor allem aus den USA.

1941 begann der Biologe Alfred Kinsey in den USA mit seinen Studien, die nach ihrer Veröffentlichung 1948 zum zweiten Mal große Veränderungen innerhalb des Verständnisses der Bisexualität herbeiführten. Kinsey berief sich bei der Erforschung der Homosexualität als erster nicht nur auf Einzelfallstudien, sondern führte eine groß angelegte Befragung durch. Basierend auf 11 000 Interviews machte Kinsey deutlich, dass sich sexuelles Begehren nicht einfach in zwei distinkte, polare Kategorien (homosexuell – heterosexuell) aufteilen lässt. Er machte die Beobachtung, dass sowohl psychische Reaktionen als auch reale Verhaltensweisen der Befragten erheblich von der zu dieser Zeit gängigen gesellschaftlichen Norm abwichen. So hatten 28% der befragten Frauen bis zu ihrem 30. Lebensjahr mindestens eine erotische Reaktion auf eine andere Frau erlebt und 19% der Frauen bis zu ihrem 40. Lebensjahr eine sexuelle Erfahrung mit einer Frau gehabt.

Diese Ergebnisse standen dem bis dahin gängigen Denken diametral entgegen, stellten sie doch die Existenz ›des Homosexuellen‹ als Persönlichkeitstypus und damit auch die Unterteilung von Menschen in zwei eindeutige Kategorien in Frage. Kinsey selbst war der Meinung, dass exklusiv homosexuelles Verhalten genauso ›natürlich‹ sei wie exklusiv heterosexuelles Verhalten. Folglich entwickelte er die Vorstellung eines Kontinuums sexueller Orientierung, dessen äußerste Pole das exklusiv homosexuelle und das exklusiv heterosexuelle Verhalten darstellen. Dieses Kontinuum ist in sieben Stufen unterteilt, auf denen Individuen sich verorten können.

So prägnant Kinseys Ergebnisse erscheinen mögen, sie sind nicht unproblematisch. Seine Skala gibt eine Eindeutigkeit vor, die nicht der Realität entspricht. Denn Personen, die sich auf einer bestimmten Stufe der Kinsey-Skala verorten, können sich in ihrem Verhalten erheblich voneinander unterscheiden. Außerdem sind die Kriterien, die zur Erfassung der sexuellen Orientierung herangezogen wurden – Verhalten und psychische Reaktionen –, ausgesprochen fragwürdig. Zum einen sind diese Kriterien nur schwer ermittelbar, zum anderen stellen sie nur einen Teilbereich dessen dar, was mit sexueller Orientierung gemeint sein kann. Das für mich entscheidendste Manko besteht jedoch darin, dass Kinseys Vorstellung eines Kontinuums sexueller Orientierung weiterhin an ein polares Modell mit festgelegten Stufen und Kategorien gebunden ist. Das heißt, dass sich auch Kinsey, trotz der Ergebnisse seiner Studien, nicht von dualistischen Vorstellungen gelöst hat.

Kinseys Ergebnisse wurden in den 1970er Jahren von der ›homosexuellen Befreiungsbewegung‹ als Nachweis für die Prävalenz, also die statistische Häufigkeit, homosexuellen Verhaltens herangezogen und in diesem Zusammenhang oftmals falsch zitiert. Der Fehler bestand darin, dass die Zahlen als Beleg für Verhalten herangezogen wurden; sie bezogen sich jedoch auf Verhalten *und* psychische Reaktionen.

In den 1970er und 1980er Jahren tauchte das Thema Homosexualität und damit gelegentlich auch das Thema Bisexualität vermehrt in der öffentlichen Diskussion auf. Die Medienberichterstattung über Bisexualität war jedoch vor allem sensationslüstern und trug wenig zur Aufklärung über das Leben bisexuell lebender Menschen bei. Die öffentliche Meinung bediente Klischees, die Bisexuelle vor allem als ›promisk‹ und ›extravagant‹ darstellten. Dementsprechend kurzlebig war das Interesse am Thema, so dass es gegen Ende der 1970er Jahre wieder aus öffentlichen Diskussionen verschwand.

Dass es zeitweilig mehr Raum in der Öffentlichkeit hatte, lässt sich zum einen auf die Abschaffung der psychiatrischen Diagnose ›Homosexualität‹ zurückführen, die 1973 von der APA (American Psychiatric Association) vorgenommen wurde; wobei es noch weitere 14 bzw. 20 Jahre brauchte, um die Diagnose ›Homosexualität‹ aus den diagnostischen Handbüchern DSM (Diagnostisches und statistisches Manual psychischer Störungen) und ICD (International Classification of Diseases) zu tilgen. Zum anderen ist die Thematisierung von Homosexualität auf die sozialen Bewegungen der 1970er und 1980er Jahre zurückzuführen. Die sexuelle Befreiungsbewegung, die Zweite Frauenbewegung und die homosexuelle Befreiungsbewegung veränderten das Denken über und den Umgang mit Sexualität nachhaltig. Dies hatte auch Einfluss auf den öffentlichen Diskurs über Bisexualität. Alle diese Bewegungen hatten ihren Ausgangspunkt in den USA und dehnten sich mit zeitlicher Verzögerung auf Europa aus.

Im Rahmen der so genannten sexuellen Revolution wurde Bisexualität als eine erstrebenswerte Grenzerfahrung gesehen, die es ermöglichte, bis dahin existierende moralische Schranken einzureißen und dem bürgerlichen Leben eine Alternative entgegenzusetzen. Aus der sexuellen Befreiungsbewegung heraus entstanden erste Bisexuellengruppen, deren Gründungsmitglieder zumeist weiße Männer aus der Mittelschicht waren. Personen, die diesen Kriterien nicht entsprachen und einen anderen Status hatten, waren wenig willkommen. Der Frauenanteil war dementsprechend gering und erhöhte sich erst in den 1980er Jahren.

Entgegen anfänglicher Hoffnungen brachte die sexuelle Revolution für Frauen nicht die erwünschte Befreiung. Sie mussten realisieren, dass es sich hierbei primär um eine männliche Befreiung handelte, die sich an männlichen Bedürfnissen und Wünschen orientierte, was allzu oft hieß: Quantität statt Qualität. Patriarchale Muster blieben bestehen, so dass die neue sexuelle Freiheit der Männer auf Kosten von Frauen ausgelebt wurde.

23

Die Zweite Frauenbewegung bestärkte Frauen deshalb, sich autonom und aktiv mit ihrer Sexualität auseinander zu setzen und sie selbstbestimmt zu leben. Für einige Frauen boten feministische Zusammenhänge die Möglichkeit, sexuelle Erfahrungen mit anderen Frauen zu sammeln – und das, wenn sie wollten, ohne ihre heterosexuelle Identität in Frage zu stellen. Für andere Frauen waren sie der Katalysator, ihr Begehren nach Frauen wahrzunehmen und eine lesbische Identität zu entwickeln.

Lesbische Frauen waren zu Beginn der Frauenbewegung zunächst eine Randgruppe und wurden von heterosexuellen Feministinnen als ›lavender menace‹ (lila Gefahr) bezeichnet, die dem Ruf des Feminismus schaden konnten. Im weiteren Verlauf der Frauenbewegung gewannen sie jedoch an Einfluss. Frauenbeziehungen wurden nun als politische Strategie betrachtet, sich Männern zu verweigern und patriarchalen Strukturen alternative Lebens- und Liebesentwürfe entgegenzusetzen. Dahinter stand die Grundannahme, dass jede Frau eine Lesbe werden könnte, wenn sie es nur wollte. Lesbische Identität wurde auf diese Weise für einige Frauen auch zu einer politischen Identität. Innerhalb der Frauenbewegung veränderten sich Aussprüche wie der Ti Grace Atkinsons von »feminism is a theory, lesbianism is a practice« (Feminismus ist eine Theorie, Lesbischsein eine Praxis) zu »feminism is the theory, lesbianism the practice« (Feminimus ist die Theorie, Lesbischsein die Praxis), ohne dass die implizierten Bedeutungsveränderungen bemerkt und reflektiert wurden (Hutchins 1996, S. 247).

Bisexualität wurde zwar als biologische Tatsache akzeptiert und es wurde betont, dass jede Frau die Wahl habe, Beziehungen mit Frauen und/oder Männern zu führen. Viele feministische Lesben erwarteten jedoch, dass Frauen sich aus politischen Gründen gegen Beziehungen mit Männern entschieden. Taten sie dies nicht, hatten sie die ›falsche Wahl‹ getroffen und ihnen wurde unterstellt, dass sie sich willentlich gegen die feministische Sache entschieden hätten. Trotz prinzipieller Wahlfreiheit konnten Frauen aus Sicht vieler feministischer Lesben daher eigentlich nur eine ›richtige‹ Entscheidung treffen:

> »Als lesbische Feministinnen gehen wir von der Bisexualität der menschlichen Natur aus. [...] Ein Ziel unserer Revolution ist eine Gesellschaft, in der kein bestimmter Ausdruck von Sexualität durchgesetzt wird. *Aber*, die Revolution hat sich noch nicht vollzogen. Das hier ist nicht Utopia. Frauen, die

heute Bisexualität praktizieren, führen einfach sehr privilegierte Leben, die die männliche Vormachtstellung nicht herausfordern. Tatsächlich unterminieren sie den feministischen Kampf. Wir versuchen nicht, Lesbischsein durchzusetzen. Wir bitten Frauen lediglich, sich anzusehen, wie ihre Leben die männliche Vormachtstellung beeinflussen, und Entscheidungen dementsprechend zu fällen.« (Loretta Ulmschneider in: Altendorf 1993, S. 100, Übers. d. Verf.)

Obwohl Loretta Ulmschneider also davon ausgeht, dass Bisexualität prinzipiell ihre Berechtigung hat, fordert sie Frauen auf, sich aus politischen Gründen von Beziehungen mit Männern zu distanzieren. Da bisexuelle Frauen nicht eindeutig die Strategie des Separatismus verfolgten, sondern sich weiterhin auch auf Männer einließen, wurden sie als (unpolitische) Verräterinnen betrachtet. Sie waren »Nestbeschmutzerinnen«, die »Energien für den feministischen Kampf abzogen« und sie dem Feind zukommen ließen. Es wurde ihnen unterstellt, dass sie auf diese Weise »mit dem Feind kollaborierten« (Altendorf 1993, S. 100).

Einige lesbische Feministinnen vertraten außerdem die Ansicht, bisexuelle Frauen seien zu feige, lesbisch zu leben, und warfen ihnen vor, sich auf heterosexuellen Privilegien auszuruhen: Sie würden in heterosexuelle Beziehungen zurückkehren, sobald Frauenbeziehungen Schwierigkeiten mit sich brächten.

Mit dem weiteren Fortschreiten der Frauenbewegung empfanden immer mehr Feministinnen Bisexualität als nicht akzeptabel. Bisexuelle Frauen wurden oftmals einfach nicht ernst genommen und lange Zeit gab es innerhalb der Zweiten Frauenbewegung keine Anerkennung bisexueller Erfahrungen und Identitäten. Durch den Ausschluss des Themas Bisexualität aus der öffentlichen feministischen Diskussion und aus theoretischen Überlegungen wurde dem polaren Denken bezüglich sexueller Orientierung auch in diesen Zusammenhängen nichts entgegengesetzt.

In den Diskussionen, die heute zwischen lesbischen und bisexuellen Theoretikerinnen geführt werden, zeigt sich, dass Vorurteile gegenüber bisexuellen Frauen, die im Rahmen lesbisch-feministischer Theorien entstanden, noch immer virulent sind. Weiterhin wird darüber gestritten, ob lesbische oder bisexuelle Frauen die ›besseren‹ Feministinnen sind und welche der beiden Gruppierungen stärker diskriminiert wird.

Den Beginn der homosexuellen Befreiungsbewegung (Gay-Liberation-Movement) bildete ein Aufstand von Schwulen und Lesben in New York. Damit setzten sie sich 1969 zum ersten Mal offensiv gegen Schikanen der Polizei zur Wehr, denen sie wiederholt bei Razzien in der Kneipe *Stonewall Inn* in der Christopher Street ausgesetzt waren. An dieses Ereignis erinnern die jährlich stattfindenden Demonstrationen zum *Christopher Street Day (CSD)*.

Die homosexuelle Befreiungsbewegung entwickelte sich aus der StudentInnenbewegung heraus. Ihre MitstreiterInnen setzten sich zunächst dafür ein, dass alle Menschen *unabhängig* von ihrer sexuellen Orientierung akzeptiert werden sollten. Auch bisexuelle Frauen und Männer engagierten sich im Rahmen des Gay-Liberation-Movement in der Hoffnung, dass mehr Akzeptanz von Homosexualität gleichzeitig zu mehr Akzeptanz von Bisexualität führen würde.

Im Laufe ihrer Entwicklung begann die Schwulen- und Lesbenbewegung jedoch zunehmend auf der Basis exklusiver Zugehörigkeit (exclusive membership) zu arbeiten. Basierend auf dem ›Entweder-Oder-Prinzip‹ musste jede/r eine eindeutig homosexuelle Identität kultivieren und sich öffentlich dazu bekennen. Wer das nicht tat, wurde nicht als Teil der Bewegung anerkannt und folglich ausgeschlossen. Wollten sich Bisexuelle weiter in diesem System bewegen, mussten sie sich also als homosexuell oder heterosexuell bezeichnen. Zumeist machten sie ihre sexuelle Identität davon abhängig, welchem Geschlecht ihre PartnerInnen angehörten. Die sexuelle Identität gab also in gewisser Hinsicht mehr Auskunft über die Beziehung als über das Begehren der jeweiligen Person. Bisexualität blieb auf diese Weise unbenannt, und bisexuelle Frauen und Männer wurden nur mit einem Teil ihrer Erfahrungen (den gleichgeschlechtlichen oder den gegengeschlechtlichen) wahrgenommen. Da sie weder in die Homo- noch in die Hetero-Schublade passten, waren sie nicht sichtbar und hatten folglich auch keine Interessenvertretung.

Von der homosexuellen Befreiungsbewegung selbst wurde Bisexualität als ›Zwischenstufe‹ (»transitional stage«, George 1993, S. 4) auf dem Weg zu einer vollendeten lesbischen oder schwulen Identität gesehen. Da die Vorstellung existierte, Frauen und Männer seien Gegensätze, war es undenkbar, beide zu begehren, da sich diese Kategorien ausschlossen. Bisexuelle wurden somit entweder als ›unterentwickelt‹ oder aber als ›Feiglinge‹ betrachtet, die sich nicht zu ihrer eigentlichen homosexuellen Orientierung bekennen wollten.

Hier wird deutlich, dass die homosexuelle Befreiungsbewegung im Laufe ihrer Entwicklung von ihrem ursprünglichen Ziel, gleiche Rechte für alle unabhängig von der sexuellen Orientierung zu erreichen, abgewichen ist. Durch das Denken und Theoretisieren in polaren Kategorien wurde Bisexualität unsichtbar gemacht. Die anfängliche Hoffnung bisexueller Frauen und Männer, durch ihr Engagement in der Schwulen- und Lesbenbewegung Gleichberechtigung zu erlangen, wurde dadurch zunichte gemacht, dass diese sich ausschließlich für die Gleichberechtigung von Lesben und Schwulen einsetzte.

Die Demontage des ›Homosexuellen‹ durch kritische SoziologInnen

Parallel zu den sozialen Strömungen der 1970er und 80er Jahre vollzog sich ein drittes Mal eine zentrale Veränderung im Verständnis von Bisexualität. Sie bestand im Aufkommen soziologischer Theorien, die davon ausgingen, dass sexuelle Identitäten im Rahmen einer bestimmten Kultur konstruiert würden. Da zwischen »sex«, dem biologischen Geschlecht, und »gender«, dem sozialen Geschlecht, unterschieden wurde, ist diesen Theorien zufolge die Verbindung von biologischem Geschlecht, sozialem Geschlecht, sexuellem Verhalten und sexueller Identität keine ursächliche. Vielmehr ist die Bedeutung dieser Faktoren und deren Zusammenspiel sozial konstruiert und ein Spiegel der jeweiligen Kultur und der sozialen Gruppe.

Folgt man dieser Logik, so lassen sich vorher zusammengehörig erscheinende Faktoren trennen und fälschlich angenommene Ursächlichkeiten aufdecken. So wird es zum Beispiel möglich, die sexuelle Orientierung einer Person unabhängig von deren Geschlechtszugehörigkeit zu betrachten. Diese Entwicklung führt dazu, dass andere Gründe als die Geschlechtszugehörigkeit, wie zum Beispiel die soziale Herkunft einer Person, als entscheidende Faktoren für die Entwicklung von Liebe und Begehren in das Zentrum des Interesses rücken.

Soziologische Theorien betonen weiterhin, dass sexuelles Verhalten weder von inneren Trieben gesteuert ist noch eine Wesenhaftigkeit zum Ausdruck bringt. Sie gehen stattdessen davon aus, dass es sich hierbei um ›skriptiertes‹ Verhalten handelt. Skripte sind als ›Drehbücher‹ oder ›Rollenanweisungen‹ zu verstehen, die Individuen vorgeben, wie sie sich in bestimmten sozialen Situationen zu verhalten haben. Sexuelles Verhalten stellt demzufolge eine individuelle Verarbeitung und Aneignung gesellschaftlich vorhandener Skripte dar. Was als sexuell gilt, ist also kultur-, situations- und kontextspezifisch.

Geht man von der sozialen Konstruiertheit sexueller Orientierung und sexueller Identitäten aus, so wird die Suche nach den Ursachen von Homosexualität sinnlos. »Man könnte genau so gut nach der Ätiologie des Vereinsvorsitzes oder des Sieben-Tage-Adventismus forschen wie nach derjenigen der Homosexualität.« (Haeberle 1994, S. 24).

Sowohl die Eindeutigkeit der Label ›lesbisch‹, ›schwul‹ und ›bisexuell‹ als auch die Homogenität innerhalb dieser Gruppierungen werden in Frage gestellt. Mit sexueller Identität verbindet sich nicht länger die Annahme individueller Wesenhaftigkeit, sondern sie steht nun zunehmend in ihrer Bedeutung als »ideologisches Kampfinstrument« (Haeberle 1994, S. 28) zur Erlangung der Gleichberechtigung von Schwulen, Lesben und Bisexuellen im Vordergrund.

In den 1980er Jahren kam es zu einer erneuten Thematisierung von Bisexualität in der Öffentlichkeit. Dies ist nicht zuletzt auf die Verbreitung der Immunschwächekrankheit AIDS zurückzuführen. Im Zuge der damit einhergehenden AIDS-Krise rückten bisexuelle Männer als eine Hauptbetroffenengruppe in den Mittelpunkt des wissenschaftlichen Interesses. Sie wurden daraufhin von der Bevölkerung nicht selten als diejenigen betrachtet, die das Virus von der Schwulenszene auf die heterosexuelle Bevölkerung übertrugen, und somit zur »Gefahr für die Volksgesundheit«[6] (Altendorf 1993, S. 114). In den Köpfen dominierte das Bild des (Ehe)manns, der heimlich Sexualkontakte mit Männern pflegt und seine unwissende Partnerin infiziert. Durch die Nennung von Bisexualität und AIDS in einem Atemzug kam es auch hier zu einer einseitigen, verfälschten und diskriminierenden Sichtweise auf bisexuelle Frauen und Männer.

Im Rahmen von Forschungsarbeiten, die die Übertragungswege und Präventionsmöglichkeiten von HIV untersuchten, stellten EpidemologInnen fest, dass die Gruppe der Bisexuellen sehr viel heterogener war, als sie erwartet hatten. Sie entsprach weitgehend nicht dem oben genannten Bild des promisken Familienvaters. Diese Studien gaben WissenschaftlerInnen einen Anstoß dazu, sich vermehrt mit dieser Thematik zu befassen. In der Folge erschienen Publikationen, die sich explizit mit den Lebensweisen bisexuell begehrender Menschen auseinander setzten.

Die Stigmatisierung im Rahmen der AIDS-Krise und die Erfahrung, dass die Interessen von bisexuellen Menschen im Rahmen der homosexuellen Befreiungsbewegung nicht berücksichtigt wurden, führten dazu, dass sich Mitte der 1980er Jahre die Bisexuellenbewegung formierte. Auf der pragmatischen Ebene sorgt sie für Unterstützung in Form von Beratungsstellen, Selbsthilfegruppen, Netzwerken, Kongressen, Literatur und Internet-Seiten. Auf einer politischen Ebene hat sie zum Ziel, Frauen und Männer, die beide Geschlechter begehren, sichtbarer zu machen und setzt sich explizit für die Anerkennung bisexueller Lebensweisen ein. Bisexuelles Begehren soll als ein eigenständiges Thema und nicht länger wie ein Anhängsel der Homosexualität behandelt werden.

Im Gegensatz zu den Gruppierungen der 1970er Jahre propagiert die heutige Bisexuellenbewegung keine Politik der Identitäten. Vielmehr hat sie sich dem Kampf gegen das Entweder-oder-Denken und gegen Diskriminierung jeglicher Art verschrieben. Hier wird deutlich, dass (zumindest einige) bisexuelle AktivistInnen der Queer-Theory nahestehen. ›Queer‹ bedeutet soviel wie ›sonderbar‹ oder ›fragwürdig‹ und war ursprünglich ein Schimpfwort für Menschen, die nicht den Normen geschlechtlicher und sexueller Identität entsprachen.

> »Das utopische Moment konzentriert sich auch bei diesem Entwurf letztendlich auf die Hoffnung, in der Auseinandersetzung um die Bisexualität die herrschaftsstützenden Gegensatzkonstruktionen zu überwinden und eine nicht-hierarchische Gesellschaft aufzubauen, die aus selbstbestimmt handelnden Personen besteht, ohne dass es dabei zur Unterdrückung mittels Einteilungen nach Geschlecht, Rasse, Klasse oder sexuellen Verhaltensweisen kommt.« (Hüsers/König 1995, S. 110)

Sexuelle Orientierung soll demnach als ein fließendes Kontinuum gesehen werden und nicht als ein System mit sich ausschließenden Kategorien. Ein weiteres – umstrittenes – Ziel der Bisexuellenbewegung besteht darin, Menschen unabhängig von der Geschlechtszugehörigkeit »weiblich – männlich« wahrzunehmen. Einige TheoretikerInnen stellen in diesem Zusammenhang die Frage, ob die Geschlechtszugehörigkeit überhaupt eine relevante Kategorie für erotische Anziehung ist und ob nicht andere Aspekte, wie zum Beispiel sozialer Status, eine weitaus entscheidendere Rolle spielen.

Manche VertreterInnen der Bisexuellenbewegung verstricken sich dabei an einigen Stellen in Widersprüche. Obwohl sie sich gegen ein Denken in dichotomen Kategorien einsetzen, greifen diverse AutorInnen selbst auf ein dichotomes Denkmodell zurück, indem sie sich von den »Monosexuellen« (Hutchins 1996, S. 246), also den Hetero- und Homosexuellen, abgrenzen. Ähnlich wie Gruppierungen der Schwulenbewegung argumentieren sie essentialistisch. Mit dem Argument, sie seien bisexuell geboren und ergo nicht dafür verantwortlich, fordern sie gleiche Rechte. Teilweise reicht diese Argumentationsweise so weit, dass Bisexualität als die eigentlich ›natürliche‹ Sexualität idealisiert und auf deren Basis ganze gesellschaftliche Utopien formuliert werden. Dieses Denken steht dem eigentlichen Anspruch entgegen, sich vom Denken in festen Kategorien und Polaritäten zu befreien. Erklären lassen sich diese Widersprüchlichkeiten sicherlich zu einem Teil dadurch, dass die Bisexuellenbewegung vor die schwierige Aufgabe gestellt ist, sehr unterschiedlich lebende Menschen unter einem Label zu vereinen und deren Erwartungen und Ansprüchen gerecht zu werden.

Die Arbeit der Bisexuellenbewegung und einzelner Aktiver in den 1990er Jahren hat dazu geführt, dass das Label ›bisexuell‹ vermehrt Titeln von Einrichtungen und Publikationen hinzugefügt wurde, so dass Bisexualität etwas sichtbarer geworden ist. Diese Entwicklung wird von einigen (lesbischen) Theoretikerinnen mit der Frage kommentiert, ob Bisexualität heute in Mode sei.

In den 1990er Jahren entstand die Queer-Bewegung, die den Sinn von Kategorien sexueller und anderer Identitäten in Frage stellt. Dieser Schritt wäre theoretisch auch schon früher auf der Basis von Kinseys Ergebnissen möglich gewesen, diese hatten in der damaligen Zeit jedoch zu anderen Schlüssen geführt.

VertreterInnen der Queer-Theory wollen mit ihrem Ansatz den politischen Dissens gegenüber der Normgesellschaft deutlich machen, ohne sich die Verwendung von Etiketten zu Nutze zu machen. Auf der Basis postmoderner, dekonstruktivistischer Theorien wird der Gebrauch von Kategorien und Etiketten in Frage gestellt. Queer-Theory »richtet sich gegen Denksysteme und Institutionen, die auf der Natürlichkeit, Gesetzmäßigkeit und voraussetzungsvollen Heterosexualität aufbauen« (Genschel 1996, S. 529). Sie hinterfragt dualistisches Denken hinsichtlich der Geschlechtsidentität (männlich – weiblich), sexuelle Identität (lesbisch – bi – hetero) sowie Grenzen und Kategorien, indem sie sex (das biologische Geschlecht), gender (das soziale Geschlecht) und sexuelles Begehren entkoppelt. Die Queer-Bewegung setzt sich nicht für die Rechte einer klar abgegrenzten Gruppe von Personen ein, sondern richtet sich vor allem gegen bestehende Machtstrukturen wie Sexismus, Rassismus und Heterozentrismus.

Das Bestreben, dualistisches Denken in Frage zu stellen und somit einen neuen Raum zu eröffnen, halte ich für sinnvoll. Die Inhalte von Queer-Theory sind jedoch ausgesprochen abstrakt. Das führt dazu, dass sie nur für ein sehr begrenztes, zumeist akademisches Publikum verständlich und schwer in die Praxis umsetzbar sind. Denn abgesehen von einigen Mutigen, die den Schritt aus diesen Kategorien wagen und sich als ›Transgender‹ (zwischen den Geschlechtern) begreifen, definiert sich der Großteil von uns doch noch immer sehr eindeutig als Frau oder Mann.

Beim Lesen von Aufsätzen aus dem Queer-Theory-Spektrum stellte sich mir außerdem immer wieder eine Reihe von Fragen: Was genau bezeichnet der Begriff ›queer‹? Wer ›darf‹ sich so bezeichnen – alle, die sich auf irgendeine Weise gegen bestehende Strukturen auflehnen? Wo liegt die Abgrenzung zu Personen, die nicht queer sind? Wird nicht mit dem Begriff ›queer‹ eine neue Dualität (queer – nicht-queer) produziert, auch wenn queer den Anspruch hat, kein Label zu sein? Denn schließlich beinhaltet die Bezeichnung ›queer‹, dass es auch etwas geben muss, was ›nicht queer‹ ist. Auch Queer-Theory ist also wieder mit Fragen von Zugehörigkeit sowie Ein- und Ausschlusskriterien konfrontiert, obwohl sie dies zu vermeiden versucht.

Ich will Queer-Theory in keiner Weise ihre Plausibilität und Berechtigung absprechen und denke, dass sie als politische Strategie sinnvoll sein kann. Die grundsätzliche Kritik an bestehenden Systemen und der Anspruch, ein Denken in festgelegten Kategorien sexueller und geschlechtlicher Identität zu hinterfragen und zu ersetzen, ist ein richtiger

Ansatz. Für die Praxis bzw. den Lebensalltag von einzelnen ist er jedoch ausgesprochen problematisch. Denn was gewinnen einzelne, wenn sie sich als queer anstatt als lesbisch, schwul, oder bisexuell definieren?

Im Laufe der letzten 150 Jahre hat es also viel Bewegung im Denken über gleichgeschlechtliches Begehren und sexuelle Orientierung gegeben. Begrifflichkeiten wurden erschaffen, modifiziert und schließlich wieder grundlegend in Frage gestellt. Für Frauen und Männer, die beide Geschlechter begehren, hatten diese Entwicklungen entscheidende Bedeutung. Entweder wurden sie vollkommen ignoriert, weil sie in das dualistische Denken mit sich ausschließenden Kategorien nicht hineinpassten, oder sie wurden als Variante bzw. Ableger homosexuellen Verhaltens behandelt. Dies hatte zur Folge, dass sie weder gehört noch ernst genommen wurden und oftmals keine adäquate Unterstützung erhielten. Die Ansätze, dies zu ändern, sind historisch betrachtet, noch zarte Pflänzchen ...

2 Die sexuelle Identität

Nachdem deutlich geworden ist, wie sich sexuelle Identitäten bildeten, soll nun dargelegt werden, weshalb Individuen ihre Sexualität überhaupt als einen zentralen Bestandteil ihrer Identität begreifen und sich über diese definieren. Zu diesem Zweck will ich näher darauf eingehen, was mit dem Begriff der ›sexuellen Identität‹ gemeint ist, und ihn von anderen Begriffen (wie zum Beispiel denen der ›sexuellen Orientierung‹ und ›Geschlechtsidentität‹) abgrenzen. Im Anschluss daran werde ich darstellen, welche Chancen und Möglichkeiten, aber auch Gefahren mit der Bezugnahme auf sexuelle Identitäten verbunden sind.

Weshalb definieren sich Individuen ausgerechnet über ihre Sexualität bzw. ihre sexuelle Orientierung?

In modernen westlichen Gesellschaften gilt die sexuelle Identität als ein wesentlicher Bestandteil der persönlichen Identität. Kulturanthropologische Studien verweisen darauf, dass dies nicht zu allen Zeiten und in allen Gesellschaften der Fall war und ist.

Die Tatsache, dass und wie stark Menschen sich heute über ihre Sexualität definieren, lässt sich auf den zentralen Stellenwert von Sexualität in westlichen Gesellschaften zurückführen. Sexualität beschränkt sich nämlich nicht auf den privaten Rahmen, sondern durchdringt diverse Bereiche individuellen und sozialen Daseins. Sie ist verquickt mit Emotionen, wirkt persönlichkeitsbildend und ist Bestandteil von Idealen und Lebensvorstellungen. Sie bestimmt zwischenmenschliche Beziehungen und ist eingebunden in eine hierarchische Geschlechterordnung, in der sie von einigen in Form sexualisierter Gewalt funktionalisiert wird. »Kaum ein anderer Bereich menschlichen Seins durchdringt die öffentliche und private Wahrnehmung von Menschen so sehr wie die Art und Weise, in der sie mit ihren sexuellen Repräsentationen verknüpft erscheinen.« (Stein-Hilbers et al. 2000, S. 12)

Das geht so weit, dass Persönlichkeitskonstruktionen auf der Grundlage von Sexualität und sexuellen Präferenzen vorgenommen werden. Indem Sexualität eine Gesellschaft derart strukturiert und ordnet, ist sie mit gesellschaftlichen Machtverhältnissen verwoben. Sexualität wird von Staat und Kultur in Form von religiösen, kulturellen und ästhetischen Inszenierungen kanalisiert und ritualisiert. Es entstehen Diskurse, die die Normierung von Sexualität zur Folge haben. In diesem Sinne wirken selbst die Erkenntnisse der Sexualwissenschaften oftmals eher vor- als beschreibend, obwohl sie vorgeben deskriptiv zu arbeiten.

> »Die Ehe, für deren Beginn man Tage, für deren Beendigung aber Jahre braucht, wird von der Hochzeitsindustrie unterstützt und wird subtil und offen von allen Ideologien gefördert. Heterosexualität ist auf diese Weise organisiert und kontrolliert, während andere Beziehungsformen marginalisiert werden.« (George 1993, S. 11, Übers. d. Verf.)

Durch ihre Allgegenwart besitzt Sexualität einen hohen gesellschaftlichen Verhandlungswert und nimmt eine zentrale Position in der Analyse gesellschaftlicher Machtverhältnisse ein. Ihre Bedeutung beschränkt sich somit nicht auf den privaten Bereich, sondern stellt ein Politikum dar. Dennoch ist die verschränkte Betrachtung von Sexualität und Politik eine relativ neue Sichtweise, die erst aus der Zweiten Frauenbewegung entstanden ist. Andere Strömungen wie beispielsweise der Marxismus erachteten Sexualität hingegen als ›Überbau‹ und damit als irrelevant für den Klassenkampf.

Sexualität ist somit *ein* Faktor, der über die Positionierung von Individuen innerhalb des hierarchisch geordneten Gesellschaftssystems entscheidet. Da Sexualität Individuen ermöglicht, sich sozial und institutionell innerhalb eines Gesellschaftssystems zu verorten, besitzt sie einen identitätsstiftenden Charakter. Sie reguliert die Selbstrepräsentation von Individuen und deren Wahrnehmung durch andere. Ihre Wirkung erstreckt sich also sowohl auf die kollektive als auch auf die persönliche Ebene. Heterosexuelle, verheiratete Paare zeigen oft schon sprachlich –

mit Formulierungen wie »mein Mann« und »meine Frau« –, dass sie einen festen Platz im Rahmen der Ehe oder Familie haben. Gleichgeschlechtlich begehrende Frauen oder Männer werden eher als (einsame) Individuen angesehen. Deutlich wird dies weiterhin an Regelungen, die ganz klar auf das Hetero-Familienkonzept ausgerichtet sind, wie z.b. in der Krankenversicherung, wo heterosexuelle PartnerInnen (Ehepartner) mitversichert werden, gleichgeschlechtliche PartnerInnen hingegen nicht.

Wie kommt es jedoch, dass sich nicht alle Menschen ausdrücklich über ihre Sexualität definieren oder diese als zentralen Bestandteil ihrer Identität ansehen? Oder andersherum gefragt: Warum hat die sexuelle Identität bei einigen einen zentraleren Stellenwert als bei anderen?

Die Konstruktion von Identitäten vollzieht sich stets in dichotomen, hierarchischen Gegensatzpaaren, die sich über Abgrenzung und ›Anderssein‹, d. h. über das Abweichen von einer (gesellschaftlichen) Norm bestimmen. Ein Pol des Kontinuums stellt das ›Normale‹ und damit Privilegierte dar, der andere Pol hingegen die Abweichung, die mit Stigmatisierung bzw. Nichtbeachtung einhergeht.

> »Heterosexualität braucht Homosexualität, um sich zu vergewissern, dass sie anders ist. Sie braucht außerdem die Illusion der Dichotomie zwischen den Orientierungen, um die Idee eines Zauns aufrecht zu erhalten. Eines Zauns, der eine richtige (normale, gute) und eine falsche (unnormale, böse) Seite hat, auf der man sich befinden kann.« (Hutchins & Kaahumanu 1991, S. XXII, Übers. d. Verf.)

Da Heterosexualität als der Normalfall gilt, wird sie nicht (explizit) benannt und für nicht erklärenswert befunden. Das wird unter anderem daran deutlich, dass es keine Forschung zum Thema ›Heterosexualität‹ gibt. Eine heterosexuelle Identität erfordert keine ›bewusste‹ Konstruktionsleistung und hat somit geringen identitätsstiftenden Wert.

Die sexuelle Identität nimmt also vor allem bei nicht heterosexuellen Individuen einen zentralen Stellenwert im Selbstkonzept ein, also bei denjenigen Individuen und Gruppen, die bezüglich dieses Aspekts nicht der privilegierten Norm angehören. Wenn im Folgenden von sexueller Identität die Rede ist, meine ich daher Alternativentwürfe zur Heterosexualität.

Dass die sexuelle Identität eine zentrale Kategorie im Selbstverständnis nicht heterosexueller Individuen ist, liegt darin begründet, dass es sich hier um eine abweichende, also stigmatisierte Identität handelt.

Dies wird zum Beispiel daran deutlich, dass in den USA gesetzliche Regelungen in den Bereichen der Einwanderungspolitik und des Sorgerechts gleichgeschlechtliche Paare anders behandeln als heterosexuelle Lebensgemeinschaften. In Deutschland sind, trotz Homo-Ehe, steuerrechtliche Privilegien und das Recht, ein Kind zu adoptieren, heterosexuellen Paaren vorbehalten.

Die Ungleichbehandlung gleichgeschlechtlicher Beziehungen führt dazu, dass viele Lesben, Schwule und Bisexuelle den stigmatisierten Identitätsaspekt (das gleichgeschlechtliche Begehren) hervorheben. Durch die Selbstetikettierung als ›lesbisch‹, ›schwul‹ oder ›bisexuell‹ erhält jener Identitätsaspekt bzw. Lebensbereich am meisten Gewicht, in dem einzelne die massivsten Einschränkungen erleben. Sexuelle Identität ist somit als »Reflex auf die Zuweisung sozialer Randpositionen« (Hirschauer 1992, S. 341) durch die Restgesellschaft zu verstehen.

Was beschreibt der Begriff ›Sexuelle Identität‹?

Sexuelle Identität bezeichnet einen zentralen Identitätsaspekt von Individuen, eine so genannte Teilidentität. Neben der sexuellen Identität besitzen wir alle aber eine Vielzahl von anderen Identitäten wie zum Beispiel die Geschlechtsidentität, die kulturelle Identität und die Berufsidentität. Welchen Identitätsaspekt bzw. welche Teilidentität wir besonders hervorheben, hängt von unseren Erfahrungen, dem Umfeld und der derzeitigen Lebenssituation ab. Abhängig von diesen Faktoren könnte beispielsweise entweder meine Identität als Frau, als Mitteleuropäerin oder aber als Psychologin im Vordergrund stehen.

Diese multiplen Identitätsaspekte sind auf vielfache Weise miteinander verwoben und voneinander abhängig. Diese Vielschichtigkeit von Identitätskonstruktionen wird jedoch im Rahmen von Theorien und Forschungsvorhaben, ebenso wie im Alltagsgebrauch, häufig vernachlässigt. Im Bestreben nach Klarheit wird ein spezifischer Identitätsaspekt herausgegriffen, ohne den Einfluss anderer Identitätsaspekte zu berücksichtigen:

»Als eine schwarze, lesbische Feministin, die sich mit den vielen Inhalten ihrer Identität wohl fühlt, und als Frau, die sich gegen die Unterdrückung auf der Basis von Ethnizität und Sexualität engagiert, erlebe ich ständig, dass ich dazu ermutigt werde, einen Aspekt meiner selbst herauszugreifen und diesen als bedeutsames Ganzes zu präsentieren und die anderen Teile meiner selbst zu verleugnen. Aber das ist eine destruktive und bruchstückhafte Art zu leben.« (Audre Lorde in Esterberg 1997, S. 30, Übers. d. Verf.)

Paula C. Rust ist eine der wenigen Theoretikerinnen, die in ihren Publikationen die Relevanz multipler Marginalisierung, also Diskriminierungserfahrungen aufgrund unterschiedlicher Teilidentitäten, berücksichtigt. Sie geht davon aus, dass die Diskriminierung aufgrund eines Identitätsaspekts ein Potential, aber auch eine zusätzliche Erschwernis in der Auseinandersetzung mit anderen Marginalisierungserfahrungen darstellen kann.

Um ein Beispiel zu nennen: Es wäre denkbar, dass eine Frau in der Auseinandersetzung mit rassistisch motivierter Benachteiligung Strategien erlernt hat, mit dieser Situation umzugehen. Diese Strategien könnte sie nun auf eine spätere Situation anwenden, in der sie mit homophoben Äußerungen konfrontiert ist. In diesem Fall wäre die erste Marginalisierungserfahrung eine Ressource. Es könnte jedoch auch genau das Gegenteil eintreten, nämlich, dass sie die Diskriminierung aufgrund ihrer sexuellen Identität als besonders gravierend erlebt, weil sie zuvor schon in einem anderen Lebensbereich von Diskriminierung betroffen war. In diesem Fall wäre die Marginalisierung aufgrund der sexuellen Identität eine zusätzliche Belastung. Wie die Frau diese zweite Situation erlebt, hängt sicherlich von vielen verschiedenen Faktoren ab. Dieses Beispiel macht deutlich, dass Diskriminierungserfahrungen in verschiedenen Lebensbereichen sowohl eine Ressource als auch eine zusätzliche Erschwernis sein können.

Wenngleich die sexuelle Identität also mit verschiedenen anderen Identitätsaspekten zusammenhängt, werde ich an dieser Stelle eine isolierte Betrachtung und Beschreibung versuchen. Die Definition des Begriffs der ›sexuellen Identität‹ erweist sich jedoch als nicht unproblematisch. Sowohl in wissenschaftlichen Kreisen als auch im Alltagsgebrauch existiert kein einheitliches Verständnis davon, was ›sexuelle Identität‹ genau bezeichnet. Dies erweist sich im Rahmen von Forschungsarbeiten und -publikationen vor allem dann als schwierig, wenn die AutorInnen ihr jeweiliges Verständnis nicht offen legen, sondern ihre Definition als selbstverständlich voraussetzen.

Die Unklarheit, die bezüglich des Konstrukts der sexuellen Identität vorherrscht, ist unter anderem darauf zurückzuführen, dass Theorie und Forschung sowohl von essentialistischem als auch von konstruktivistischem Denken beeinflusst sind. Diese zwei Strömungen innerhalb des Identitätsdiskurses haben sich, historisch gesehen, nacheinander entwickelt und existieren heute parallel. Die erstgenannte Strömung entstammt der psychologischen Forschungstradition und beruft sich auf das Modell der Identitätsentwicklung von Erik Erikson. Die zweite Strömung fußt auf Forschungsarbeiten aus dem soziologischen Kontext zum symbolischen Interaktionismus und der Rollentheorie von Erving Goffman und Anselm Strauss.

Im Modell Eriksons steht die Entwicklung eines stabilen und individuellen Selbst im Vordergrund, das sich innerhalb festgelegter Phasen entwickelt. Im Zentrum der Aufmerksamkeit stehen somit intrapsychische Prozesse, die innerhalb sozialer Kontexte stattfinden. Es wird davon ausgegangen, dass jede Person eine innewohnende Wesenhaftigkeit oder Essenz besitzt, die durch die jeweilige Identität zum Ausdruck gebracht wird. Im Gegensatz dazu behandeln Goffman und Strauss Identität aus einer konstruktivistischen Perspektive. Hier wird Identität nicht im Individuum, sondern in der Interaktion zwischen dem Individuum und der Gesellschaft lokalisiert. Identitäten sind somit Etiketten (Label), die Personen an bestimmte soziale Positionen heften. Diese sind wiederum mit entsprechenden Erwartungen verknüpft. Im Zentrum der Aufmerksamkeit stehen somit soziale Komponenten der Identität und die Veränderlichkeit derselben. Identität bildet in diesem Verständnis die Grundlage für Veränderung bestehender Verhältnisse und stellt einen Ausgangspunkt für politisches Handeln dar.

Sowohl die essentialistische als auch die konstruktivistische Strömung der Identitätsforschung haben den Diskurs um die sexuelle Identität beeinflusst. Deutlich wird dies an der Frage, ob es sich bei der sexuellen Identität um eine ›Wahl‹ oder einen ›Zwang‹ handelt, oder aber ob Identität als ›Schicksal‹, ›Widerstand‹ oder ›Entscheidung‹ gesehen wird.

Gerade wegen dieser Uneinheitlichkeit bzw. auch Undeutlichkeit will ich möglichst präzise erklären, was ich unter diesem Begriff verstehe und wie ich ihn verwende. Zu diesem Zweck werde ich ihn zunächst von anderen Begriffen abgrenzen, die mit ihm in engem Zusammenhang stehen.

Sexuelle Identität ist nicht identisch mit sexuellem Verhalten. Zwar wird das Sexualverhalten immer wieder als ein (vermeintlich objektiver) Anhaltspunkt für den Identitätserwerb herangezogen, zuverlässige Vorhersagen über den Identitätserwerb lassen sich aus dem sexuellen Verhalten aber nicht treffen. So haben ca. 90% der Frauen, die sich selbst als Lesben bezeichnen, im Laufe ihres Lebens romantische und sexuelle Beziehungen zu Männern. 43% gehen diese Kontakte sogar ein, nachdem sie ihr Coming-out hatten. Gleichzeitig gibt es Frauen, die sich als Lesben bezeichnen, jedoch keine sexuellen Erfahrungen mit Frauen gemacht haben. Begehren und Verhalten stimmen also in vielen Fällen nicht wirklich mit dem eigenen Identitätskonzept überein. Daher stellt sich die Frage, worüber ein Label denn eigentlich eine Aussage treffen soll. Handelt es sich hier um die Beschreibung sexuellen Verhaltens, emotionaler Verbundenheit oder um eine politische Zugehörigkeit?

Bei der sexuellen Identität handelt es sich um kognitive Aspekte, die die Einordnung von Erlebnissen im Rahmen gewisser kultureller Normen ermöglichen. Demnach stellt die sexuelle Identität die subjektive Manifestation des sexuellen Seins einer Person dar. Im Gegensatz dazu ist die sexuelle Orientierung die öffentliche Manifestation desselben. Das bedeutet, dass die sexuelle Identität nur der betreffenden Person selbst bekannt ist. Sie entzieht sich somit einer objektiven Beobachtung von außen. Auf welchen der oben genannten Aspekte (Begehren, Verhalten, emotionale Verbundenheit oder politische Zugehörigkeit) sich sexuelle Identität bezieht, kann also nur durch eine Befragung der jeweiligen Person ermittelt werden.

Dass die Beschreibung der sexuellen Orientierung durch Dritte ein ebenso fragwürdiges wie schwieriges Unterfangen ist, haben die im historischen Teil dargestellten Kategorisierungsversuche von Karl-Heinrich Ulrichs, Alfred Kinsey und anderen gezeigt. Anhand von Indikatoren wie Verhalten, Phantasien, Lebensstil etc. wird versucht, eine Person einer Kategorie sexueller Orientierung zuzuweisen. Ich halte dies für eine ausgesprochen zweifelhafte Praxis. Die sexuelle Orientierung einer Person wird von dem Objekt abgeleitet, auf das eine Person ihre sexuelle Energie richtet. Sie wird also über die Bezugnahme auf die

Geschlechtsidentität der Partnerin bzw. des Partners und des eigenen Geschlechts bestimmt. Sie ist somit immer geschlechtsspezifisch gefasst. Diese Einordnung kann nur im kulturellen System der Zweigeschlechtlichkeit funktionieren, in dem Individuen eindeutig einem der beiden Geschlechter zugewiesen werden und eine eindeutige Geschlechtsidentität ausbilden müssen. Die Geschlechtsidentität basiert auf der Geschlechtszugehörigkeit, d. h. der eindeutigen Zuordnung von Individuen zu einem der beiden Geschlechter auf der Grundlage biologischer Merkmale. Aufbauend auf dem biologischen Geschlecht (sex) bilden Jungen und Mädchen im Rahmen ihrer Sozialisation unterschiedliche soziale Geschlechter (gender) aus, die mit bestimmten Denk- und Verhaltensweisen sowie gesellschaftlich eingeräumten Chancen und Möglichkeiten einhergehen. In diesem kulturellen System der Zweigeschlechtlichkeit sind die Geschlechtsrollen dichotom, so dass Frauen und Männer als Gegensätze konstruiert sind, wobei das als ›männlich‹ Definierte die Norm und das als ›weiblich‹ Definierte die Abweichung darstellt. Dadurch, dass erst die (sexuelle) Vereinigung ›ein Ganzes‹ ergibt, wird Heterosexualität bzw. reproduktionsorientierte Sexualität zur Norm und alles andere zur Abweichung.

Dies hat zur Folge, dass sowohl im Rahmen von Forschung als auch im Alltagsdenken moderner westlicher Kulturen oftmals von einer Verschränkung von sexueller Identität und Geschlechtsidentität ausgegangen wird. Offenkundig wird dies zum Beispiel an der Titulierung von Lesben als ›Mannweiber‹ und Schwulen als ›Tunten‹. In diesen Bildern drückt sich die Vorstellung aus, dass eine nicht der Norm entsprechende sexuelle Orientierung mit einer nicht der Norm entsprechenden Geschlechtsidentität einhergeht. Dass die Verschränkung von Geschlechtsidentität und sexueller Identität sozial konstruiert ist, wird bei einem Rückblick in die Geschichte (vgl. Kapitel 1) deutlich.

Die fälschliche Annahme eines ursächlichen Zusammenhangs zwischen Geschlechtsidentität und sexueller Identität hält Klischeebilder von lesbischen Frauen und schwulen Männern aufrecht. Aber auch die Bestimmung der Geschlechtsidentität an sich ist nicht unproblematisch. Wenn das biologische (sex) und das soziale (gender) Geschlecht einer Person nicht übereinstimmen, lassen sie sich nicht eindeutig einem der beiden Geschlechter zuordnen. Diese Menschen fallen aus dem dichotomen System »männlich – weiblich« heraus, was die Bestimmung der sexuellen Orientierung im herkömmlichen Sinne unmöglich macht. Hier wird die Künstlichkeit des Konstrukts der sexuellen Orientierung besonders deutlich. Da es mehr Eindeutigkeit und Klarheit vermittelt als real vorhanden, sollte vorsichtig damit umgegangen werden.

Dem Begriff der sexuellen Orientierung liegt außerdem die essentialistische Vorstellung einer sexuellen Wesenhaftigkeit von Personen zugrunde. Die sexuelle Orientierung liegt angeblich *in* einer Person und muss nur noch von ihr selbst oder von anderen entdeckt werden. Eine Person kann also ein bestimmtes sexuelles Wesen haben, ohne selbst davon zu wissen. Von einer solchen sexuellen Wesenhaftigkeit auszugehen, ist ausgesprochen problematisch. Denn anhand welcher Kriterien sollte deren Existenz nachgewiesen werden?

Auf der Annahme einer sexuellen Wesenhaftigkeit fußen jedoch alle Coming-out-Modelle. »(...) lesbische Identitäten werden gemeinhin als ›entdeckt‹ beschrieben und nicht als ›selbstgeschaffen‹.« (Esterberg 1997, S. 57, Übers. d. Verf.)

Als Folge dieser essentialistischen Sichtweise werden Lebensgeschichten von Betroffenen oftmals nachträglich so umkonstruiert, bis sie darauf hindeuten, dass diese ›eigentlich‹ schon immer schwul, lesbisch oder bisexuell waren. In ihrer Argumentationsweise ähneln sie damit religiösen Bekehrungserzählweisen:

> »Diese Geschichten, die sich oft überraschend ähnlich sind, klingen manchmal folgendermaßen: Einst war ich verloren (ich war versteckt und versuchte, heterosexuell zu sein), aber jetzt habe ich mich gefunden. Als eine Pseudo-Heterosexuelle war mein Leben angefüllt von Schmerz und Trauma. Jetzt als Lesbe habe ich mein wahres Selbst gefunden, auch wenn es nicht immer einfach ist.« (Esterberg 1997, S. 56, Übers. d. Verf.)

Im Licht der momentanen Situation wird die Vergangenheit gedanklich so umgestaltet, dass es so scheint, als gäbe es einen wahren, eindeutigen und konstanten sexuellen Kern der Person. Diese Bekehrungssichtweise ist binär, da sie eine klare Grenze (zwischen hetero/homo und vorher/nachher) zieht und nicht darauf abzielt, »die Existenz oder das Wesen dieser Grenzlinie in Frage zu stellen« (Garber 2000, S. 431). Die Möglichkeit, dass eine sexuelle Orientierung sich entwickelt und verändert, wird hier ausgeschlossen.

Diese Fülle an Kritikpunkten gegenüber dem Konstrukt der sexuellen Orientierung hat bisher jedoch nicht dazu geführt, dass es seine Relevanz verloren hat. Sowohl in der Wissenschaft als auch unter Laien wird es weiterhin als Organisationsprinzip verwendet, um die »komplexe, soziale Realität« zu vereinfachen und »Vorstellungen von sich und anderen« (Schwartz 1994, S. 216) zu kreieren.

Nachdem ich den Begriff der sexuellen Identität von anderen Begriffen abgegrenzt habe, will ich nun deutlich machen, wie ich ihn selbst verstehe. Ich sehe sexuelle Identität als einen andauernden Prozess. Sexuelle Identität ist fließend und hat einen provisorischen Charakter. Ihre Bedeutung ist, wie diejenige anderer Teilidentitäten auch, situations- und kontextabhängig und unterliegt somit einem ständigen Wandel. Sexuelle Identität bringt also keine Wesenhaftigkeit zum Ausdruck, sondern bezeichnet, was zu einem bestimmten Zeitpunkt in einem spezifischen Kontext präsent ist. Label wie ›lesbisch‹, ›schwul‹ und ›bisexuell‹ sind in diesem Verständnis Bezeichnungen für einen Prozess.

Obwohl sexuelle Identität wandelbar und veränderlich ist, bedeutet das nicht, dass Individuen ihre sexuelle Identität auch auf diese Weise erleben. Sie *kann* von Individuen so erlebt werden, sie *kann* jedoch auch als feste, stabile und sehr reale Identität erlebt werden. Label können in einem engen Zusammenhang mit dem Verhalten der jeweiligen Person stehen, müssen es aber nicht.

Sexuelle Identität als einen fließenden Prozess zu betrachten, stellt uns vor einen gewissen inneren Zwiespalt:

»Wir sind uns zunehmend bewusst [...], dass Sexualität mit *Fließen und mit Veränderung* zu tun hat, dass das, was wir so bereitwillig als ›sexuell‹ betrachten, genauso Produkt von Sprache und Kultur ist wie von ›Natur‹. Trotzdem möchten wir es ständig *fixieren und stabilisieren*, wollen erklären, wer wir sind, indem wir über unsere Sexualität sprechen.« (Weeks 2000, S. 163; Hervorheb. d. Verf.)

Wie dieses Zitat deutlich macht, ist es ausgesprochen schwierig, den fluiden und wechselhaften Charakter von Sexualität in adäquater Form zu beschreiben, laufen wir doch Gefahr, eine vielfältige und widersprüchliche Realität zu reduzieren und festzuschreiben.

Etiketten sexueller Identität – vom Nutzen und den Gefahren

> »Ich bin schon immer mehrdeutig gewesen, was meine sexuellen Vorlieben angeht; ich denke, Etiketten gehören auf Konservendosen.«
> (Michael Stipe von R.E.M., zitiert nach Leland 1995, Übers. d. Verf.)

Wenn die Bezugnahme auf sexuelle Identitäten so schwierig ist, macht es dann überhaupt Sinn, diesen Begriff zu verwenden? Oder anders formuliert: Liegt in der Verwendung des Begriffs der (sexuellen) Identität eine Chance oder stellt er sich als Fallstrick heraus? Um der Antwort auf diese Frage näher zu kommen, möchte ich darstellen, welche Argumente für und welche gegen die Verwendung von Etiketten sexueller Identität sprechen.

Sexuelle Identitäten können helfen, Erfahrungen von Begehren und Anziehung, Beziehungen und Politik innerhalb bestimmter Kontexte zu sortieren. In gewisser Weise stellen sie also ein Ordnungswerkzeug dar. Sie ermöglichen es Individuen, ihre vom gesellschaftlichen Konsens abweichende Sexualität in produktiver Weise in ihr Selbstkonzept zu integrieren und sich innerhalb des gesellschaftlichen Systems zu positionieren.

Der Zusammenschluss mit anderen Minderheitsangehörigen unter den Labeln ›schwul‹, ›lesbisch‹ oder ›bisexuell‹ hat den Sinn, sich gegenseitig zu stützen und Solidarität im Sinne von »Trost, Sicherheit und Ermutigung« (Plummer 1981, S. 29) zu erfahren. Durch das Agieren unter einem gemeinsamen Label können Angehörige sexueller Minoritäten ihre Marginalisierung in einer heterozentrischen Gesellschaft öffentlich thematisieren und sich gemeinsam für die Gleichberechtigung gleichgeschlechtlicher Lebensweisen einsetzen. Unter welchem Label dabei agiert wird, hängt maßgeblich von individuellen Erfahrungen, der Verortung von Individuen sowie äußeren Umständen und Begebenheiten ab.

Historische Beispiele für Politiken auf der Basis von Identität(en) sind die zweite Frauenbewegung und die Bürgerrechtsbewegung in den

USA. Eine solche Politik wird als ›Identitätspolitik‹ bezeichnet. Wie hier deutlich wird, hat sie zwei Funktionen: 1. den normativen Eingriff in die Identität Einzelner und 2. die Schaffung einer abstrakten Gruppenidentität.

Die Bezugnahme auf Identitäten ist insofern politisch, als dass diese »die Grenzen der Zonen der Unbewohnbarkeit« (Hark 1998, S. 38) abstecken, da sie Randbereiche bestehender Systeme benennen und in Frage stellen. Sie definieren, was in Zukunft als ›normal‹ bzw. ›unnormal‹ gelten kann und ermöglichen somit eine Orientierung an dem, was wir sein wollen und könnten statt an dem, was wir sind.

In diesem Verständnis beschreiben Identitäten also nicht nur einen Status quo. Vielmehr orientieren sie sich an politischen Utopien, die einen Anhaltspunkt für das Denken und Handeln von Individuen bilden. Bestehenden Diskursen wird auf diese Weise ein »Gegen-Diskurs« (Bech 1998, S. 28) entgegengesetzt, der zum Ziel hat, gesellschaftliche Strukturen aufzubrechen. In diesem Sinne stellt Identitätspolitik *eine* Strategie dar, die genutzt werden kann, um (gesellschaftliche) Veränderungen herbeizuführen. Identität bzw. Identitätspolitik kann somit als »Sprungbrett« (Weeks 2000, S. 169) für individuellen und kollektiven Widerstand gegen bestehende soziale Strukturen gesehen werden.

Andererseits versuchen Label wie ›schwul‹, ›lesbisch‹ und ›bisexuell‹ vielfältiges, wandelbares Denken und Verhalten von Individuen einer bestimmten Kategorie zuzuordnen und anhand eines Begriffs zu beschreiben. Dies führt zwangsläufig zu einer Reduktion und hat zur Folge, dass diese (künstlichen) Kategorien der oft widersprüchlichen Realität nicht gerecht werden. »Die Worte homosexuell, heterosexuell, bisexuell täuschen eine Eindeutigkeit und Eindimensionalität vor, wie sie im wirklichen Leben nicht existiert.« (Feldhorst 1998, S. 10)

Dies ist nicht zuletzt darauf zurückzuführen, dass Sprache der Vielfalt menschlicher Verbindungen einfach nicht gerecht werden kann und somit an sich immer reduzierend wirkt. Die Verwendung von Etiketten führt daher zwangsläufig zu einer Festlegung auf bestimmte Bilder von Angehörigen dieser Kategorie. Diese Festlegung ist sinnvoll, um nach außen als Gruppe aufzutreten und sich für die Belange dieser Gruppe stark zu machen. Für Einzelne bedeutet das jedoch, sich entweder einem bestimmten Bild anzupassen oder aber immer wieder erklären zu müssen, inwiefern sie sich von der Gruppe unterscheiden. Laufen sie doch sonst Gefahr, dass andere falsche Vorstellungen von ihnen, ihrer Lebensweise und ihren Einstellungen haben. Doch selbst wenn andere keine falschen Schlüsse ziehen, erscheint es mir fraglich, welchen Informationsgewinn wir tatsächlich haben, wenn wir wissen, dass eine Person einer bestimmten Gruppe angehört.

Judith Butler macht in diesem Zusammenhang darauf aufmerksam, dass es unter lesbischen Frauen eine Vielfalt an Selbstdefinitionen und deren Verständnisweisen gibt. Durch die vorhandene Vielfalt von Bedeutungsmöglichkeiten bleibt unklar, was sich jeweils hinter der Bezeichnung verbirgt: »Tatsächlich hat sich der Ort der Unsichtbarkeit nur verschoben – vorher wusstest du nicht, ob ich lesbisch ›bin‹, jetzt weißt du nicht, was es heißt, dass ich es bin.« (Butler 1996, S. 18)

Hier wird deutlich, dass Einzelne für sich zwar von einem individuellen Verständnis sexueller Identität ausgehen und dieses nutzen können, um ihre Erfahrungen zu sortieren. In sozialen Situationen werden sie jedoch gezwungen, auf das kollektive Verständnis eines Etiketts Bezug zu nehmen. Sie müssen sich entweder mit ihm einverstanden erklären oder sich davon abgrenzen. Dies relativiert die Ökonomie von Etiketten und stellt ihre Brauchbarkeit in Frage.

Welche Folgen ergeben sich aus einem kollektiven Verständnis sexueller Identitäten? Indem immer wieder auf existierende Bilder oder – wie Sabine Hark es nennt – »selbstverständlich abgelagerte Versionen« (1998, S. 52) von Gruppen bzw. Identitäten Bezug genommen wird, kommt es zu einer Reproduktion bestehender Vorstellungen und Kategorien, ohne deren Gültigkeit zu überprüfen.

Ruth Großmaß macht dies in ihrem Aufsatz »Weibliche Identität – ein Produkt der Moderne?« am Beispiel der weiblichen Geschlechtsidentität deutlich. Sie stellt fest, dass sich die Identitätskonstruktionen von Frauen im Laufe der letzten drei Generationen erheblich verändert haben. Beispielhaft nennt sie hier die »Nachkriegsgeneration«, »die Generation der Tomatenwerferinnen des SDS« und die »Girlie-Generation« (Großmaß 1999, S. 11). Wie diese Aufzählung deutlich macht, haben sich die Inhalte der Identitätskategorie ›weiblich‹, im Sinne einer sozial akzeptierten Pluralisierung weiblicher Lebensentwürfe und Identitäten, verändert. Diese Veränderungen stellen jedoch weder die Kategorie an sich noch die damit verbundene polare Geschlechterkonstruktion in Frage.

Dies hat zur Folge, dass Frauen noch immer anhand der Beurteilungskriterien des kulturellen Systems der Zweigeschlechtlichkeit gemessen und bewertet werden. Dies impliziert eine höhere Wertschätzung der als ›männlich‹ definierten Eigenschaften und Attribute gegenüber weiblichen. Frauen unterliegen außerdem anderen Wertmaßstäben als Männer. So gilt beispielsweise ein Mann, der häufig wechselnde Sexualpartnerinnen hat, als ein ›toller Hecht‹, eine Frau, die mit vielen Männern Sex hat, wird hingegen als ›Flittchen‹ bezeichnet. Dieses Beispiel macht deutlich, dass das Verhalten von Frauen und Männern trotz des gesellschaftlichen Wandels noch immer mit zweierlei Maß gemessen wird. Veränderungen weiblicher Identitäten finden nur innerhalb gewisser Grenzen statt, so dass die bestehende Geschlechterhierarchie unangetastet bleibt. Frauen, die aus diesem System ausbrechen oder herausfallen, stellen es folglich in Frage. Sie werden pathologisiert und sanktioniert.

Auf den Bereich der sexuellen Identität übertragen bedeutet dies, dass sich zwar die Inhalte der Identitätskategorien ›lesbisch‹, ›schwul‹ und ›bisexuell‹ verändern und erweitern können. Das ändert jedoch nichts daran, dass sie noch immer eine Abweichung von der heterosexuellen Norm darstellen. Am System der Heteronormativität hat sich damit nichts geändert; gleichgeschlechtliches Begehren ist und bleibt unnormal bzw. ›das Andere‹.

Denk- und Handlungsmöglichkeiten einer Person werden maßgeblich von ihrer jeweiligen Identität beeinflusst. Wenn sich Identitäten nur innerhalb gewisser Grenzen verändern können, gilt das gleiche für Denk- und Handlungsmöglichkeiten. Auf diese Weise führt der Bezug auf eine Identität dazu, »eine sozial aufgezwungene Differenz« (Hark 1998, S. 37) zu erhalten. Bestehende unterdrückende Diskurse erfahren auf diese Weise ungewollt eine Bestätigung und es kommt zu einer »Fortführung gesellschaftlicher Disziplinierung und Normalisierung« (ebd., S. 41).

Der Anspruch, mit dem Identitätspolitik antritt – nämlich Gesellschaft zu verändern –, kann somit nur begrenzt umgesetzt werden. Statt einer Neuordnung des Systems ist nur eine Veränderung innerhalb gewisser, meist eng gesteckter Grenzen möglich.

Da sich alle Label auf das dichotome Geschlechtermodell beziehen, wird durch die Verwendung von Etiketten sowohl das kategoriale und polare Denken bezüglich der Kategorie ›Geschlecht‹ (Frau – Mann) als auch das bezüglich der Kategorie ›Sexuelle Orientierung‹ (hetero – homo) aufrechterhalten. Dies verhindert, dass Menschen *unabhängig* von ihrer Geschlechtszugehörigkeit und ihrer sexuellen Orientierung wahrgenommen und behandelt werden. Denn jeder Ausdruck – ob schwul, lesbisch, bisexuell oder heterosexuell – beinhaltet immer auch eine Bezugnahme auf die (polar konstruierte) geschlechtliche Identität der beteiligten Personen. Die Bezugnahme auf sexuelle Identitäten bestätigt so gesellschaftliche Diskurse, da sie weder das dichotome Denken in Bezug auf die Kategorie ›Geschlecht‹ (Mann – Frau) noch die polare Konstruktion sexueller Identität(en) in Frage stellt.

Bedeutet also ein individuelles Lossagen von Etiketten sexueller Identität die Befreiung von Diskriminierung? Leider scheint das nicht so einfach zu sein. Denn dass eine Loslösung von herkömmlichen Kategorien nicht notwendigerweise auch eine Befreiung von Zwang und Ausgrenzung bedeutet, wird unter anderem an der Diskriminierung von Transgender deutlich, also Personen, die sich nicht eindeutig einer Geschlechtskategorie zuordnen lassen. Weil sie sich aus der Dichotomie männlich – weiblich herausbegeben, werden sie von ihrem Umfeld abgewertet und stigmatisiert. Um sich von einem Denken in polaren Kategorien zu lösen, bedarf es also umfassender gesellschaftlicher Veränderungen.

Wie diese Argumente zeigen, ist der Anspruch, dass Identitäten weder festlegen noch reduzieren sollen, nur schwer einzulösen. Im schlimmsten Fall können Label sogar als Grundlage für Diskriminierung, Stigmatisierung und Ausgrenzung von Individuen dienen, wie das zum Beispiel in der Zeit des Nationalsozialismus geschehen ist.

Trotz aller Schwierigkeiten, die der Begriff der sexuellen Identität mit sich bringt, ist er aufgrund seiner politischen Dimension von Bedeutung. Er ist ein notwendiger Ausgangspunkt für eine Politik im Umkreis von Sexualität, da er ein Werkzeug darstellt, um gesellschaftliche Tabus zu brechen sowie gesellschaftlich und politisch Stellung beziehen zu können.

Abgesehen davon ist er Teil gesellschaftlicher Realität geworden. Denn wer von uns kann sich selbst und andere losgelöst von einer Vielzahl an (Teil)Identitäten wahrnehmen? Wie wenig wir dies beherrschen, wird meiner Erfahrung nach immer wieder deutlich, wenn wir auf

Menschen treffen, die nicht sofort einem Geschlecht oder einer Gruppierung sexueller Identität zugeordnet werden können. Haben Sie einmal Ihre Reaktionen beobachtet, wenn eine Person den Raum betritt, die nicht eindeutig als Frau oder als Mann zu identifizieren ist? In der Regel sind wir damit beschäftigt, Anhaltspunkte dafür zu suchen, dass diese Person der einen oder anderen Kategorie angehört. Diese Person einfach losgelöst von gesellschaftlich festgelegten und akzeptierten Bildern als Mensch zu sehen, dürfte den meisten von uns ungeheuer schwer fallen.

Hier wird deutlich, dass es uns – trotz des Anspruchs, Identitätskategorien zu hinterfragen – zum jetzigen Zeitpunkt kaum möglich ist, ohne diese auszukommen. Aufgrund unserer Sozialisation haben wir gelernt, uns auf diese Konzepte zu beziehen und unsere Welt dementsprechend zu strukturieren. Im Denken jenseits dieser Begrifflichkeiten sind wir bisher noch zu ungeübt.

Um negative Konsequenzen, die der Gebrauch von Etiketten mit sich bringt, zu vermeiden, sollten (sexuelle) Identitäten und ihre Konstruktionsprozesse immer wieder kritisch hinterfragt werden. Es gilt, sich der Künstlichkeit und der »strategischen Vorläufigkeit« (Butler 1996, S. 24) dieser Begriffe bewusst zu sein. Sexuelle Selbstdefinitionen sollten daher nicht als Ziel, sondern als ein Weg (zu mehr Gleichberechtigung) verstanden werden.

> »Label können uns vereinen, aber sie können uns auch unterdrücken und unser Denken einengen, wenn wir vergessen, dass sie bloß Werkzeuge sind. Menschen sind komplex und Label werden nie in der Lage sein, uns genau zu beschreiben. Es ist unmöglich, ein Leben voller Erfahrungen auf ein einzelnes Wort zu reduzieren.« (Ochs 1996, S. 236, Übers. d. Verf.).

Um den Unzulänglichkeiten von Kategorien sexueller Identität zu begegnen, sollten diese als prozesshaft gesehen werden. Dies ermöglicht die Anerkennung der Instabilität und Transformierbarkeit derselben und impliziert, dass Identitätskonstruktionen niemals abgeschlossen sind. Es ist von besonderer Wichtigkeit, die Konstruktionsprinzipien von Identitäten nachzuvollziehen, da es hier nicht nur um die Repräsentation von innewohnenden Wesenhaftigkeiten geht, sondern um Schauplätze, an denen um Positionierungen, um Grenzziehungen und um

Definitionsmacht gerungen wird. Also um Prozesse, die festlegen, was in Zukunft als ›normal‹ bzw. ›unnormal‹ gilt.

Auf die Praxis übertragen bedeutet das, ein besonderes Augenmerk darauf zu legen, welche Personen sich unter welchen Umständen und zu welchem Zweck als schwul, lesbisch oder bisexuell bezeichnen und auf welche Inhalte dieser Identitätskategorien sie sich beziehen.

Als ich mich dazu entschlossen hatte, Frauen über ihr Begehren nach beiden Geschlechtern zu interviewen, musste ich eine Entscheidung darüber fällen, ob ich mich auf Kategorien sexueller Identität und auf das Label ›bisexuell‹ beziehen wollte. Nach einer längeren Überlegungsphase habe ich dieses zum entscheidenden Bezugspunkt sowohl für die Interviews als auch für die Darstellung der theoretischen Aspekte gemacht.

Meine Entscheidung hatte zunächst einmal pragmatische Gründe. Ich fand es ausgesprochen umständlich, immer davon zu sprechen, dass Frauen ›Liebe, Begehren und Sexualität mit Frauen und Männern gelebt haben‹.

Außerdem war es mir wichtig, explizit auf die Existenz und die Lebensweisen bisexuell begehrender Frauen hinzuweisen, da sie bis heute zumeist unbenannt und unbeachtet bleiben. Aus diesem Grund habe ich mich auch dagegen entschieden, die Standpunkte der Queer-Theory zum zentralen Aufhänger für die Interviewstudie zu machen. Bevor Kategorien und Label abgeschafft werden können, bedarf es wissenschaftlicher und öffentlicher Aufklärung, um existierenden, zumeist vorurteilsbelasteten Vorstellungen und Bildern über Bisexualität sachliche Informationen entgegenzusetzen.

Mir ist bewusst, dass auch meine Herangehensweise nicht unproblematisch ist, läuft sie doch Gefahr, altes Schubladendenken zu reproduzieren. Daher möchte ich noch einmal darauf hinweisen, dass der Begriff ›bisexuell‹ in meinem Verständnis lediglich ein Hilfsmittel sein kann, um Erfahrungen von Personen sichtbar zu machen, die Liebe, Begehren und Sexualität mit Frauen und Männern leben bzw. gelebt haben. Mir liegt nicht daran, allgemeingültige Aussagen über die Kategorie ›bisexuell‹ zu machen. Vielmehr geht es mir darum, gesellschaftliche Tabus aufzubrechen und eine Diskussion über bisexuelles Begehren und die damit verbundenen Erfahrungen anzuregen.

3 Die Forschung zum Thema Bisexualität

Aufgrund der Tatsache, dass bisexuelles Begehren lange Zeit tabuisiert wurde und noch immer mit einer Vielzahl von Vorurteilen belastet ist, bemühten sich die ersten Publikationen zu diesem Thema vor allem darum, bisexuelles Begehren zu legitimieren und negative Vorstellungen und Bilder zu widerlegen. Dass auch dies zu einem einseitigen und oftmals defizitorientierten Bild über bisexuell begehrende Menschen führte, soll das folgende Kapitel deutlich machen.

Die Unsichtbarkeit bisexuellen Begehrens

Wie bei dem Aufdecken vieler anderer Tabus auch stand zu Beginn der Forschungsaktivitäten zunächst einmal die Frage nach dem Warum im Vordergrund. Wie konnte es dazu kommen, dass bisexuell begehrende Menschen bislang unsichtbar gewesen waren? Und welche Folgen hatte diese Unsichtbarkeit?

Wie zuvor schon deutlich wurde, wird die Ursache im dichotomen Denken bezüglich sexueller Orientierung gesehen. Der monosexuelle Diskurs – also die Vorstellung, dass eine Person nur das weibliche *oder* das männliche Geschlecht begehren kann – führt dazu, dass sich bisexuell lebende Menschen den Kategorien ›heterosexuell‹ und ›homosexuell‹ zuordnen bzw. durch andere zugeordnet werden.

Dieses Vorgehen wurde lange Zeit auch im Rahmen von wissenschaftlichen Studien praktiziert, die bisexuelle Frauen und Männer oftmals unter den Kategorien ›homosexuell‹ und ›heterosexuell‹ subsumierten. Eine Vorgehensweise, die dazu führte, dass Bisexualität unbenannt blieb, das Wissen darüber stagnierte und außerdem Forschungsergebnisse über homosexuelle und heterosexuelle Frauen und Männer verfälscht wurden. Bisexuell begehrende Frauen und Männer traten somit nicht in Erscheinung.

Die mangelnde Sichtbarkeit bisexuellen Begehrens hatte wiederum zur Folge, dass wenig über die Lebensrealität bisexueller Menschen bekannt war. Wenn überhaupt fielen nur diejenigen auf, die insgesamt ein sehr unkonventionelles Leben führten. Das vorhandene ›Wissen‹ stützte sich daher vor allem auf immer wieder reproduzierte Klischeebilder. Diese entwarfen ein in den meisten Fällen nicht zutreffendes Bild von bisexuell begehrenden Menschen und hatten einen diskriminierenden Umgang mit Bisexuellen zur Folge. Daher sollten diesen Bildern Fakten und Zahlen entgegengestellt werden.

Beweise für die Existenz und Häufigkeit bisexuellen Begehrens

Eine notwendige Voraussetzung, um der Tabuisierung und Diskriminierung von bisexuell begehrenden Frauen und Männern etwas entgegensetzen und Aufklärung leisten zu können, sind sachliche Informationen.

Zu diesem Zweck wurden zunächst Belege für die Existenz und Häufigkeit bisexuellen Verhaltens gesucht. Hier wird zum einen auf Beispiele aus der Geschichtsschreibung und aus anderen Kulturen zurückgegriffen. Diese kulturanthropologischen Studien belegen, dass bisexuelles Verhalten kein Produkt der Moderne ist, sondern dass es schon zu anderen Zeiten und in verschiedensten Kulturen existiert hat.

Der Umgang mit diesem Verhalten sieht jedoch sehr unterschiedlich aus. So geht bisexuelles Verhalten in einigen Kulturen mit einer Veränderung des sozialen Geschlechts einher, wie zum Beispiel in einigen indianischen Kulturen. In anderen Kulturen hingegen wird bisexuelles Verhalten vor der heterosexuellen Eheschließung durchaus als legitim erachtet, wie zum Beispiel in Thailand, in wieder anderen Kulturen wird es hingegen durchweg abgelehnt.

Befragungen zeigen, dass sich in Deutschland ca. 3,4% der Männer und 4,5% der Frauen als bisexuell definieren. Da davon ausgegangen wird, dass sich ca. zwei Drittel der Personen, die sich bisexuell verhalten, als bisexuell definieren, ist die Anzahl der Personen, die sich tatsächlich bisexuell verhalten, vermutlich noch um einiges höher. Problematisch bleibt aber die Tatsache, dass die Ergebnisse maßgeblich von der zugrunde gelegten Definition von Bisexualität abhängen.

Definitionen von Bisexualität

Im Rahmen der Erforschung bisexuellen Verhaltens stellte sich bald die Frage nach der Definition des Begriffs ›bisexuell‹. Was genau bezeichnet er – Handlungsweisen, Begehren, Emotionen?

Es existieren sehr unterschiedliche Auffassungen darüber, was unter dem Begriff ›Bisexualität‹ zu verstehen ist. Die für Definitionsversuche zu Rate gezogenen Kriterien reichen von sexuellem Verhalten über politische Zugehörigkeit bis hin zu der Auffassung, dass diejenigen, die sich als bisexuell definieren, selbst bestimmen, was damit gemeint ist. Die Bandbreite dieser Kriterien macht einen Definitionsversuch problematisch.

Doch selbst wenn man sich auf ein Kriterium zur Bestimmung der sexuellen Identität geeinigt hat, zum Beispiel auf das Verhalten, ist dessen Bestimmung nicht problemlos möglich. Denn schließlich ist damit noch nicht geklärt, ob von realem oder idealem, also gewünschtem Verhalten der befragten Personen ausgegangen wird. So fällt die Mehrzahl der Personen, die sich selbst als bisexuell bezeichnen, auf der Kinsey-Skala in den mittleren Bereich, wenn sie nach ihrem Ideal befragt werden. Geben sie jedoch Auskunft über ihr reales Verhalten, so sind dieselben Personen eher an einem Ende des Kinsey-Kontinuums wiederzufinden, d. h. entweder am heterosexuellen oder homosexuellen Pol. Ähnliche Differenzen lassen sich beobachten, wenn der Zeitraum, über den die Befragten Auskunft geben sollen, variiert wird.

Diese Schwierigkeiten betreffen jedoch nicht nur das Label ›bisexuell‹, sondern alle Versuche, sexuelles Begehren zu kategorisieren. Aufgrund der Unterschiedlichkeit der Personen, die sich hinter der Bezeichnung ›bisexuell‹ verbergen, ist es nahezu unmöglich, eine gültige Definition zu finden.

In der Literatur zum Thema Bisexualität wird immer wieder auf die Diversität der Menschen hingewiesen, die sich diesem Label zuordnen. Inwieweit die Lebensrealitäten anderer Gruppen (zum Beispiel die von Lesben und Schwulen) ebenso heterogen sind, wird aber nicht hinterfragt. Hier besteht die Gefahr, ein einheitlicheres Bild anderer Gruppen zu entwerfen, als es der Realität entspricht.

Trotz all dieser Schwierigkeiten werden weitere Definitionsversuche unternommen. Dass es für viele so immens wichtig zu sein scheint, zu einer Definition von Bisexualität zu kommen, deutet auf den ›Legitimationsdruck‹ hin, dem diese Kategorie noch immer unterliegt.

Entwicklungsmodelle bisexueller Identität

Ein weiterer Anspruch der Forschung zum Thema Bisexualität ist es, existierende defizitorientierte Vorurteile und Bilder zu entlarven und durch konstruktive Vorstellungen und Denkmodelle zu ersetzen. So entstanden Forschungsarbeiten, die sich mit der Identitätsentwicklung von bisexuellen Menschen beschäftigen. Sie haben zum Ziel, bisexuell begehrende Menschen nicht länger als ›labil‹, ›krank‹ und ›unangepasst‹ zu beschreiben, sondern Bisexualität als eine legitime Identitätskategorie zu etablieren. Verschiedene Forschungsarbeiten belegen, dass Bisexuelle psychopathologisch nicht auffälliger sind als Heterosexuelle und Homosexuelle.

Weiterhin werden Anstrengungen unternommen, Entwicklungsmodelle, die ursprünglich der Beschreibung lesbischen und schwulen Begehrens dienten, zu modifizieren, so dass sie der Identitätsentwicklung bisexueller Menschen gerecht werden. Ziel ist es, Bisexualität von dem Stigma eines unreifen Stadiums zu befreien. So wurde beispielsweise das dreistufige Coming-out-Modell (1. Anfängliche Verwirrung, 2. Finden und Anwenden des Labels, 3. Sich in der Identität einrichten) um eine weitere, vierte Phase (4. Andauernde Unsicherheit) erweitert.

Wie dieses Beispiel zeigt, werden vielfach Konstrukte aus der Erforschung der Homosexualität übernommen und auf das Konstrukt der Bisexualität übertragen. Dies gilt ebenso für Begrifflichkeiten wie ›Coming-out‹ und ›Biphobie‹. Der Begriff ›Biphobie‹ wurde dem Begriff ›Homophobie‹ nachgebildet. Homophobie bezeichnet die Verinnerlichung von Vorurteilen gegenüber Homosexualität; Biphobie dementsprechend die Verinnerlichung von Vorurteilen gegenüber Bisexualität. Diese Entwicklung ist verfänglich, da vorausgesetzt wird, dass die Konstrukte, die zur Beschreibung von Homosexualität entwickelt wurden, diese tatsächlich angemessen beschreiben. Außerdem erscheint mir ein unbesehener Transfer von Wissen über Homosexualität auf den Bereich der Bisexualität fragwürdig.

Eine kritische Betrachtung der Forschung zum Thema Bisexualität

Bei der Betrachtung der Forschung zum Thema Bisexualität fällt auf, dass sie sich häufig auf die negativen und konfliktreichen Aspekte bisexuellen Begehrens konzentriert oder diese zum Ausgangspunkt für ihre Fragestellungen nimmt. Dies will ich anhand einiger Beispiele verdeutlichen.

In den meisten Forschungsarbeiten wird bisexuelles Begehren als ein problematischer Aspekt im Leben einer Person betrachtet, der ein großes Ausmaß an Unsicherheit und Instabilität mit sich bringt. Oftmals wird die Entwicklung einer (bi)sexuellen Identität als dramatischer Einschnitt in der Biographie geschildert, der mit einem hohen Ausmaß an Belastung einhergeht. Es stehen vor allem Aspekte wie Zweifel, Scham und Heimlichkeit im Vordergrund. Biographien und Erzählweisen, in denen bisexuelle Erfahrungen als Potential oder aber als Entwicklungsmöglichkeit anstatt als Problem gesehen werden, haben wenig Raum. Eine Erklärung für dieses Phänomen könnte die oben genannte Orientierung an Forschungsarbeiten und Theorien über schwule und lesbische Identitäten sein.

Ein weiterer Forschungsschwerpunkt sind Diskriminierungserfahrungen bisexueller Menschen. Die Untersuchung dieser Marginalisierungserfahrungen ist notwendig, um auf lange vernachlässigte Erfahrungen bisexueller Menschen aufmerksam zu machen, Maßnahmen gegen Diskriminierung zu ergreifen und Hilfestellung zur Bewältigung dieser Erfahrungen anbieten zu können.

Ein häufig benutzter Ausdruck in diesem Zusammenhang ist der eben eingeführte Begriff ›Biphobie‹. Mit ihm soll explizit auf Diskriminierungserfahrungen bisexuell lebender Menschen hingewiesen werden. Denn sie sind nicht nur von Homophobie betroffen, sondern auch von Vorurteilen, die sich spezifisch gegen Bisexuelle richten. ›Biphobie‹ betont, dass Bisexuelle nicht nur von Heterosexuellen, sondern auch von Schwulen und Lesben diskriminiert werden.

Studien belegen, dass 32% der Lesben und Schwulen für sich ausschließen, eine Beziehung zu einer bisexuellen Person einzugehen. 25% sagen, sie wollten nicht mit einer solchen Person befreundet sein (Mohr/Rochlen 1999).

Die Erforschung von Diskriminierungserfahrungen bisexueller Menschen ist zwar wichtig, um auf ihre Lebensrealitäten aufmerksam zu machen und sie unterstützen zu können. Durch diese Forschung allein wird jedoch ein einseitiger Blick auf bisexuelles Begehren geworfen. Wenn problematische Aspekte fokussiert werden, bleibt wenig Raum für positive, hilfreiche und unterstützende Aspekte. Das Resultat ist, dass Bisexualität einmal mehr in Verbindung mit negativen Gesichtspunkten Erwähnung findet.

Auch in Untersuchungen, in denen der Einfluss der bisexuellen Orientierung einer Partnerin bzw. eines Partners auf deren ›heterosexuelle‹ Lebensgemeinschaft oder Ehe im Mittelpunkt steht, tritt Bisexualität als Problem bzw. Störfaktor in Erscheinung. Meines Wissens gibt es jedoch keine Studie, die den Einfluss der heterosexuellen Orientierung des Partners bzw. der Partnerin auf eine solche Lebensgemeinschaft untersucht. Bisexualität wird also als potentieller Trennungsgrund und als ein Hindernis gesehen, mit dem ein Umgang gefunden werden muss. Dass bisexuelle Erfahrungen eines Partners oder einer Partnerin wünschenswert und eine Bereicherung sein könnten, wird nicht in Betracht gezogen.

Ein weiteres Beispiel stellt in diesem Zusammenhang die Erforschung von Bisexualität im Kontext von HIV und AIDS dar. Mitte der 1980er Jahre wurden zunehmend bisexuelle Männer verdächtigt, HIV auf die heterosexuelle Bevölkerung zu übertragen. Auch innerhalb der lesbischen Szene bestanden Bedenken, dass bisexuelle Frauen den Virus an lesbische Frauen weitergeben könnten. Da das Infektionsrisiko unter Frauen geringer ist und Frauen insgesamt weniger promisk leben, war die Situation für bisexuelle Frauen allerdings weniger prekär als für bisexuelle Männer.

Im deutschsprachigen Raum führten Helmut Ahrens und Anja Feldhorst (1994) im Auftrag der Deutschen AIDS-Hilfe (DAH) eine Studie durch, die das Sexualverhalten bisexueller Frauen und Männer nach dem Aufkommen von AIDS zum Gegenstand hatte. Ziel dieser Untersuchung war, mehr über bisexuelle Menschen und deren Lebenszusammenhänge zu erfahren und ein zielgruppenspezifisches Präventionskonzept zu entwickeln. Es zeigte sich, dass bisexuelle Frauen und Männer ein relativ geringes HIV-Risiko darstellen, da sie wenig anonyme sexuelle Kontakte suchen, die Anzahl ihrer SexualpartnerInnen gering ist und sie überdurchschnittlich häufig ›Safersex‹ praktizieren. Bisexualität ist also nicht gleichbedeutend mit Polygamie, Promiskuität und einem hohen HIV-Risiko – Eigenschaften, die Bisexuellen gemeinhin nachgesagt werden.

Diese Ergebnisse tragen zur Aufklärung über Bisexualität bei und setzen verbreiteten Vorurteilen etwas entgegen. Das ändert aber nichts an der Tatsache, dass Bisexualität einmal mehr anhand eines negativen ›Auslösers‹ thematisiert wurde.

Wie anhand dieser Beispiele deutlich wird, tragen viele Forschungsfragen und -ansätze ungewollt dazu bei, die Koppelung von Bisexualität mit negativen, problematischen und tabuisierten Themen weiterzuführen, auch wenn sie eigentlich das Gegenteil erreichen wollen. Im Bestreben, negative Stereotype und Vorstellungen auszuräumen und die Existenz bisexuellen Begehrens zu legitimieren, werden Forschungsfragen vielfach defizit- und problemorientiert formuliert. Diese Sichtweise lässt wenig Raum für positive und bereichernde Aspekte bisexueller Erfahrungen und Biographien.

4 »Ist es wirklich alles so schwierig?« – Eine Studie über positive und unterstützende Aspekte bisexuellen Begehrens

Beim Studium der m. E. problemorientierten Forschungsarbeiten über Bisexualität meldete sich immer wieder eine Stimme in mir, die sagte: Das kann doch nicht alles sein!

Viele der dargestellten problematischen Aspekte kenne ich selbst oder kann sie verstehen. Mir fehlten jedoch sowohl im wissenschaftlichen also auch im öffentlichen Diskurs die reizvollen, Gewinn bringenden Seiten bisexueller Erfahrungen. Denn warum sollten sich Frauen und Männer auf einen Lebensweg einlassen, der dem Anschein nach eine Fülle an Schwierigkeiten mit sich bringt, jedoch nichts zu bieten hat? Was bewegt sie dazu, sich gegen bestehende Konventionen aufzulehnen und sich auf Erfahrungen mit Menschen beiderlei Geschlechts einzulassen? Könnte es sein, dass bisexuelle Erfahrungen neben all den Auseinandersetzungen auch Chancen und Möglichkeiten bieten, ja, vielleicht sogar eine Bereicherung im Leben darstellen? Darüber wollte ich mehr in Erfahrung bringen.

Daher entschloss ich mich, diese Aspekte in den Vordergrund meiner Interviewstudie zu stellen. Ich wollte herausfinden, ob der Blick auf positive und unterstützende Aspekte ein anderes Licht auf bisexuelle Erfahrungen wirft als die gängigen Fragestellungen. Ich wollte mich nicht an problematischen Aspekten bisexuellen Begehrens orientieren, sondern einen ressourcenorientierten Blickwinkel einnehmen und die ›Gewinnseiten‹ bisexueller Erfahrungen ergründen.

Dieses Buch beschäftigt sich ausschließlich mit dem bisexuellen Begehren von Frauen, da Frauen und Männer sich aufgrund ihrer Sozialisation hinsichtlich ihres Begehrens in einer Reihe an wichtigen Aspekten unterscheiden. So können Frauen beispielsweise ein größeres Ausmaß an Zärtlichkeit und Nähe untereinander austauschen, ohne dass dies von ihnen selbst und auch von anderen als sexuell gedeutet wird. Männer gelten vielfach als sexuell aktiver und triebgesteuerter. Ihre sexuelle Selbstdefinition ist eng mit ihren sexuellen Aktivitäten verknüpft. Die sexuelle Selbstdefinition von Frauen macht hingegen eher eine Aussage über ihr Beziehungsgeflecht, d.h. über romantische, soziale und politische Zugehörigkeiten, und unterliegt über die Lebensspanne hinweg einer stärkeren Variation als bei Männern. Studien zeigen, dass bei ca. einem Viertel aller Frauen die sexuelle Identität nicht mit ihren sexuellen Aktivitäten korrespondiert. Das ist sicherlich nicht zuletzt auf den Einfluss feministischer Theoriebildung und Praxis zurückzuführen, die der lesbischen Identität eine politische Bedeutung zumisst. Diese und weitere Unterschiede mit einzubeziehen, hätte jedoch den Rahmen dieser Studie gesprengt.

Aufgrund der oben genannten Überlegungen stellte ich mir für die Interviews folgende Fragen: Könnten bisexuelle Erfahrungen eine Bereicherung und ein Entwicklungspotential im Leben von Frauen darstellen bzw. welche Faktoren tragen dazu bei, dass bisexuelle Erfahrungen als gewinn bringend erlebt werden? Könnte es sein, dass Frauen in dem Auseinandersetzungsprozess mit ihrer sexuellen Identität Einsichten und Kompetenzen erwerben, die sie in späteren Auseinandersetzungen nutzen können? Könnten diese ein Potential für die Auseinandersetzungen mit anderen Marginalisierungserfahrungen wie zum Beispiel Rassismus darstellen?

Die Literatur zum Thema Bisexualität weckte bei mir den Eindruck, dass die Auseinandersetzung mit dem eigenen Begehren von viel Einsamkeit begleitet war und dass das Umfeld in den seltensten Fällen Hilfestellung bot. Deshalb wollte ich wissen, in welchen Zusammenhängen bisexuelle Frauen offen und unbefangen mit ihren Erfahrungen bzw. ihrer Identität umgehen und wo es Freiräume gibt, die das Leben bisexuellen Begehrens erleichtern. Ebenso stellte sich die Frage, welche Lebensumstände und -bedingungen und welche Personen eine Unterstützung für Frauen darstellen, die sich mit ihrer Bisexualität auseinandersetzen. In diesem Zusammenhang sind vor allem folgende Aspekte von Interesse: das Umfeld der Frauen, vorherige Erfahrungen von ›Anderssein‹, die Erziehung, Einstellungen der Frauen sowie Erfahrungen mit beraterischen Hilfsangeboten und Kontakten zu bisexuellen Organisationen bzw. der Bisexuellenbewegung.

Ich wollte wissen, welche Bedeutung bisexuelle Erfahrungen im Leben von Frauen haben, welche Veränderungen sich durch diese ergeben und welchen Stellenwert das bisexuelle Begehren in ihrem Selbstkonzept einnimmt.

Aufgrund der Schwierigkeiten, die mit der Definition und der Verwendung von Etiketten verbunden sind, sollten Frauen selbst zu Wort kommen und beschreiben, in welcher Form sie ihr bisexuelles Begehren leben bzw. gelebt haben. Um zu verhindern, dass ich meinen Interviewpartnerinnen ein Identitätskonzept bzw. ein Bild überstülpe, das nur ungenügend oder gar nicht ihre Erfahrungen reflektiert, sollten sie selbst die Begrifflichkeiten wählen, mit denen sie ihr Begehren beschreiben, und bestimmen, welchen Platz dieses in ihrem Leben einnimmt. Ich wollte sie fragen, ob sie sich einer Identitätskategorie zugehörig fühlen und was diese Zugehörigkeit bzw. Nicht-Zugehörigkeit für sie bedeutet. Von besonderem Interesse war für mich in diesem Zusammenhang, inwiefern sie eine Selbstdefinition bezüglich ihrer sexuellen Identität als hilfreich und unterstützend empfunden haben und welche Auffassungen sie bezüglich des Labels ›bisexuell‹ vertreten.

Meine Herangehensweise soll nicht in Abrede stellen, dass es Schwierigkeiten mit sich bringt, Männer und Frauen zu lieben und zu begehren. Vielmehr wollte ich das bislang sehr einseitige Bild ergänzen und dazu beitragen, eine ganzheitlichere Sichtweise auf weibliche bisexuelle Erfahrungen zu ermöglichen. Diese ganzheitlichere Perspektive ist von großer Wichtigkeit, um Frauen (und Männer), die sich mit ihrem Begehren nach beiden Geschlechtern auseinandersetzen, unterstützen zu können. Zum einen, um ihr eigenes Augenmerk darauf zu richten, zum anderen, um UnterstützerInnen – seien es PartnerInnen, FreundInnen, Eltern oder TherapeutInnen – darauf aufmerksam zu machen. Und nicht zuletzt, um bestehende Konzepte der Bildungsarbeit sowie beraterische und therapeutische Arbeit und Ausbildungen um diese Dimension zu ergänzen.

Die Gesprächspartnerinnen

Auf der Suche nach Frauen, die bereit waren, mit mir über ihre bisexuellen Erfahrungen zu sprechen, inserierte ich in Lokalanzeigern mehrerer deutscher Städte, machte Aushänge in ›Szene‹-Kneipen, an der Universität und in Beratungsstellen. Außerdem bat ich Bekannte und FreundInnen, mein Anliegen an Frauen weiterzuleiten, die für Gespräche in Frage kommen könnten.

Von den dreizehn Frauen, die sich bei mir meldeten, wählte ich sechs Frauen aus. Mir war es wichtig, möglichst unterschiedliche Frauen zu befragen, um ein breites Spektrum an Erfahrungen sichtbar machen zu können. So befragte ich Frauen mit und ohne Kind; Frauen, die zum Zeitpunkt des Interviews eine Beziehung zu einer Frau, einem Mann oder keine Beziehung hatten; und Frauen, die alleine oder in einer Wohngemeinschaft lebten. Ich hätte gerne Frauen nicht-deutscher Herkunft einbezogen. Da sich aber nur deutsche Frauen bei mir meldeten, konnte ich diesem Anspruch nicht gerecht werden.

Die einzige Bedingung, die ich stellte, war, dass alle Frauen Affären und/oder Liebesbeziehungen mit Frauen und Männern gehabt haben sollten. Ich wollte sichergehen, dass die Interviewpartnerinnen auf reale Erfahrungen zurückgreifen konnten, um der Gefahr vorzubeugen, dass sie von hypothetischen Möglichkeiten und dem, was ›prinzipiell möglich‹ wäre, berichteten.

In den Interviews gaben die Frauen Auskunft über ihre Kindheit und Jugend, die Entstehung ihres Begehrens nach beiden Geschlechtern sowie ihre Liebesbeziehungen und Affären. Sie legten ihr Selbstverständnis in Bezug auf ihre sexuelle Identität dar und gingen darauf ein, in welchen Zusammenhängen sie unbefangen mit ihrem Begehren umgehen können. Die Frauen berichteten, wie ihr soziales Umfeld reagierte, als es davon erfuhr, dass sie beide Geschlechter begehren. Sie erläuterten, inwiefern sich ihr Leben aufgrund ihrer bisexuellen Erfahrungen verändert hat und zogen eine Bilanz dieser Erfahrungen. Abschließend wiesen sie darauf hin, inwiefern andere bisexuelle Frauen von ihren Erfahrungen profitieren könnten und machten Vorschläge für die Aufklärungsarbeit zum Thema ›sexuelle Identität‹.

Was sind es für Frauen, die mir Auskunft gaben? In den hier folgenden Kurzdarstellungen ihrer Lebenszusammenhänge sind die Beziehungen und sexuellen Kontakte der Frauen besonders hervorgehoben. Um ihre Anonymität zu gewährleisten, habe ich ihre Namen durch Pseudonyme ersetzt und persönliche Informationen verallgemeinert.

Ruth

Ruth ist 32 Jahre alt und arbeitet als Sozialarbeiterin. Sie lebt seit kurzem wieder in ihrer Geburtsstadt, um in der Nähe ihrer Eltern sein und sich um sie kümmern zu können. Sie wohnt alleine. Bisher haben multikulturelle Lebens- und Arbeitskontexte einen hohen Stellenwert in ihrem Leben gehabt. An ihrem neuen Wohnort ist Ruth noch dabei, sich diese Zusammenhänge zu suchen und neue Beziehungen aufzubauen.

Ruth wurde 1969 geboren und wuchs in einer Großstadt auf. Sie ist Tochter einer Hausfrau und eines Postbeamten. Zur Mutter hat Ruth ein sehr enges Verhältnis; der Vater spielt hingegen nur eine geringe Rolle in ihrem Leben. Außerdem hat Ruth eine dreizehn Jahre ältere Schwester.

Als Jugendliche lebte Ruth ausschließlich Beziehungen zu Männern. Auf der Fachoberschule verliebt sie sich zum ersten Mal in eine Frau. Mit ihr zieht sie nach Abschluss der Schule in eine andere Stadt, um dort zu studieren. In den folgenden zehn Jahren lebt Ruth ausschließlich Frauenbeziehungen und identifiziert sich stark mit lesbischen und feministischen Kontexten.

Während ihrer zweiten Frauenbeziehung lernt Ruth ihren jetzigen Partner kennen und verliebt sich das erste Mal seit ihrer Jugend wieder in einen Mann. Sie trennt sich von ihrer Partnerin und beginnt eine Beziehung mit ihrem jetzigen Partner. Dieser ist verheiratet und will sich – entgegen Ruths anfänglicher Hoffnung – nicht von seiner Frau trennen. Er lebt die Beziehung zu Ruth heimlich. Ein Grund für dieses Verhalten liegt für Ruth in der islamisch geprägten kulturellen Herkunft ihres Partners. Dass es sich um eine Fernbeziehung handelt, die noch dazu nicht offen gelebt wird, erlebt Ruth zunehmend als belastend.

Angela

Angela ist 26 Jahre alt und befindet sich in der Abschlussphase ihres Studiums. Neben ihrem Studium engagiert sie sich für ökologische Belange. Sie wohnt in einer Wohngemeinschaft mit drei anderen Frauen und lebt seit ca. drei Jahren in einer Beziehung zu einem Mann. Über ihre Wohngemeinschaft und die Sportgruppe hat sie Kontakt zu lesbischen Kontexten. Diese stellen jedoch keinen zentralen Bezugspunkt mehr in ihrem Leben dar.

Angela wurde 1975 als Tochter einer nicht erwerbstätigen Lehrerin und eines Diplomingenieurs geboren. Zusammen mit ihren zwei Brüdern (geb. 1971 und 1978) wuchs sie in einer Kleinstadt auf. Ihr Verhältnis zu den Eltern und auch die Beziehung zwischen den Eltern beschreibt sie als konfliktbeladen und problematisch.

Noch zu Schulzeiten zieht Angela deshalb in eine Wohngemeinschaft, in der sie zum ersten Mal näheren Kontakt zu einer lesbischen Frau hat.

Zu Beginn des Studiums wechselt sie den Wohnort und zieht in eine mittelgroße Stadt. Dort kommt sie über ihre Wohngemeinschaft und über eine Sportgruppe erneut in Kontakt mit lesbischen Frauen. In dieser Zeit hat Angela ihre bisher einzige Affäre mit einer Frau. Obwohl sie diese als positiv erlebt, beendet sie das Verhältnis, da sie zu diesem Zeitpunkt keine Beziehung haben will.

Alle anderen Beziehungen und Affären hat sie mit Männern.

Susanne

Susanne ist die einzige Gesprächspartnerin, die zum Zeitpunkt des Interviews in einer Frauenbeziehung lebt. Mit 48 Jahren ist Susanne außerdem die älteste der Frauen. Zum Zeitpunkt des Interviews arbeitet sie als Dozentin an einer Erzieherinnenfachschule sowie als Gestalttherapeutin mit Kindern. Sie lebt in einer eigenen Wohnung in einer Großstadt.

Susanne wurde 1953 als zweites von vier Kindern geboren und wuchs in einer Kleinstadt auf. Sie hat eine Schwester (geb. 1945) und zwei Brüder (geb. 1951 und 1963). Ihre Eltern, eine nicht erwerbstätige

Krankenschwester und ein Verwaltungsbeamter, sind inzwischen verstorben.

Als Jugendliche lebt Susanne Beziehungen zu Männern, hat jedoch eine beste Freundin, mit der sie auch sexuelle Erfahrungen macht. Susanne identifiziert sich in dieser Zeit und in den kommenden Jahren sehr mit den Idealen der StudentInnenbewegung, was zu großen Konflikten mit ihren konservativ eingestellten Eltern führt.

Zu Beginn des Studiums zieht Susanne zusammen mit ihrem Partner in eine Großstadt. Dort beginnt sie, sich in Frauenkontexten zu bewegen und sich offensiv mit ihrem gleichgeschlechtlichen Begehren auseinander zu setzen. Zunächst lebt sie weiterhin meist ›offene Beziehungen‹ zu Männern, hat jedoch den Wunsch, sich in eine Frau zu verlieben. Um potentielle Liebhaberinnen kennen zu lernen, sucht sie unter anderem lesbische Kontexte auf. Dort fühlt Susanne sich jedoch nicht wohl, so dass diese Bereiche – im Gegensatz zu feministischen Frauenräumen – keinen zentralen Bezugspunkt in ihrem Leben darstellen.

Mit Anfang dreißig verliebt sich Susanne in eine frühere Freundin, als diese nach einer gescheiterten Ehe wieder in die gleiche Stadt zieht. Susanne trennt sich von ihrem damaligen Partner und lebt seitdem in einer monogamen Beziehung mit ihrer Partnerin. Aus beruflichen Gründen wohnen die beiden seit einigen Jahren in getrennten Städten, was sowohl die Partnerin als auch Susanne gerne ändern würden.

Carmen

Carmen ist 41 Jahre alt, arbeitet in verschiedenen Bereichen als Künstlerin und wohnt alleine in einer mittelgroßen Stadt. Seit 25 Jahren hat sie eine »Affäre« mit einem verheirateten Mann, die sie – trotz ihrer Dauerhaftigkeit – ausdrücklich nicht als Beziehung bezeichnet.

Carmen wurde 1959 als erstes von zwei Kindern geboren. Sie hat eine zehn Jahre jüngere Schwester. Carmens Eltern besaßen ein Einzelhandelsgeschäft, in dem beide tätig waren. Carmen hatte kein gutes Verhältnis zu ihren Eltern. Dies verändert sich auch nicht, als sie älter wird, so dass sie bis heute wenig Kontakt zu ihnen hat.

Nach Beendigung der Schule zieht Carmen in eine mittelgroße Stadt und macht eine Ausbildung im künstlerischen Bereich. Nachdem sie einige Zeit gearbeitet hat, folgen weitere Aus- und Fortbildungen in anderen künstlerischen Bereichen.

Als Heranwachsende verliebt Carmen sich zunächst ausschließlich in Jungen bzw. junge Männer. Als sie mit Anfang zwanzig im Rahmen ihrer Ausbildung und über die Teilnahme an einer Selbsthilfegruppe Kontakt zu Frauengruppen bekommt, beginnt sie, ihre erotischen Gefühle für andere Frauen zu entdecken.

In den folgenden Jahren geht sie zwei längere Beziehungen mit Männern ein, die sie selbst als unglücklich bezeichnet. Das Scheitern dieser Beziehungen erklärt Carmen damit, dass sie sich von dem Monogamieanspruch in diesen Beziehungen eingeschränkt fühlte. In den Zeiten ohne Beziehung und zum Ende der Beziehungen hin hat Carmen Affären mit Frauen und Männern. In diesem Rahmen macht sie unter anderem die Erfahrung, Sexualität mit einer Frau und einem Mann gleichzeitig zu leben, was sie als sehr positiv erlebt. Aufgrund dieser Erfahrungen entscheidet Carmen sich dafür, sich selbst als bisexuell zu bezeichnen und außerdem polygam zu leben.

Sie gründet eine Bisexuellengruppe und engagiert sich bei BINE e.V. (dem Bisexuellennetzwerk).

Michaela

Zum Zeitpunkt des Interviews ist Michaela 30 Jahre alt und arbeitet als Redakteurin. Sie lebt in einer mittelgroßen Stadt in einer Wohngemeinschaft mit einer anderen Frau und zwei Männern. Seit ca. drei Jahren führt sie eine (Fern-)Beziehung zu einem Mann.

Michaela wurde 1971 als jüngste von drei Töchtern geboren. Ihre Schwestern sind drei bzw. fünf Jahre älter als sie. Michaelas Mutter ist Hausfrau, ihr Vater Apotheker.

Michaela wuchs auf dem Land auf und wohnte auch während der ersten Zeit ihres Studiums in einem ländlichen Gebiet. Im Laufe des Studiums zog sie in eine mittelgroße Stadt.

Als Jugendliche zeigt Michaela zunächst gar kein Interesse daran, sich zu verlieben. Später lebt sie zunächst ausschließlich Beziehungen zu Männern. Diese erachtet sie im Nachhinein jedoch als nicht besonders wichtig.

Zu Beginn des Studiums kommt Michaela zunehmend in Kontakt mit lesbischen Frauen, was dazu führt, dass sie ihre Gefühle für Frauen hinterfragt. Bald darauf verliebt sie sich in eine Frau und hat zwei längere Frauenbeziehungen. In dieser Zeit bezieht Michaela sich stark auf lesbische und feministische Kontexte und Identitätskonzepte. Ein weiterer wichtiger Bezugspunkt sind autonome, linkspolitische Zusammenhänge. Zum Zeitpunkt des Interviews haben lesbische Kreise jedoch keine zentrale Bedeutung mehr für sie.

Zum Ende des Studiums plant Michaela ein gemeinsames Wohn- und Arbeitsprojekt mit einer Freundin und einem Freund. Während der Planungsphase verliebt sich Michaela in diesen Mann, ihren heutigen Partner. Da die Freundin ebenfalls in Michaela verliebt ist, gestaltet sich ihr Verhältnis in der Folge als sehr schwierig und das Wohn- und Arbeitsprojekt scheitert.

Bettina

Bettina ist 30 Jahre alt und lebt mit ihrem Ex-Partner und ihrer Tochter im gleichen Ort wie ihre Schwestern und die Eltern. Bettina ist Lehrerin (1. Staatsexamen) im Erziehungsurlaub und lebt in keiner festen Liebesbeziehung. Vor kurzem hat sie angefangen, Kontakte zu lesbischen und bisexuellen Frauen zu knüpfen und lesbische Kontexte kennen zu lernen.

Bettina wurde als jüngste von drei Töchtern geboren. Ihre Schwestern sind neun bzw. elf Jahre älter als sie. Bettina wächst in ländlicher Umgebung auf. Ihr Vater führt ein Geschäft als Raumausstatter, in dem auch ihre Mutter als Industriekauffrau tätig ist.

Nach Beendigung der Schule beginnt Bettina ein Studium in einer nahe gelegenen Stadt.

Bis zu ihrem 29. Lebensjahr lebte Bettina ausschließlich Beziehungen zu Männern, die vor allem von freundschaftlichen Gefühlen geprägt sind. Neben diesen Beziehungen unterhält sie immer wieder heimliche Affären mit anderen Männern. Eine befriedigende Sexualität lebt sie ausschließlich in diesem Rahmen.

Mit Mitte zwanzig hat Bettina einen erotischen Abend mit einer engen Freundin, über den sie jedoch später nicht mehr sprechen. Bettina selbst misst diesem Ereignis keine weitere Bedeutung bei.

Nachdem Bettina mit 28 Jahren Mutter wird, baut sie mit ihrem Partner ein Haus und heiratet. Die Eheschließung erfolgt nicht auf ihren Wunsch, sondern aufgrund pragmatischer Überlegungen und ist vor allem ein Zugeständnis an den Partner.

Kurz nach der Heirat verliebt sich Bettina in eine Frau. Zunächst haben die beiden ein heimliches Verhältnis, was Bettina ihrem Partner jedoch bald eröffnet. Sie beendet die Beziehung zu ihm, wohnt jedoch weiterhin mit ihm und der gemeinsamen Tochter zusammen. Die Beziehung zu ihrer Partnerin geht wenig später (ca. drei Monate vor unserem Gespräch) zu Ende.

5 »Ich liebe den Menschen und nicht das Geschlecht« – Die Gespräche

Kindheit und Jugend

»... so eine Horror-Klemmi-Familie ...« – *Sexuelle Aufklärung*

Keine der sechs Frauen, mit denen ich Interviews führte, ist von ihren Eltern sexuell aufgeklärt worden. Wenn zu Hause überhaupt über Sexualität gesprochen wurde, erfolgte dies entweder dadurch, dass die Eltern ihre Töchter mit ihrer eigenen konservativen Sexualmoral konfrontierten, oder aber weil sich die Mädchen mit Fragen an ihre Mütter wandten.

> »Du kannst es dir gar nicht verklemmt genug vorstellen. [...] so richtig so eine Horror-Klemmi-Familie aus den 50er Jahren; das waren wir. [...] Also alles kein Thema. Alles hoch tabu. Hoch peinlichst. [...] es war so eng und so spießig. Erst mal war ganz klar, wenn ich vorehelich Geschlechtsverkehr haben sollte – was ich dann ja immerzu bis heute vorehelich habe – [...] lautete die Prognose: ›Du wirst in der Gosse landen.‹ Ganz klar! ›Wir verstoßen dich und du wirst in der Gosse landen.‹ Also Teufel, Teufel, Teufel, Sünde, Sünde, Sünde.« (Susanne)

> »Und meine Eltern haben sich da sehr schwer getan. Ich habe dann ab und zu mal ein paar Fragen gestellt, wie ich später Sexualaufklärung in der Schule hatte, und meine Mutter hat sich größte Mühe gegeben, aber es war klar, es ist ihr alles total unangenehm, was Sexualität angeht [...].« (Ruth)

Doch auch wenn im Elternhaus gar nicht über Sexualität gesprochen wurde, bekamen die Frauen mit, dass ihre Mütter in der Mehrzahl kein positives Verhältnis zu ihrer Sexualität hatten.

> »Also [...] ich reime mir das eher so zusammen, dass es für meine Mutter, glaube ich, selten schön war, mit meinem Vater zu schlafen – aus irgendwel-

chen Fetzen oder was meine Schwestern erzählt haben –, und dass ich auch kaum das Gefühl hatte, dass sie uns irgendein positives Gefühl von Körper, von unserem eigenen Körper oder von ihrem Körper geben kann. Und ich glaube, das haben wir auch alle irgendwie relativ früh verstanden und haben auch gewusst, dass das viel mit ihr selber zu tun hat und dass sie da selber mit sich unzufrieden ist.« (Michaela)

Aus den Reaktionen der Mütter wird deutlich, dass es ihnen unangenehm ist, über Sexualität zu sprechen. Sie geben zwar die erbetenen Auskünfte, scheinen ihren Töchtern aber, geprägt von eigenen negativen Erfahrungen, keinen positiven Zugang zu Sexualität vermitteln zu können.

Die Väter finden nur in der Form Erwähnung, dass sie für die Vermittlung konservativer Wertmaßstäbe in Bezug auf Sexualität zuständig sind. Sie sind weder eine Anlaufstelle für Fragen noch unternehmen sie von sich aus den Versuch, sich an der sexuellen Aufklärung ihrer Töchter zu beteiligen.

In Anbetracht der Tatsache, dass zwischen der ältesten und der jüngsten Interviewpartnerin ein Altersabstand von 22 Jahren, also nahezu einer ganzen Generation liegt, ist es bemerkenswert, dass die Eltern ihre Töchter in allen Fällen mit dem Thema Sexualität allein ließen. Obwohl es in diesem Zeitraum (Ende der 50er Jahre bis Anfang der 80er Jahre) gravierende gesellschaftliche Veränderungen im öffentlichen Umgang mit Sexualität gegeben hat, wurden die jüngeren Frauen zu Hause genau so wenig aufgeklärt wie die älteren.

In allen Elternhäusern war Sexualität tabuisiert, und keiner der Frauen wurde ein positives Verhältnis zu (ihrer) Sexualität vermittelt. Carmen erlebt dies jedoch nicht als Defizit. Sie ist froh, dass in ihrem Elternhaus nicht offen über Sexualität gesprochen wurde. Das Schweigen diesbezüglich ermöglichte ihr, ihre Sexualität frei von der Einflussnahme ihrer Eltern zu entwickeln.

»Ich glaube aber, dass das gut für mich war. [...] Weil .... das war meine Freiheit; [...] da hat mir dann auch keiner reingequatscht. Das ist, glaube ich, eine gute Sache.« (Carmen)

Mangelnde Aufklärung stellt also für einige Frauen offenbar durchaus einen Freiraum dar. Er bietet ihnen die Möglichkeit, Informationen selbst zu besorgen und sich ohne Einflussnahme der Eltern eine eigene

Meinung zu bilden. Informationsquellen waren in den meisten Fällen die Schule, Schwestern, Freundinnen und die Medien.

>»Ich habe so ein bisschen das Gefühl, dass das eher so in der Schule passiert ist. Dass meine Eltern nicht wirklich gekommen sind und gesagt haben: ›Hör mal, so und so.‹ Außerdem [...] habe ich früher viele Bücher angeguckt. Wir hatten auch so einen Gesundheitsratgeber und da waren immer so Bilder drin, so was halt.« (Angela)

>»Ich bin auch nicht aufgeklärt worden. [...] Meine Schwester hat sich irgendwann mal mit mir hingesetzt, als ich meinen ersten Freund hatte. ›Also, pass mal auf [...].‹ Aber ansonsten, nein.« (Bettina)

Gleichgeschlechtliche Lebensweisen wurden von den Eltern entweder gar nicht angesprochen oder aber abwertend kommentiert.

>»Und Homosexualität, oh Gott. Also für meinen Vater ist das ja so unnatürlich: ›Das ist so eine Modeerscheinung, das ist ja jetzt jeder!‹« (Bettina)

Eine Ausnahme ist hier das Elternhaus von Angela. Hier finden gleichgeschlechtliche Beziehungen deshalb Erwähnung, weil ein Onkel Beziehungen mit Männern lebt. Angela geht jedoch nicht näher darauf ein, in welcher Art und Weise darüber gesprochen wurde.

Wenn zu Hause überhaupt über Sexualität gesprochen wurde, standen zumeist problematische und/oder moralische Aspekte im Vordergrund. Positive Aspekte wurden hingegen nicht vermittelt. Gleichgeschlechtliches und bisexuelles Begehren fand nur in Ausnahmefällen und dann zumeist in Form abwertender Kommentare Erwähnung. Interessant ist, dass sich keine der Frauen daran erinnert, wie sie von der Existenz gleichgeschlechtlicher Lebensweisen erfahren hat.

»Ich habe von einer Familie geträumt.« – Jugendträume

Als Jugendliche hatte die Mehrzahl der Frauen die Vorstellung, später in einer Beziehung mit einem Mann zu leben. Zwei Frauen gingen davon aus, irgendwann verheiratet zu sein.

>»Also, so mit 15, 16 war mein Ideal, ich glaube, ich habe von einer Familie geträumt und vier Kinder wollte ich und, ja, meinen Freund.« (Ruth)

»Mein aller erster Freund, das war so ›Kleinfamilie und kindermäßig‹ und wir standen immer vor diesem schwedischen Einrichtungshaus, was nicht ›Ikea‹ damals war, sondern etwas sehr Edles, und haben überlegt, wir gehen nach D-Stadt, kriegen zwei Kinder, nehmen dieses Ehestandsdarlehen, das es für den Umzug nach D-Stadt damals noch gab. Dann kaufen wir uns die Möbel [...] und dann kriegen wir zwei Kinder und damit ist der Kredit abgezahlt. So konkret war das.« (Susanne)

Angela und Bettina wollten hingegen nie heiraten. Sie bringen das beide damit in Verbindung, dass sie die Ehen ihrer Eltern als sehr unglücklich erlebten.

»Ich glaube, ich wollte nie heiraten; das war klar. Ich glaube, wenn man so was vorgelebt kriegt, dann möchte man das natürlich nicht.« (Angela)

»Als Teenager ... also ich wollte immer gerne einen Freund haben und hatte keinen. Das weiß ich noch. Und das fand ich ganz schrecklich. Und heiraten wollte ich eigentlich nie. Das fand ich nicht so toll. Und ein bisschen später habe ich eigentlich immer geträumt und da hatte ich eigentlich nie jemanden an meiner Seite. Da war ich eigentlich immer alleine und habe das alles so gemanagt. Also höchstens mal einen Liebhaber oder so, aber sonst nichts. Nein, aber so Ehe, Familie, eigentlich nicht. Kinder schon. Aber so eine feste Mann-Frau-Beziehung, nein, nicht so.« (Bettina)

Bemerkenswert ist, dass sich vier Frauen in der Zukunft mit Kindern sahen, dies für sie aber nicht bedeutete, in einer Beziehung zu einem Mann zu leben.

»Und in solchen Kinderträumen habe ich immer gezählt, wie viele Pferde, wie viele Hunde, wie viele Kinder ich haben will, aber Männer gab es da nicht [...] es war mir sehr wichtig, was für Tiere ich habe und in welchem Alter die Kinder zueinander stehen, aber es gab keinen Mann dazu.« (Michaela)

Wie aus diesem Beispiel deutlich wird, orientieren sich die Frauen an traditionellen Rollenvorstellungen, haben jedoch auch ganz eigene Ideen. Gleichgeschlechtliche Beziehungen sind zu diesem Zeitpunkt aber noch keine denkbare Möglichkeit.

»Nein. Da habe ich, glaube ich, gar nicht drüber nachgedacht.« (Bettina)

In den Gesprächen wurde immer wieder deutlich, dass die Frauen auf keinen Fall so werden wollten wie ihre Mütter. Damit stellt sich die Frage, an wem sie sich orientiert haben bzw. welche anderen Personen

Vorbilder für sie waren. Zentral waren hier vor allem die eigene Großmutter und ältere Mädchen bzw. Frauen aus dem näheren Umfeld.

»Ich fand meine Oma ganz toll. Ich wollte nicht so werden wie meine Oma,
aber die mochte ich gerne und die fand ich toll. [...] Und so Ideale, das waren irgendwie eher so Frauen oder Mädchen, die ein bisschen älter waren als
ich. Wo ich es toll fand, was die gemacht haben oder was die konnten oder
wie die mit Menschen umgehen oder so oder wie die an Sachen rangehen,
aber die waren einfach noch näher bei mir. Das waren vielleicht Freundinnen von meinen Schwestern oder so, aber keine wirklich Erwachsenen. Ent-
sinne ich mich zumindest nicht.« (Michaela)

Eine Frau erwähnt, eine Reihe von KünstlerInnen als Vorbilder gehabt
zu haben.

»Aber es gibt viele Leute, die mich beeinflusst haben. Und zwar sehr tief in
meinem Lebensentwurf; das eine ist nach wie vor Alice Miller, dann Canetti,
weil der einfach super Sachen geschrieben hat, Beckett, Tschechov, Marilyn
Monroe, einfach nur ganz viele Leute, die – wie soll ich das sagen? – die
mich geprägt haben durch das, was sie getan haben, woran ich teilhaben
konnte, entweder dadurch, ein Buch zu lesen, einen Film zu gucken oder ein
Theaterstück [...] die haben sich alle mehr oder weniger damit beschäftigt,
wie es zu bestimmten emotionalen Strukturen kommt und wann Menschen
in irgendeiner Form wahrhaft sind. Also, wann sind sie sie selbst.« (Carmen)

Diese Vorbilder stammen vermutlich nicht aus der Zeit als Jugendliche.
Ich nehme an, dass diese KünstlerInnen eher im jungen Erwachsenenalter eine Rolle gespielt haben. Eindeutig ist aber, dass sie Carmen in
ihrer Entwicklung und in der Auseinandersetzung mit ihrer sexuellen
Identität beeinflusst und unterstützt haben. Sie waren Vorbilder darin,
einen ganz eigenen Lebensweg entsprechend ihren Interessen und Nei-
gungen zu gehen und sich nicht einer vermeintlichen Normalität anzupassen.

Vorbilder, die gleichgeschlechtliche Beziehungen geführt haben, werden von keiner der Frauen erwähnt. Fraglich erscheint mir, ob es im
Leben der Frauen zu diesem Zeitpunkt überhaupt positive Vorbilder
gab, an denen sie sich in Bezug auf Liebe, Beziehungen und Sexualität
orientiert haben.

In den Jugendträumen meiner Gesprächspartnerinnen nimmt also die
Familie einen zentralen Stellenwert ein. Interessant ist, dass ein männlicher Partner nicht in allen Fällen dazugehört. Gleichgeschlechtliche

oder bisexuelle Lebensweisen werden zu diesem Zeitpunkt von keiner der Frauen in Betracht gezogen. Die eigenen Mütter stellen für die meisten das Anti-Vorbild dar. Selbst wenn die Frauen nur ungenaue Vorstellungen über ihre Zukunft haben, eines wissen sie genau: Sie wollen auf keinen Fall so leben wie ihre Mütter.

»Ich war früh sehr oppositionell. Das ist irgendwie mein Grundgefühl in meinem Leben.« – Erfahrungen von ›Anderssein‹

Da Marginalisierungserfahrungen durchaus als eine Ressource in der Auseinandersetzung mit der sexuellen Identität genutzt werden können, fragte ich meine Gesprächspartnerinnen, ob es in ihrem Leben solche Erfahrungen gegeben hat.

Die Frauen erzählen von verschieden Situationen, in denen sie sich als ›anders‹ und nicht einer Norm entsprechend empfinden. Eine Erfahrung damit, anders als andere zu sein, bezieht sich auf die Rolle der Frauen innerhalb der Familie.

> »Ich war früh sehr oppositionell. Das ist irgendwie so mein Grundgefühl in meinem Leben, dass ich irgendwie anders bin. [...] Ich habe mich früh gegen die Erziehungsmethoden meiner Eltern gewehrt; erst noch nicht, was mich selber anging, sondern um meine kleinen Brüder zu beschützen, und dann aber auch für mich selber da Rechte eingeklagt.« (Susanne)

Auch im Kontakt mit Gleichaltrigen macht Susanne die Erfahrung, anders zu sein, da sie sich im Gegensatz zu vielen anderen sehr für die Schule interessiert und eine gute Schülerin ist.

> »Auch in der Schule. Mich interessierte das alles wahnsinnig in der Schule. Ich war supergut in der Schule. Das [...] hat mich sehr getrennt von ganz vielen anderen.« (Susanne)

Einige Frauen machen die Erfahrung, dass sie sich durch ihre politischen und sozialen Ansichten jenseits des gesellschaftlichen Konsenses befinden.

> »Das kannte ich bis dahin so, dass ich als Hippie irgendwie abgelehnt wurde, aber das war ja gerade gut. Das wollten wir ja auch.« (Susanne)

> »Zum einen war ich so eine Öko-Frau. Das war damals schon überhaupt nicht mehr angesagt. Und hatte auch solche Klamotten an und habe auch

solche Positionen vertreten in der Schule und hatte ein sehr ausgeprägtes Gerechtigkeitsempfinden als Kind an vielen Punkten, wo ich mich für andere eingesetzt habe, die oft gesagt haben: ›Warum machst du das eigentlich? Das ist doch ein bisschen bescheuert.‹« (Michaela)

Michaela fällt auch durch ihre unkonventionellen und eigensinnigen Verhaltensweisen im Umgang mit ihren Gefühlen aus dem gesellschaftlich gesteckten Rahmen:

»Ich hatte so diese Theorie aufgestellt, dass Heulen genauso normal sein muss wie Lachen. Dass man eben auch schlechte Gefühle hat und auch leidet, und ich habe total viel rumgeheult in diesem halben Jahr. Und habe mich auch ganz viel rumgestritten und immer selber meinen Mund aufgerissen. Habe immer gesagt: ›Ich will mir selber eine Entschuldigung [für den Schulunterricht] schreiben, wenn es mir schlecht ist. Und dann muss ich es auch erklären können, dass es mir schlecht geht, und zwar nicht körperlich schlecht, sondern anders.‹ Und habe mir da schon sehr viel rausgenommen, und im Nachhinein [...] war ich erstaunt, wie wenig ich da zurückgekriegt habe von den anderen, dass sie mich einfach völlig durchgeknallt fanden.« (Michaela)

Carmen erfährt ihr ›Anderssein‹ vor allem im Zusammenhang mit ihrer Esssucht. In der Auseinandersetzung mit der Umwelt hat sie Bewältigungsmuster entwickelt, die sie süchtig machen und vom gängigen Schönheitsideal entfernen.

»Ich war mal esssüchtig. Und habe dann eine Anti-Diätgruppe gemacht. [...] Ich glaube, dass ich in der Kindheit in so was wie eine innere Emigration gegangen bin. Und ich hatte das Glück, dass ich irgendeinen ganz wertvollen, guten Teil in mir schützen konnte. Da ist zwar jede Menge Scheiße drum herum passiert, aber das konnte ich irgendwie sichern oder bewahren.« (Carmen)

Angela hat sich als ›anders‹ empfunden, weil sie das Gefühl hatte, dem traditionell weiblichen Rollenverhalten nicht zu entsprechen bzw. den damit verbundenen Anforderungen nicht gerecht zu werden.

»Und ich hatte mal einen relativ großen Freundeskreis mit Mädchen [...]. Aber da hatte ich schon das Gefühl, dass ich so ein bisschen Außenseiter bin, weil ... die anderen waren sehr weiblich und haben das auch immer betont. Wir waren halt Mädchen in der Pubertät und wollten halt den Jungs gefallen. Und ich hatte halt schon so das Gefühl, dass ich da nicht so gut drin bin. Sag ich mal. Ich war immer eher etwas laut und frech und so und das passte ja eigentlich nicht so gut zu diesem braven Mädchenimage.« (Angela)

Ruth war schon immer eine Einzelgängerin und ist deswegen mit der Rolle der ›Anderen‹ vertraut.

»Ich bin so ein Mensch, ich hinterfrage ziemlich viel oder ich bin immer so skeptisch und so kritisch. Und ich war auch als Kind nie im Rudel. Ich bin immer so eine Einzelgängerin gewesen. Ich bin aber auch nicht akzeptiert worden im Rudel. Und von daher ist mir diese Rolle halt total vertraut. [...] als Kind habe ich darunter sehr gelitten, dass ich nie dazugehört habe. Ich habe es so empfunden. Sicherlich habe ich oft dazugehört, aber ich habe mich trotzdem nicht dazugehörig gefühlt.« (Ruth)

Nur Bettina erklärt, dass sie keine Erfahrungen damit hat, von der Norm abzuweichen. Im Folgenden schränkt sie diese Aussage jedoch ein, indem sie erwähnt, über Jahre einen heimlichen Liebhaber parallel zu ihren Beziehungen mit anderen Männern gehabt zu haben.

»Normalerweise bin ich ja immer – nach außen zumindest – eher so ein leichter Fassadenmensch, also dass ich immer schon ein relativ striktes und normales Leben geführt habe mit Beziehungen und so [...] ich hatte ziemlich lange einen Liebhaber, was dann natürlich auch nur meine beste Freundin wusste und sonst keiner. [...] Das so in der Hinsicht, dass ich da manchmal schon sehr experimentierfreudig war und wenn es mir zu langweilig wurde, dachte: ›Das muss ich jetzt auch noch ausprobieren.‹ [...] und dann auch schlecht sagen konnte: ›Nein. Nur weil es nicht die Norm ist, mache ich das jetzt nicht oder so.‹ Aber so extrem wie jetzt [als sie sich in eine Frau verliebt hat], dass sich das auch auf mein Leben auswirkt und andere Konsequenzen hat, nein, eigentlich nicht.« (Bettina)

Alle Gesprächspartnerinnen haben die Erfahrung gemacht, in gewisser Hinsicht nicht den gesellschaftlichen Normen zu entsprechen. In welchem Bereich diese Erfahrungen gemacht wurden, ist individuell sehr verschieden und von den Lebensumständen der einzelnen abhängig.

Auf mein Nachfragen hin bestätigen alle Frauen, dass sie von diesen Erfahrungen des ›Andersseins‹ in der Auseinandersetzung mit ihrer sexuellen Identität profitieren konnten.

»Aber inzwischen gibt es [die Erfahrung, nicht ›zum Rudel‹ gehört zu haben] mir halt so eine innere Unabhängigkeit. Wo ich einfach entscheiden kann: ›Will ich jetzt da dazugehören und wenn ja, was muss ich dafür tun? Oder gehe ich meinen Weg? Oder entscheide ich mich für das Alleinsein?‹

Und ich denke, das Alleinsein als positiv zu begreifen oder als Potential zu begreifen, das hat ganz viel an Befreiendem und an Unabhängigkeit.« (Ruth)

»Oh, es ist für andere Menschen aber oft sehr schwierig, dazu zu stehen [bisexuell zu begehren]. Das habe ich schon wahrgenommen und das hat mich immer sehr verblüfft, weil ich für mich diese Schwierigkeiten nicht hatte. [...] ich habe einen großen Teil meines Lebens damit verbracht, mich eigentlich selber aus dem Dreck zu ziehen. Und vielleicht war das auch ein Nebenprodukt davon. Weil, wenn du dich von bestimmten Sachen befreist und löst, dann musst du dir auch nicht an anderer Stelle irgend so eine Moral oder Schuldnummer anziehen.« (Carmen)

Alle Frauen verbindet, dass sie die Ausgrenzungserfahrungen in der späteren Auseinandersetzung mit ihrer sexuellen Identität als Ressource nutzen konnten. Sie alle haben gelernt, Normen und Moralvorstellungen zu hinterfragen, den eigenen Gefühlen zu vertrauen und zu sich und ihren Bedürfnissen zu stehen, anstatt sich den Wertmaßstäben einer Mehrheit unterzuordnen.

Keine der Frauen erwähnt, dass sie dieses Anderssein als zusätzliche Belastung empfunden hat, welche die Auseinandersetzung mit der sexuellen Identität erschwerte. Stattdessen wurde es von allen als Potential und Lernmöglichkeit gesehen.

Das Begehren nach beiden Geschlechtern entwickelt sich

»Ich fand Frauen schon hübsch und attraktiv, aber ...« –
Die Wahrnehmung anderer Frauen vor der Entwicklung
des gleichgeschlechtlichen Begehrens

Auf die Frage hin, ob sich die Frauen schon immer zu beiden Geschlechtern hingezogen fühlten, geben vier Frauen die Antwort, zunächst ausschließlich Männer bzw. Jungen begehrt zu haben. Für zwei dieser Frauen waren Liebe und Erotik zwischen Mädchen bzw. Frauen überhaupt kein Thema.

»Ich habe, ganz normal, ich hatte eigentlich nur Beziehungen mit Männern. Das war für mich nie ein Thema. Ich sage das jetzt so streng: ›kein Thema‹;

ich fand Frauen schon hübsch oder attraktiv, aber dass ich mir gedacht habe, das kommt für mich in Frage, eigentlich nicht.« (Bettina)

Zwei andere Frauen berichten, sie hätten sich auch zu Mädchen und jungen Frauen hingezogen gefühlt. Sie hatten jedoch kein Bewusstsein dafür, dass es sich bei dieser Anziehung um ein erotisches Begehren handeln könnte und dass sie dieses auch ausleben könnten.

> »Ich würde sagen, es gab in meinem Leben mehrere Phasen. Einmal eine Phase in meiner Jugendzeit, wo ich ganz stark auf Männer oder Jungs fixiert war und wo ich mich schon sehr zu Mädchen hingezogen gefühlt habe, aber einfach überhaupt kein Wissen darum hatte oder kein Bewusstsein darüber hatte, [...] dass so was auch lebbar ist mit Mädchen.« (Ruth)

Susanne fühlt sich zunächst mehr zu Mädchen hingezogen, berichtet jedoch, dass sie sich auch für das andere Geschlecht interessiert habe.

> »Ich fand Mädchen am Anfang sogar spannender als Jungs. [...] Als Freundin, aber auch so. [...] Naja, als Schulmädchen schwärmt man ja ganz leicht und gerne, und da hab ich dann wirklich geschwärmt für [...] Schülerinnen aus höheren Klassen. Und da fand ich mal die eine oder andere supertoll. Wäre denen gerne irgendwie ein bisschen näher gekommen; hab mich natürlich nie getraut. [...] geschwärmt habe ich da allerdings auch für einen Lehrer.« (Susanne)

Michaela zeigt zunächst gar kein Interesse daran sich zu verlieben.

> »Ich glaube, ich wollte mich da überhaupt noch nicht verlieben. Ich erinnere mich auch nicht an irgendwelche Kindergarten- oder Grundschullieben oder so. Ich glaube, das fing bei mir erst später an [...].« (Michaela)

Michaela setzt sich erst damit auseinander, dass sie sich verlieben könnte, als FreundInnen sich vermehrt mit diesem Thema beschäftigen. Sie wendet sich dem anderen Geschlecht zu, erlebt den Kontakt mit Jungen jedoch als sehr kompliziert. Trotzdem entscheidet sie sehr bewusst, sich (vorerst) nicht in Mädchen zu verlieben:

> »Aber danach hatte ich dann so das Gefühl, das machen alle so [sich in Jungen zu verlieben] und von daher suche ich mir jetzt auch jemanden raus, in den ich mich von Zeit zu Zeit verliebe, fand es aber furchtbar kompliziert. Und habe relativ früh immer schon gesagt: ›In Frauen verliebe ich mich nicht, weil ich will nicht, dass es mit denen so kompliziert wird wie mit den Männern.‹ Als mich schon auch Freunde drauf angesprochen haben, warum ich das denn nicht machen würde, wenn ich das [andere] so schwierig fände.« (Michaela)

Interessant ist, dass die Möglichkeit, sich in Mädchen zu verlieben, nicht etwa deshalb ausgeschlossen wird, weil Michaela sie nicht erotisch findet oder Bedenken hat, sich damit jenseits gesellschaftlicher Normen zu bewegen.

Dass Michaela und Susanne sich schon relativ früh zu anderen Mädchen hingezogen fühlten, hängt möglicherweise damit zusammen, dass sie in einem Umfeld großgeworden sind, in dem es wenig Jungen gab.

»Und ich bin auch nach der Grundschule auf ein Mädchengymnasium gegangen; da waren auch gar keine Jungs. Die haben mir auch sehr lange nicht gefehlt.« (Susanne)

»Also, rückblickend würde ich sagen, ich bin sehr männer- oder jungenfrei aufgewachsen. Ich war in meiner Kindheit nie mit einem Jungen befreundet und auch in meiner Pubertät ... später kamen die zwar vor, aber sie waren nie zentrale Bezugsfiguren.« (Michaela)

Es wäre denkbar, dass sich die Mädchen in diesen geschlechtshomogenen Kontexten sehr selbstverständlich auf andere Mädchen bezogen haben. Dies könnte ihnen ermöglicht haben, einander unabhängig von einer männlichen Vergleichsnorm zu sehen und wertzuschätzen. Das Erlernen dieser anderen Umgangsformen miteinander könnte es leichter gemacht haben, einander zu begehren und sich in ein Mädchen zu verlieben.

Insgesamt wird deutlich, dass sich die Frauen in ihrer Jugend in sehr unterschiedlicher Art und Weise auf das eigene und das andere Geschlecht bezogen haben. Die Mehrzahl von ihnen berichtet, dass sich ihr Begehren zunächst ausschließlich auf das andere Geschlecht konzentrierte.

Keine der Frauen hat zunächst ausschließlich Mädchen begehrt. Obwohl meine Gesprächspartnerinnen andere Mädchen attraktiv fanden, sich von ihnen angezogen fühlten und enge emotionale Bindungen mit ihnen eingingen, bringen sie diese Gefühle nicht mit Verliebtheit und sexuellem Begehren in Verbindung. Ihre Wahrnehmung ist offensichtlich stark von der gesellschaftlichen Heteronormativität beeinflusst.

»Hat ja nix mit mir zu tun.« – Erste Erfahrungen mit gleichgeschlechtlichem Begehren

Dass Frauenbeziehungen zunächst keine Alternative darstellen, wird auch daran deutlich, dass die meisten Frauen als Jugendliche keine Begriffe für gleichgeschlechtliches Begehren hatten. Kannten sie Worte hierfür, so bezogen sie diese nicht auf ihr Erleben und ihre Empfindungen. Dies gilt selbst für diejenigen, die zu dieser Zeit in andere Mädchen und junge Frauen verliebt waren und/oder sexuelle Kontakte zu ihnen hatten.

> »Das erste Mädchen, in das ich mich verliebt habe, habe ich in der Schule kennen gelernt, und die hatte damals gerade irgend so eine unglückliche Liebe mit einem anderen Mädchen hinter sich. Hat sie aber nie erzählt. Und die hat dann irgendwann mal so was erzählt, von wegen: ›Es gibt ja auch Bisexualität und so‹. Das war mir einfach nur total fremd. Und ich so: ›Aha, mhm, ja, ja. Hat ja nix mit mir zu tun.‹ Da hatte ich überhaupt keine Vorstellung. Und gleichzeitig habe ich mich aber total zu ihr hingezogen gefühlt. Weißt du, das war so [...] Es gab halt diese Kategorie ›Mann/Frau‹ und da hatte ich dann meinen Freund und das war ja alles geregelt und alles Andere hatte keinen Namen.« (Ruth)

> »Ich dachte immer: ›Die [Lesben] gibt es auch. Und das ist auch okay, dass es sie gibt, aber es hat mit mir erst mal nichts zu tun.‹« (Michaela)

Einige Frauen nahmen zwar wahr, dass sie andere Mädchen bzw. junge Frauen anziehend finden, sie versahen ihr Begehren jedoch nicht notwendigerweise mit Etiketten. Ihr Begehren nicht in diesen Kategorien zu fassen, erleichtert den Frauen, es zu leben, ohne es für sich selbst als problematisch anzusehen. Sie müssen sich nicht damit auseinandersetzen, wie sie ihr Begehren benennen, welche sexuelle Identität sie annehmen und inwiefern sie Bildern, Vorurteilen und Klischees über lesbische und bisexuelle Frauen entsprechen.

Zu diesem Zeitpunkt stellen erotische und sexuelle Kontakte zu Frauen die Liebesbeziehungen zu Männern nicht in Frage. Erotische und sexuelle Kontakte existieren teilweise parallel, ohne dass sich Konflikte ergeben.

> »Das war den Männern damals sowieso auch klar, dass es immer so eine supergute Freundin gab und dass die ganz viel besetzte. Und dass es auch

mit Erotik zu tun hatte, darüber haben wir nicht gesprochen. Ich jedenfalls nicht.« (Susanne)

Diese Haltung ermöglicht es den Frauen, ihr Begehren von Mädchen bzw. Frauen relativ selbstverständlich zu erkunden; es stellt keine dramatische Veränderung in ihrem Leben dar. Die Frauen sehen sich weder mit der Entscheidung konfrontiert, sich von ihren Partnern zu trennen, noch stellen sie ihre sexuelle Identität in Frage.

Wie kam es aber dazu, dass die Frauen gleichgeschlechtliches Begehren überhaupt für sich in Betracht zogen? In ihren Erzählungen tauchen drei Faktoren auf, die aus ihrer Sicht die Auseinandersetzung mit ihrem Begehren von Frauen angestoßen haben: erotische Phantasien, der Kontakt zu anderen Frauen, die gleichgeschlechtlich liebten und begehrten und das Verliebt sein in eine andere Frau.

Hierbei handelt es sich nicht um einander ausschließende Faktoren. In der Biographie einer Frau können daher auch mehrere dieser Ereignisse von Bedeutung gewesen sein. Die Reihenfolge, in der diese Faktoren in der jeweiligen Biographie auftauchten, variiert. So berichtete die eine, erotische und sexuelle Phantasien gehabt zu haben und sich später in eine Frau verliebt zu haben. Eine andere entwickelte diese Phantasien erst nachdem sie sich in eine Frau verliebt hatte.

»Und ich hatte dann aber immer so Phantasien. [...] In der Pubertät irgendwann. Die sich halt so mit Frauen oder Frauenkörpern befasst haben, und das war mir lange nicht bewusst, was das bedeutet. Ich dachte, das wäre ganz normal. Aber irgendwie [...] ich habe das auch niemandem erzählt. Es war jetzt auch nicht so, dass es mich wirklich beschäftigt hat. Ja, und irgendwann wurde mir halt klar, dass das eine Bedeutung hatte.« (Angela)

Für vier Frauen war der Kontakt zu anderen Frauen, die Beziehungen und Affären mit Frauen lebten, von entscheidender Bedeutung dafür, sich mit der eigenen sexuellen Identität auseinander zu setzen.

»Ich habe dann auch kurz später [...] zwei Lesben kennen gelernt, wobei ich gar nicht weiß, ab wann ich wusste, dass sie lesbisch sind. Daran erinnere ich mich nicht mehr. Irgendwann wusste ich das, und zu der Zeit habe ich immer so Umarmungen eingeteilt, wann die kippen, wann du dich so umarmst und wann das nicht mehr nur so umarmen ist, sondern wann da irgendwas anderes dabei ist.« (Michaela)

»Das hat sich dann verändert, als ich meine erste Lesbe kennen gelernt habe. Und das hat für mich eine totale Faszination gehabt. Und da habe ich mich dann so richtig reingestürzt. [...] Da hat sich so eine ganz andere Dimension eröffnet. Das war für mich einfach eine absolute Alternative.« (Ruth)

Die erste Begegnung mit lesbischen Frauen war etwas besonderes, stellte mitunter aber auch Weltbild und Selbstbild in Frage Meine Gesprächspartnerinnen begegnen diesen Kontakten überwiegend mit Offenheit und Neugier. Einige erleben diese Kontakte jedoch auch als irritierend.

>»Meine ersten Begegnungen mit Lesben fand ich aber trotzdem sehr komisch. Ich fand das erst mal irritierend und dachte: ›Nein, nicht dieses Gleich-gemustert-Werden und dieses Taxieren und dieses Schauen so.‹ Da hatte ich keine Lust drauf.« (Michaela)

Michaela verunsichert es, von lesbischen Frauen mit einem begehrlichen Blick betrachtet zu werden. Es scheint, als fühlte sie sich zum Objekt gemacht. Das könnte dazu beitragen, dass sie Lesben nicht primär als andere Frauen wahrnimmt, mit denen Gemeinsamkeiten und Verbindungen bestehen. Stattdessen konstruiert sie diese als ›die Anderen‹.

Bei einigen Frauen wird die Auseinandersetzung mit ihrem gleichgeschlechtlichen Begehren schlichtweg dadurch angestoßen, dass sie sich in ein Mädchen bzw. eine Frau verlieben. Zunächst geht es meistens ausschließlich um diese eine Person. Später entwickeln die Frauen jedoch auch ein emotionales und erotisches Interesse an anderen Mädchen und Frauen.

»Also, das [Begehren nach Frauen] ist eigentlich erst seit dem letzten Jahr so, als ich mich in eine Frau verliebt habe. Und dann war es da. [...] Frauen habe ich vorher eben überhaupt nicht sexuell gesehen. [...] Als ich Natalie kennen gelernt habe, war *sie* es für mich. Eine andere Frau, ich konnte mir überhaupt nicht vorstellen, dass ich mich überhaupt mal in eine andere Frau verliebe oder mich Frauen interessieren. Also, es war wirklich so auf diese Person fixiert. Da meinte sie schon: ›Ach Quatsch, pass mal auf, warte mal ein bisschen, dann sagst du auch mal bei einem Film: Ach, die sieht ja nett aus.‹ Und dann sind wir zusammen ins Kino gegangen und dann meinte ich hinterher: ›Die Schauspielerin, die war ja wohl süß.‹ Und sie hat sich totgelacht und meinte : ›Es fängt schon an, es fängt schon an.‹ Und das merke ich halt, dass ich da irgendwie auch anders gucke, was ich vorher nie getan hätte.« (Bettina)

Wie anhand dieser Beispiele deutlich wird, gibt es unterschiedliche Auslöser dafür, dass die Frauen sich mit ihrem gleichgeschlechtlichen

Begehren auseinandersetzen. Im Rahmen ihrer ersten sexuellen Kontakte und Beziehungen zu Frauen belegen sie ihr Begehren nicht mit Etiketten, da sie kein Wort dafür haben oder die entsprechenden Begriffe nicht auf sich beziehen. Dies erleben sie als einen Freiraum. Denn die Abwesenheit von Etiketten und Kategorien erlaubt es ihnen, ihr Begehren zu erkunden, ohne sich auf Bilder von und Vorurteile über lesbische und bisexuelle Frauen beziehen zu müssen. Auch beugt dies Sanktionen aus dem Umfeld vor.

Dass die Bezugnahme auf Kategorien und Label zunächst nicht wichtig war, könnte damit zusammenhängen, dass meine Gesprächspartnerinnen ihr lesbisches Begehren als Bereicherung bzw. Alternative zu Beziehungen und sexuellen Kontakten mit Männern erleben. Ein Verzicht auf diese Kategorien ist für Frauen, die sich schon sehr früh und ausschließlich in Frauen verlieben, möglicherweise nicht so einfach.

»Frauen interessieren mich einfach mehr« –
Der Umgang mit gleichgeschlechtlichem Begehren und dessen
Bedeutung für die sexuelle Identitätsfindung

In dem Maße, in dem die Frauen sexuelle Kontakte und Liebesbeziehungen zu Frauen eingingen, veränderte sich die Bedeutung, die sie der Verbindung mit Frauen zusprachen.

> »Im Moment entwickelt sich das eigentlich so, dass das eher immer gleichwertiger wird. Und dass zum Beispiel meine Utopie eigentlich auch die ist, dass ich gerne mit einer Frau und einem Mann zusammen bin oder leben will. [...] Früher habe ich Frauen seltener begehrt. Und auch, sagen wir mal, nicht so vehement.« (Carmen)

> »Frauen interessieren mich einfach mehr. Aber ich würde nicht ausschließen, dass ich mich auch mal wieder in einen Mann verlieben würde.« (Bettina)

Für einige von ihnen trat das Interesse an Männern in den Hintergrund. Zwei Frauen gingen sogar so weit, dass sie es für sich ausschlossen, sich noch einmal in Männer zu verlieben und Sexualität mit ihnen zu leben. Für sie begann eine Zeit, in der sie sich ausschließlich auf Liebesbeziehungen mit Frauen einließen.

»Und dann war ich eigentlich schon sehr einseitig auf Frauen fixiert. Und zwar ganze zehn Jahre lang. Wo ich für mich so das Gefühl hatte: ›Okay, es gibt Männer, die kann ich zwar schön finden, die kann ich vielleicht auch anziehend finden, aber ich habe keine Lust, mich auf die einzulassen. Oder ich habe keine Lust, in diese Beziehungsgeschichten mit denen reinzugehen.‹ Und da hatte ich auch überhaupt keine sexuellen Beziehungen zu Männern [...]. « (Ruth)

»Ich dachte, ich verliebe mich in keine Männer. Ich sage nicht, ich tue das nie mehr, aber es steht einfach nicht zur Wahl.« (Michaela)

Susanne glaubte zunächst, ihr Begehren nach beiden Geschlechtern leben zu wollen. Je länger sie sich jedoch in der Beziehung zu einer Frau befindet, umso weniger spielt ihr Begehren nach Männern eine Rolle.

»Mein Anfang war eben bisexuell mit einem heterosexuellen Schwerpunkt, und jetzt weiß ich irgendwie immer noch, dass ich bisexuell bin, aber ich lebe nicht mehr bisexuell. [...] und ich wünsche mir das jetzt auch nicht. Es ist nicht, dass ich jetzt denke: ›Oh, hin und wieder mal mit einem Mann ins Bett, das wäre doch ganz schick.‹ Ist bis jetzt nicht aufgetaucht, weiß ich nicht, ob das noch mal kommt oder nicht.« (Susanne)

Dass Ruth, Michaela und Susanne eine Liebesbeziehung und/oder sexuelle Kontakte mit Männern für sich ausschließen oder aber als unwahrscheinlich erachten, hängt sicherlich auch damit zusammen, dass sie im Gegensatz zu den anderen Frauen längere Beziehungen mit Frauen gelebt und sich währenddessen als lesbisch definiert haben. Für sie sind Frauenbeziehungen ideell hoch besetzt; sie nehmen sie als eine Möglichkeit wahr, Liebesbeziehungen jenseits patriarchaler Vorstellungen und Bilder zu führen und sie begreifen sie als einen Ort für ihre persönliche Weiterentwicklung.

Die Erfahrung, Liebe, Begehren und Sexualität mit Frauen zu leben, hat für meine Gesprächspartnerinnen also unterschiedliche Konsequenzen. Für einige Frauen bedeutet es, sich vollkommen von Beziehungen zu Männern abzugrenzen. Für andere Frauen bekommen Beziehungen zu Frauen einen anderen Stellenwert; entweder in dem Sinne, dass das Interesse an diesen gleichwertig neben dem an Männern steht, oder aber dass es für einen gewissen Zeitraum bedeutender ist. Für diese Frauen ist damit jedoch weder die Annahme einer lesbischen Identität noch eine Bezugnahme auf politische Vorstellungen und Kontexte verbunden.

Wie reagieren die Frauen darauf, beide Geschlechter zu begehren?

Häufig ist die Entwicklung des Begehrens nach beiden Geschlechtern ein bedeutsamer Einschnitt in der Biographie, bei manchen löst sie sogar eine Krise aus. War das bei meinen Gesprächspartnerinnen der Fall? Um dies einschätzen zu können, muss unterschieden werden zwischen dem Zeitpunkt, als die Frauen ihr gleichgeschlechtliches Begehren entdecken und dem Zeitpunkt, als sie sich als bisexuelle oder lesbische Frau in einen Mann verlieben.

»Ich hatte das Gefühl, das passt alles für mich« –
Emotionales Erleben in der Auseinandersetzung mit
gleichgeschlechtlichem Begehren

Als die Frauen ihr gleichgeschlechtliches Begehren ›entdecken‹, stehen vor allem positive Empfindungen im Vordergrund.

> »Ich hatte das Gefühl, es passt alles für mich. Ich hatte das Gefühl, meine Welt wird jetzt so rund und so ganz und eigentlich ist das viel besser.« (Michaela)

> »Und witzigerweise habe ich das aber für ziemlich normal gehalten. Ich hatte jetzt nicht so einen Film wie: Oh, bin ich vielleicht lesbisch oder sonst irgendwas, sondern ich fand das ziemlich normal. Und das war auch eine Bi-Frau, [...] deshalb war es vielleicht gar kein großes Drama, weil die eben auch eine Bi-Frau war und wir gleichzeitig auch Männer nett fanden. Es war nicht so eine Ausschließlichkeit.« (Carmen)

Trotz aller positiven Empfindungen und Erfahrungen haben die Frauen jedoch auch Bedenken, wie ihr Umfeld reagiert und welche Konsequenzen ein offener Umgang mit dem gleichgeschlechtlichen Begehren mit sich bringen könnte. Susanne erlebt ihr Begehren nach Frauen ab dem Punkt als problematisch, als sie sich auf eine feste Beziehung zu einer Frau einlässt und sich als lesbisch definiert.

> »Aber das war für mich wirklich auch nicht einfach, weil ich mich eigentlich nicht als Lesbe gesehen hatte. Ich hatte mich als bisexuelle Frau gesehen, die eigentlich eher ihre lesbische Seite kaum leben konnte. Und da dachte ich:

›Und jetzt entscheide ich mich wirklich und die Entscheidung ist auch unwiderruflich, die steht nicht mehr in Frage.‹ [...] Aber wie ich mich nun eigentlich in sozialen Umgebungen bewegen kann, das hat mich schon sehr verunsichert. [...] Weißt du, so dieses absolute In-Frage-gestellt-Werden, mein ganzes bis dahin gehendes Leben, stimmte alles nicht mehr und alles, was da funktioniert hatte und wie ich da irgendwie durchkam, das stimmte nicht mehr [...].« (Susanne)

Die Schwierigkeit liegt nicht darin, dass die Frauen ihr gleichgeschlechtliches Begehren selbst nicht akzeptieren können, weil sie es als unnatürlich erachten und mit verinnerlichter Homophobie zu kämpfen haben. Schwierigkeiten macht ihnen vielmehr die Auseinandersetzung mit dem sozialen Umfeld.

»Ich wusste halt nicht, wie ich das anfangen soll.« – *Strategien im Umgang mit der Liebe zu Frauen*

Die Frauen entwickeln sehr unterschiedliche Verhaltensweisen in ihrem Bemühen, ihr Bedürfnis nach sexuellen Kontakten mit anderen Frauen umzusetzen. Das wird besonders deutlich, wenn man die Strategien von Angela und Susanne vergleicht. Ein zentrales Anliegen beider ist erst einmal, andere Frauen mit ähnlichen Bedürfnissen kennen zu lernen.

»Lange wusste ich halt nicht, wie ich das anfangen sollte. Oder wie man überhaupt andere Frauen trifft, die auch Frauen mögen. Das war mir eben echt lange ein Rätsel in so einer kleinen Stadt.« (Angela)

Angela ist zunächst ratlos und resigniert, da sie nicht weiß, wie sie andere lesbische und bisexuelle Frauen kennen lernen kann. Susanne schildert hingegen, auf vielfältige Weise Kontakt zu anderen Frauen gesucht zu haben, um ihr gleichgeschlechtliches Begehren erkunden zu können. Eine ihrer Strategien bestand darin, Orte der lesbischen und schwulen Subkultur aufzusuchen.

»Mit dieser Freundin, die zwischendurch immer so eine kleine Affäre mit Frauen hatte, mit der bin ich in den ›Sub‹ gegangen. Das war auch witzig. Es gab ja das Lesbenzentrum [...] und da gab es abends oft Veranstaltungen. Da sind wir beide hin, Hand in Hand, eher etwas ängstlich, aber hin, und dann haben die Lesben dort gesagt: ›So, jetzt geht es in den ›Sub‹ anschließend. [...] Wollt ihr mitkommen?‹ Na, wir natürlich mit. Abenteuer, spannend!« (Susanne)

Susanne spricht Frauen aus dem privaten Umfeld an und versucht mit Hilfe von Kontaktanzeigen andere lesbische und bisexuelle Frauen kennen zu lernen.

»Und er [der Partner] erzählte mir mal wieder von einer seiner Affären und sagte: ›Du, die Frau musst du mal kennen lernen, die hat nämlich gerade eine Affäre mit einer Frau gehabt. Das wird dich interessieren.‹ Bin ich auch prompt zu der Frau hin, um mich darüber mit ihr zu unterhalten. [...] Ja, das gehörte sich damals so in unseren Kreisen, dass wir da alle so frei waren, dass da so was ging.« (Susanne)

»Das Thema hat mich total beschäftigt und ich habe dann Annoncen aufgegeben und zwar, wenn ich das richtig sehe, im ›Y‹ [Zeitschrift]. Und da habe ich annonciert, dass ich sozusagen eine Freundin suchte. – Ich hatte das Gefühl, dass ich, was Frauen angeht, eigentlich noch Jungfrau war; das stimmte nicht so ganz, aber eigentlich. – Es war ganz klar, dass ich eine Frau als Sexualpartnerin suchte und zwar bitte eine, die mir alles beibringt [...].« (Susanne)

Außerdem geht sie mit ihrem Begehren nach andere Frauen offensiv um und zeigt es den Frauen, die sie begehrt. Auffallend ist, dass dies zumeist heterosexuell lebende Frauen waren.

»Und ich bin dann auch mal mit einer Frau, die ich auch noch von zu Hause kannte, die mich besuchen kam, [...]. Auf die Frau hatte ich wirklich Lust und wir haben dann auch zusammen die Nacht im Bett verbracht, und sie war dann aber so erschrocken, dass ich dachte: ›Um Gottes Willen!‹« (Susanne)

»Da bin ich mal mit so einer Mitfahrgelegenheit unter Freunden, [...] da wollte ich da meinen Freund besuchen und fuhr mit so Leuten, unter anderem einer Frau, die ich überhaupt noch nicht kannte, und wir saßen beide hinten auf der Rückbank und wir haben so angefangen, da hinten miteinander rumzumachen, völlig überraschend für uns beide. Also für sie noch überraschender als für mich, weil das in ihrem Leben noch nicht vorgekommen war. Die Männer guckten nur so nach hinten. Und das war wirklich atemberaubend.« (Susanne)

Als all diese Unternehmungen nicht dazu führen, dass sie sich ernsthaft verliebt, stellt Susanne die aktive Suche nach einer Partnerin wieder ein.

»Und dann hat sich das gegeben, und ich habe dann dieses Thema für mich ganz in eine dunkle Kammer gelegt und gesagt: ›Ja, ist wohl irgendwie nix, weil ohne dass ich mich verliebe, hat es ja keinen Zweck. Und wenn ich mal eine Frau treffe, in die ich mich verliebe, dann werde ich das schon merken.‹« (Susanne)

Die Frauen entwickeln also vielfältige Umgangsstrategien, um ihr gleichgeschlechtliches Begehren zu erkunden. Die eine verhält sich abwartend und eher passiv. Eine andere sucht aktiv nach anderen Frauen, die ähnliche Bedürfnisse haben. Welche Umgangsstrategien eine Frau wählt, ist sicherlich auch von den örtlichen Gegebenheiten und Angeboten abhängig. Angesichts der Tatsache, dass Angela zu jenem Zeitpunkt in einer Kleinstadt wohnt und Susanne in einer Großstadt, hat offenbar das Umfeld und die Angebotsstruktur einen entscheidenden Einfluss auf die Umgangsweisen der Frauen mit ihrem gleichgeschlechtlichen Begehren.

Das Begehren nach Frauen zu erkunden ist für alle meine Gesprächspartnerinnen mit Spannung und Neugier verbunden. Ihre bisherigen Denk- und Lebensweisen erfahren eine Erweiterung. Schwierigkeiten, die sich daraus ergeben, lassen die Frauen zwar zeitweilig resignieren. Sie finden jedoch immer wieder einen Weg für sich, aktiv mit diesen Konflikten umzugehen und sie zu lösen. Sie sind also nicht Opfer, wie viele Darstellungen in der Literatur vermuten lassen, sondern Subjekte.

»Für mich war das ein absoluter Kampf« – Emotionales Erleben der Liebe zu Männern

Als einige Frauen sich wieder in Männer verlieben, nachdem sie zuvor Beziehungen und Affären mit Frauen hatten, sind sie selbst überrascht.

»Aber jetzt beim letzten Mal, als diese Beziehung anfing, ich habe mich vielleicht eher ein bisschen gewundert. [...] Ich dachte halt, ich könnte ja vielleicht mal mit einer Frau zusammen sein. Aber kam eben nicht so.« (Angela)

»Und dann ist irgendwann der Mann, mit dem ich jetzt zusammen bin, der ist dann irgendwann nach K-Stadt gezogen. Und ich war von Anfang an von ihm hingerissen, ich fand ihn ganz toll und dachte immer: ›Wenn es eine Frau wäre, würde ich mich in ihn verlieben.‹ [...] Und dann war das alles ein bisschen schwierig. Weil ich dann irgendwie dachte: ›Hups, vielleicht verliebe ich mich ja doch in ihn. Aber eigentlich kann das gar nicht sein, weil ich verliebe mich ja in keine Männer.‹« (Michaela)

Für Michaela und Ruth, die über einen längeren Zeitraum Frauenbeziehungen gelebt und sich als lesbisch definiert haben, bringt dies gravierende Konflikte und Auseinandersetzungen mit sich.

»Mir ging es nicht gut damit [mich in einen Mann zu verlieben]. Ich glaube nicht an so ein ›Authentisch-lesbisch-Sein‹ oder so; das finde ich einen falschen Ansatz, aber ich hatte mir gedacht, irgendwann in meinem Leben kann das schon noch mal sein, dass ich mich wieder in einen Mann verliebe. Das habe ich auch immer so formuliert, aber eben ›irgendwann mal‹. In 30 Jahren oder was weiß ich wann. Das war einfach super weit weg. Und ich dachte: ›Eigentlich will ich das gar nicht. Warum soll ich denn jetzt wieder eine Beziehung mit einem Mann eingehen?‹ Zum einen muss ich für mich ganz viel neu sortieren. Dann finde ich Reaktionen von den Menschen aus meiner Umgebung total anstrengend, und dann war das schon so, dass ich an diesem Zeichen ›Lesbe‹ sehr gehangen habe.« (Michaela)

Da für sie Fragen der Identität mit diesen Liebesbeziehungen verbunden sind, handelt es sich um eine gravierende Entscheidung, sich mit einem Mann einzulassen.

»Oder wo ich auch gar nicht wusste, will ich diese Beziehung jetzt wirklich? Für ihn war das alles so klar. Und ich dachte, für mich ist noch so ganz viel überhaupt nicht klar. Ob ich nicht denke: ›Vielleicht ist das alles ein Fehler und ich mag dich zwar ganz gerne, aber ich will keine Beziehung mit einem Mann.‹« (Michaela)

»Und da ist dann auch meine ganze lesbische Identität sehr ins Wanken gekommen und das hat mir sehr viele Probleme gemacht. Das war ein sehr starker Kampf, weil ich einfach selber vorher, glaube ich, ziemlich dogmatisch war mit dem Lesbisch-Sein und mich da selber so als Verräterin empfunden habe.« (Ruth)

Abgesehen von der eigenen Gefühls- und Identitätsverwirrung empfinden die Frauen die Auseinandersetzung mit ihrer Umgebung als problematisch. Sie haben Angst, Freiheiten und Errungenschaften, die für sie mit Frauenbeziehungen verbunden waren, aufgeben zu müssen.

»Und ich fand es schwierig. Als ich mich das erste Mal in eine Frau verliebt habe, habe ich gedacht: ›Meine Welt wird so viel größer.‹ Und dann habe ich gedacht: ›Schrumpft sie jetzt wieder ein?‹« (Michaela)

Außerdem befürchten sie, ihr lesbisches Umfeld und ihre lesbischen Freundinnen zu verlieren.

»Also, für mich war das ein absoluter innerer Kampf mit meiner lesbischen Identität. Weil [...] einmal hatte ich Angst, dass ich so mein Umfeld verliere oder dass ich von meinen Freundinnen geschnitten werde. Oder dass ich mich dann auch einfach von denen entferne und eine Gemeinsamkeit verliere.« (Ruth)

Sich in einen Mann zu verlieben ist für die Interviewpartnerinnen somit nicht nur eine Frage des sexuellen Begehrens. Sie verknüpfen damit auch Fragen der sexuellen Identität, der politischen Verortung, der Zugehörigkeit zu einer Gruppe und sogar der Loyalität in Freundinnenschaften mit lesbischen Frauen. Indem sie sich auf eine Beziehung mit einem Mann einlassen, geraten all diese Bereiche ins Wanken, was zu einer großen Verunsicherung führt.

Für die Frauen, die ausschließlich Affären mit Frauen hatten und sich außerdem nicht lesbisch definiert haben, ist das nicht der Fall. Die Reaktionen der Frauen auf ihre Liebe zu einem Mann hängt also von ihren eigenen Erwartungen und Vorstellungen ab. Je rigoroser zuvor die Möglichkeit ausgeschlossen wird, sich in einen Mann zu verlieben, und je zentraler die lesbische Identität und lesbische Zusammenhänge in ihrem Leben sind, umso dramatischer, konfliktreicher und angstbesetzter ist es, sich wieder in einen Mann zu verlieben.

Es ist bemerkenswert, dass es keine meiner Gesprächspartnerinnen als erleichternd empfindet, sich wieder in einen Mann zu verlieben und somit den gesellschaftlichen Normvorstellungen zu entsprechen. Auch hier könnte es eine Rolle spielen, dass die Frauen ihr Begehren nach anderen Frauen selbst als eine Bereicherung und Erweiterung erleben und nicht als eine Belastung.

Strategien im Umgang mit dem Begehren nach Männern

Sobald den Frauen klar war, dass sie sich auch in Frauen verlieben können, haben sie sich sehr bewusst mit ihrem gleichgeschlechtlichen Begehren auseinander gesetzt. Eine bewusste Auseinandersetzung mit dem gegengeschlechtlichen Begehren beginnt erst, nachdem die Frauen gleichgeschlechtliche Beziehungen gelebt und sich wieder in einen Mann verliebt haben. Sie fragen sich, ob sie überhaupt Beziehungen zu Männern leben wollen und wenn ja, wie sie diese gestalten wollen. Sich in erotischer und sexueller Hinsicht auf Männer einzulassen, stellt für sie zu diesem Zeitpunkt kein wirklich erstrebenswertes Ziel dar.

Daher konnte ich keine Strategien ausmachen, mit denen die Frauen versuchen, ihr Begehren nach Männern zu erkunden, die mit den Strategien bezüglich des gleichgeschlechtlichen Begehrens vergleichbar wären. In den Gesprächen standen stattdessen Strategien im Vordergrund, die den Frauen helfen, ihr Begehren nach Männern zu akzeptieren und in ihr Leben zu integrieren. Auf diese Aspekte werde ich später noch eingehen.

Erfahrungen in Liebesbeziehungen und anderen sexuellen Kontakten mit Frauen

»Das finde ich an ganz vielen Punkten befreiend.« – Positive Erfahrungen

> »Und ich denke, was mir ganz viel gebracht hat, war einfach mein Frau-Sein selbst zu definieren, neu zu definieren und meinen Körper auch anders zu erleben. Also, nicht mehr dieses Von-außen oder dieses Objektbezogene, sondern dieses Aus-mir-heraus oder [...] meine eigene Vorstellung von Sinnlichkeit oder von Erotik, von Schönheit zu entwickeln, unabhängig von den Bildern, die wir von außen so kriegen.« (Ruth)

Alle Frauen berichten, dass sich ihre Beziehungen und sexuellen Kontakte mit Frauen von den Kontakten mit Männern unterschieden. Einige Aspekte finden sich bei allen wieder, teilweise sogar in den gleichen Worten, andere tauchen nur bei einzelnen Frauen auf.

Drei meiner Gesprächspartnerinnen haben ihre Frauenbeziehungen und -affären explizit als einen Freiraum benannt. Dieser bot ihnen die Möglichkeit, sich unabhängig von Männern, männlichen Blicken und patriarchalen Normen kennen zu lernen und (als Frau) zu definieren.

»Dass ich Frau-Sein als sehr positiv besetzt habe und als etwas mit Potentialen und Stärke und mit Autonomie. Dass ich eine sehr große Eigenständigkeit entwickelt habe.« (Ruth)

»Ich glaube, mit einer Frau zusammen zu sein, finde ich an ganz vielen Punkten befreiend. Weil es für mich mehr Offenheiten und mehr Entscheidungsmöglichkeiten enthält.« (Michaela)

Implizit wird dieser Freiraum auch von zwei anderen Frauen beschrieben. Eine weitere Frau stellt Unterschiede im Kontakt zu Frauen und Männern fest, benennt jedoch nicht weiter, worin diese bestehen und wodurch sie ihrer Meinung nach zustande kommen.

Der Freiraum innerhalb der Frauenbeziehungen und -affären ermöglicht den Frauen, sich selbst und die eigenen Bedürfnisse anders wahrzunehmen und zu erleben. Sie gelangen zu einer Selbstdefinition, die sich nicht allein daraus ergibt, das Gegenüber und die Ergänzung zu einem männlichen Partner zu sein. Stattdessen erfahren sie sich auch ohne ein männliches Gegenüber als ›weiblich‹ bzw. als ›Frau‹. So beschreibt Susanne, dass sie sich innerhalb von Frauenbeziehungen ›weiblicher‹ fühlt, wobei sie nicht näher darauf eingeht, was das für sie bedeutet.

»Und das Erstaunliche für mich ist, dass ich mich jetzt viel weiblicher fühle. Viel! Viel glücklicher mit meiner Weiblichkeit bin und viel identischer mit mir als Frau.« (Susanne)

Die Frauen bringen einer anderen Frau auch mehr Vertrauen entgegen, ihre Attraktivität jenseits gängiger Schönheitsnormen zu sehen.

»Und [...] unter dem Blick meiner Freundin bin ich schöner. Weißt du, es ist so ein liebender Blick, der meine Schönheit sieht, und das habe ich mit Männern durchaus auch sehr unterschiedlich erlebt. Da wusste ich jedenfalls, da habe ich mich nie so darauf verlassen können oder ich habe mich nicht so darauf verlassen, dass nicht auch so auf Defizite geguckt wird.« (Susanne)

Ein größeres Ausmaß an Vertrauen zeigt sich auch in der Sexualität.

»In den Situationen, wenn ich da mit einem Mann gewesen wäre, dann hätte ich früher gesagt ›Stop‹, und so habe ich nicht ›Stop‹ gesagt, weil [...] ich konnte mich halt gehen lassen. Das war halt echt. Und bin weiter gegangen, als ich mit einem Mann vielleicht gehen würde. So in den Anfängen. Und habe mich nachher schon ein bisschen über mich gewundert, weil das nicht so die üblichen Grenzen waren, die ich hatte [...] ich habe mich wirklich gehen lassen und ich kannte das halt nicht von mir [...] dann auch, immer den nächsten Schritt zu machen und [...] wo ich halt die treibende Kraft war. Und das war mir einfach unbekannt. Und das war mir im Nachherein so ein bisschen peinlich.« (Angela)

Angela fühlt sich in der Sexualität mit Frauen weniger schutzbedürftig. Sie hat ein geringeres Kontrollbedürfnis und kann sich vorbehaltloser einlassen. Ähnliche Erfahrungen schildern auch die anderen Frauen. Sie berichten, dass die Sexualität mit Frauen ihren Vorstellungen, Wünschen und Phantasien näher kommt, als das die sexuellen Erfahrungen mit Männern vermocht haben. Dies führt zu einem offensiveren und aktiveren Umgang mit den eigenen erotischen und sexuellen Bedürfnissen.

»Ich fühle mich in meinem Begehren auch viel freier, viel experimentierfreudiger [...] ich habe viel mehr Zeit und ich habe viel mehr Erlaubnis und ich kann meine eigene Lust und mein eigenes Begehren auch viel unbefangener mitteilen. Und fühle mich darin auch viel mehr verstanden. Und ich habe einfach das Gefühl, wir wissen so viel mehr über unsere Körper, über unsere Begierden, als ich das von einem Mann je gewusst habe und ein Mann das von mir je gewusst hat.« (Susanne)

Aufgrund dieser Erfahrungen verändert sich die Einstellung der Frauen zu ihrer Sexualität, die eine zentrale Bedeutung in ihrem Leben bekommt.

»Ich fühle mich auch mehr als sexueller Mensch [...]ich habe ganz viel an Hemmungen verloren und an Befangenheit und Scham und ich bin ziemlich hemmungslos geworden, das finde ich ganz toll [...] Und die Art der Sexualität und das, was sie mir bedeutet und was sie mir bringt, ist anders.« (Susanne)

Die Mehrzahl der Frauen erwähnt, im Kontakt mit einer Frau sowohl auf der emotionalen als auch auf der erotisch-sexuellen Ebene mehr Nähe, Tiefe, Vertrautheit und Intimität empfunden zu haben.

»Ich habe mich der Frau näher gefühlt. Es war irgendwie vertrauter. Ich fand es auch intimer. Ich hatte das Gefühl – auch beim Sex und alles irgendwie – dass es wesentlich näher und intimer ist als mit einem Mann. Ich hatte da auch nicht die Möglichkeit abzudriften. [...] Also, mit den Gedanken irgendwo anders zu sein [...].« (Bettina)

Meine Gesprächspartnerinnen erleben Frauenbeziehungen jedoch nicht nur in Hinblick auf Körperlichkeit und Sexualität anders als ihre Beziehungen zu Männern. Mehrere Frauen bekommen in ihren Frauenbeziehungen ein großes Ausmaß an Unterstützung für die eigene Entwicklung.

»Und ich habe besonders in meiner zweiten Beziehung sehr viel Unterstützung erlebt, sehr viel Rückhalt erlebt, ganz viel Bewunderung auch erlebt.« (Ruth)

In der Beziehung zu einer anderen Frau verlassen die Frauen ihre gewohnte Perspektive. Mit einer anderen Frau als Gegenüber erleben sie ihr Verhalten nicht als qua Geschlechtszugehörigkeit ›vorgegeben‹. Das Fehlen gesellschaftlicher Konventionen lässt Platz für Experimente und Spielräume, wenn es um die Verhaltensweisen der einzelnen geht. Gleichzeitig kann Verhalten neu verhandelt werden.

»Und dann fand ich es für mich aber so angenehm, dass ich da erst mal keine Rollenerwartungen hatte. Dass es völlig offen ist und ich alles aushandeln kann, dass es nicht mehr ein Thema ist, wer bohrt diese drei Bretter in die Wand? Oder wer diesen Fahrradplatten flickt. Wer oft abwäscht, Tee kocht oder sonst irgendwas, oder dass ich auch dieses Miteinanderschlafen als viel freier empfunden habe und dachte: ›[...] ich kann viel besser nach mir schauen, was mir einfach gut tut und was ich wirklich möchte und wie das der anderen Person dabei geht.‹ Und dass ich kein Bild mehr im Kopf hatte, was da eigentlich richtig ist oder nicht richtig ist oder wie ich damit umgehen will. Das fand ich einfach sehr, sehr, sehr angenehm. Und dass ich mich viel sicherer und viel stärker und freier gefühlt habe als sonst mit irgendwelchen Männern. Und dass ich viel klarer sagen konnte: ›Das will ich und das will ich nicht und hier ist eine Grenze.‹« (Michaela)

Frauen sehen in ihren Frauenbeziehungen einen Weg, sich gegen die traditionell ›weibliche‹ Rolle aufzulehnen und ihr Leben stattdessen jenseits gesellschaftlicher Konventionen ihren eigenen Bedürfnissen und Vorstellungen entsprechend zu gestalten.

»Ich denke einfach, aus diesen gesellschaftlichen Konventionen auszusteigen. Einen Raum zu haben, in dem man sich selber definieren kann. Wo ich nicht darauf angewiesen war, ob mich Männer toll finden oder schön finden oder wie auch immer, sondern mich da rauszuziehen und mir einen anderen Freiraum zu schaffen. Das war ein ganz großes Potential.« (Ruth)

Eine zentrale Rolle spielt hier auch der Wunsch, sich von Vorstellungen und Erwartungen der Eltern abzugrenzen.

»Als ich mit dieser Frau zusammen war, [...] war ich auf einmal erwachsen. Ich fühlte mich erwachsen, [...] konnte selber Entscheidungen treffen und mache mal nicht das, was meine Eltern wollen.« (Angela)

Im Rahmen ihrer Frauenbeziehung machen die Frauen außerdem die Erfahrung, dass dem Austausch von Zärtlichkeiten in der Öffentlichkeit eine andere Bedeutung zukommt. Da sie durch ihr Verhalten aus dem Rahmen fallen, setzen sie sich der Gefahr aus, diskriminiert zu werden. Dies erfordert einen bewussten Umgang mit dem Austausch von Zärtlichkeiten in der Öffentlichkeit. Wie in der folgenden Aussage von Michaela deutlich wird, hat dieser reflektierte Umgang mit Zärtlichkeiten jedoch nicht nur Nach-, sondern auch Vorteile.

»Wo ich das mit Frauen auch einfach oft viel erotischer fand. Weil das immer eine bewusste Entscheidung ist, auch wenn das klar war in beiden Beziehungen, wir gehen da offen mit um, kann ich mich von mir aus immer noch mal kurz vergewissern: ›Ist es heute okay, ist es jetzt okay, ist es in der Umgebung okay?‹ Und von daher hat sich an der Hand fassen oder sich streicheln oder einen Kuss geben eine ganz andere Bedeutung als mit einem Mann.« (Michaela)

Da das Wahrgenommenwerden als gleichgeschlechtliches Paar dazu führen kann, Opfer von Diskriminierung zu werden, bedarf es immer wieder einer besonderen Absprache zwischen den Partnerinnen. Das hat zur Folge, dass Zärtlichkeiten nur aufgrund einer bewussten Entscheidung beider gezeigt werden. Dadurch bekommen sie einen anderen Stellenwert und werden – zumindest von Michaela – als erotischer wahrgenommen.

Wie das Beispiel zeigt, stellt diese Situation einen hohen Anspruch an die Kommunikationsfähigkeit beider Partnerinnen. In den Erzählungen der Frauen wird aber deutlich, dass diese in den sexuellen Kontakten und Liebesbeziehungen mit Frauen eher gegeben war als in den Kontakten mit Männern.

Festzuhalten bleibt, dass die Frauen im Rahmen von gleichgeschlechtlichen Beziehungen und Affären auf verschiedenen Ebenen neue positive Erfahrungen machen. Ihre Kontakte zu Frauen sind von einem hohen Ausmaß an Nähe, Intimität und Vertrautheit geprägt. Im Bereich der Sexualität machen sie die Erfahrung, einen anderen Bezug zu ihrem Körper zu entwickeln und die eigenen Bedürfnisse und Wünsche besser wahrzunehmen. Sie lernen, ihre Vorstellungen und Wünsche aktiv umzusetzen und eine freiere Sexualität zu leben. Aufgrund dieser Veränderungen bekommt die Sexualität einen zentraleren Stellenwert in ihrem Leben.

»Also die eine war einfach so eine Über-Macha« – Schwierige und konfliktreiche Erlebnisse

Während einige Frauen, wie die oben zitierten Ausschnitte belegen, ihre Frauenbeziehungen und -affären als einen Freiraum wahrnehmen, fühlt Ruth sich ab einem gewissen Punkt in ihrer Entwicklung eingeengt.

>»Also, ich denke, das ist so eine kleine geschützte Welt. Eine kleine Wattewelt.« (Ruth)

Drei Frauen machen außerdem, entgegen ihrer Erwartung, die Erfahrung, auch in Frauenbeziehungen und -affären mit eingeschliffenen Rollenmustern konfrontiert zu sein. Sie werden von ihren Partnerinnen mit als ›männlich‹ definierten Verhaltensmustern konfrontiert und fühlen sich auf die ›traditionelle Frauenrolle‹ festgelegt. Dies machen sie an Themen wie der Verteilung der Hausarbeit und der Erwerbsarbeit fest.

>»Also, die eine war einfach so eine ›Über-Macha‹.« (Michaela)

>»Da war sie [die Partnerin] ein bisschen eigentümlich. Und das war auch ein Punkt, weshalb mich das dann auch zum Schluss abgestoßen hat – obwohl das vielleicht ganz nett von ihr gemeint war – dass sie meinte, sie kann ja für uns das Geld verdienen und ›du kümmerst dich dann weiter um die Kleine‹. Da ist sie dann mit solchen Sprüchen gekommen und ich meinte: ›Nein, du hast mich nicht verstanden. Das möchte ich nicht.‹ [S]ie meinte, sie müsste da jetzt die männliche Rolle übernehmen und das in die Hand nehmen. Und sie hat ja jetzt auch einen Job und verdient da als Gesellin einigermaßen und sie kann das doch jetzt ein bisschen managen und ich kann doch so weiterleben und dass sie mir den Standard auch bieten kann.« (Bettina)

Dass die Partnerin die traditionell ›männliche‹ Rolle des Ernährers übernehmen will, entspricht in keiner Weise Bettinas Selbstverständnis und Bedürfnissen. Hier wiederholt sich ein Schema, gegen das sie sich schon im Rahmen ihrer Ehe gewehrt hat und was unter anderem dazu beitrug, dass die Ehe scheiterte.

In den Gesprächen wurde deutlich, dass auch Frauenbeziehungen nur bedingt frei von Gewalt und Unterdrückung sind. So berichtet Ruth beispielsweise sowohl von verbaler als auch von psychischer Gewalt.

»[Ich] habe zum Beispiel in meiner ersten Beziehung mit meiner Freundin ganz viel grenzwertige Gewalterfahrungen erlebt. Ganz viele Verletzungen erlebt. [...] das waren so richtige Macho-Spiele [...] Schöner hätte ich es mit einem Mann nicht erleben können, so von wegen ›Ich habe aber keine Lust abzuspülen ...‹ [...] da ist mir auch so bewusst geworden, dass solche Themen, die haben nichts mit Geschlecht zu tun. Die haben was mit Charakter zu tun. Und mit meiner ersten Freundin habe ich auch einfach ganz viele Szenen erlebt und ganz viel Eifersucht und ganz viel verbale Gewalt und psychische Gewalt [...] wo ich mich von ihr auch unterdrückt gefühlt habe.« (Ruth)

Wie diese Beispiele zeigen, gehen die Frauen zunächst davon aus, dass innerhalb von Frauenbeziehungen weniger Rollenfestschreibungen stattfinden als in heterosexuellen Beziehungen. Da weniger gesellschaftlich festgeschriebene Bilder über Frauenbeziehungen existieren, erwarten sie mehr Wahlfreiheit für das Verhalten beider Partnerinnen. Ihre Hoffnungen, in Frauenbeziehungen frei von Rollendenken und Rollenfixierung zu sein, werden jedoch enttäuscht, denn auch hier finden sie sich mit Verhaltensweisen konfrontiert, von denen sie annahmen, sie gehörten zu einem ›männlichen‹ Verhaltensrepertoire.

Auffällig ist, dass alle drei Frauen diese Erfahrungen innerhalb ihrer ersten Frauenbeziehung machen. Eine Erklärung dafür könnte sein, dass die Frauen und ihre Partnerinnen Verhaltensmuster reproduzieren, die ihnen aus anderen Bereichen wie zum Beispiel dem Familienkontext, Beziehungen zu Männern oder dem sonstigen heterosexuell geprägten gesellschaftlichen Umgang bekannt sind. Diese Vermutung wird durch eine Aussage von Ruth gestützt.

»Und die erste Beziehung, die war gnadenlos [...] da ging es ganz schön ab. Da denke ich, sind einfach auch ganz viel so Strukturen da gewesen, die wir aus unseren Familien hatten und wo wir unwahrscheinlich viele Konflikte hatten und Probleme usw.« (Ruth)

Dass es den Frauen im Rahmen ihrer sexuellen Kontakte und Liebesbeziehungen mit Frauen leichter fällt, ihre eigenen Bedürfnisse wahrzunehmen, führt nicht notwendigerweise dazu, dass sie diese Bedürfnisse auch formulieren und dafür einstehen können. Anstatt eigene Wünsche offen zu äußern, wird um Rollen gerungen:

> »Bei dieser zweiten Beziehung, da war das nicht mehr so ausgeprägt, aber dass wir schon noch an vielen Punkten sehr viel mit Rollen gespielt haben. Und dass es schon noch viel mehr so ein Schauen war, wer verführt wen wie und wer besetzt welche Position, aber dass es nicht immer nur so ein offenes Sagen war, ›Ich möchte dieses und ich möchte jenes‹ oder ›Ich wünsche mir dieses oder jenes nicht‹.« (Michaela)

Die Offenheit in der Rollenverteilung kann also eine Chance sein, aus alten Strukturen auszubrechen und Rollen flexibel zu handhaben. Gelingt es den Frauen jedoch nicht, offen darüber zu kommunizieren, verstricken sie sich in Kämpfe und Auseinandersetzungen.

Wie im vorherigen Kapitel dargestellt, sagen die Frauen durchweg, dass sie in ihren Frauenbeziehungen mehr Nähe und Vertrautheit empfunden haben. Diese Verbundenheit birgt aber auch die Gefahr einer Symbiose, die sowohl für die Beziehung als auch für die eigene Entwicklung schädlich ist.

> »Also, wir hatten eine brutale Symbiose, die ersten zwei Jahre. [D]iese Symbiose zerstört im Endeffekt deine eigene Persönlichkeit und macht es gleichzeitig unmöglich, tragfähige Beziehungen zu anderen aufzubauen.« (Ruth)

Die zunächst als so positiv empfundene Nähe ist der Beziehung nur bis zu einem gewissen Punkt zuträglich. Danach nimmt sie destruktive Formen an.

Die Frauen lernen Frauenbeziehungen und -affären als einen Raum kennen, in dem sie ihr Verhalten und ihre Vorstellungen bezüglich Begehren, Liebe und Sexualität in Frage stellen und andere Umgangsweisen damit entwickeln können. Sie machen jedoch ebenfalls die Erfahrung, dass es auch im Kontakt mit Frauen zu Auseinandersetzungen kommt. Die Konfliktlinie verläuft hier nicht an der Grenze männlich/weiblich, es geht aber um ähnliche Themen: Nähe-Distanz-Konflikte, die Wahrnehmung und Durchsetzung eigener Bedürfnisse und das Loslösen von Rollenmustern.

Erfahrungen in Liebesbeziehungen und anderen sexuellen Kontakten mit Männern

»Dieses Männliche, das habe ich sehr gesucht.« – Positive Erlebnisse

Über ihre Erfahrungen mit Männern äußern sich meine Gesprächspartnerinnen entschieden seltener positiv. Es fällt ihnen aber insgesamt leichter, sich von Männern abzugrenzen bzw. ihre Grenzen klar zu formulieren. Sie laufen hier weniger Gefahr, sich in eine Symbiose zu begeben, als das bei Frauen der Fall ist.

> »Es war einfacher [...] mich getrennt zu halten. [...] ich muss jetzt [in der Beziehung zu einer Frau] immer auch sehr gut darauf achten, nicht zu sehr und zu lange zu verschmelzen. Das Für-mich-Bleiben in einer Beziehung, also die Abgrenzung, das war leichter von Männern.« (Susanne)

Bezüglich der Sexualität mit Männern haben die Frauen sehr unterschiedliche Erfahrungen gemacht. Auffällig ist, dass die Interviewpartnerinnen, im Gegensatz zu der großen Anzahl positiver Beschreibungen sexueller Erlebnisse mit Frauen, wenig Positives über die Sexualität mit Männern berichten. Einer der wenigen positiven Punkte ist, sich von Männern intensiver begehrt zu fühlen.

> »Was ich zum Beispiel bei einer Frau nie so erlebt habe, dieses ganz starke Begehren. Da konnte ich zwar sehr aktiv sein und auch sehr begehrlich sein, aber dass die andere mich so begehrt, das habe ich nicht so erlebt.« (Ruth)

Inwieweit Ruth mit ihrem Erleben eine Ausnahme darstellt oder ob auch andere Frauen diese Erfahrung machen, lässt sich an dieser Stelle nicht klären.

Bezogen auf geschlechtsspezifisches und geschlechtsuntypisches Rollenverhalten haben meine Gesprächspartnerinnen sehr ambivalente Wünsche und Erwartungen an ihre Partner. Auf der einen Seite wollen sie sich aus traditionellen Rollenmustern lösen, auf der anderen Seite erwarten sie in bestimmten Situationen aber auch ›männliche‹ Verhaltensweisen. So sollen ihre Partner zum Beispiel die Rolle des Beschützers oder desjenigen einnehmen, der sie in der Konstruktion der eigenen Weiblichkeit bestätigt.

»Aber ich glaube wirklich, dieses Männliche, was mich daran sehr angezogen hat, [...] auf der einen Seite dieses Helfende, Beschützende, Unterstützende; das habe ich sehr gesucht. Und ich habe auch das Begehrtwerden sehr
gesucht. Das war mir immer sehr wichtig. Und danach war ich auch teilweise ziemlich manisch unterwegs, so nach dem Motto: ›Ich kann jeden kriegen.‹ Und ich kriegte dann jeden. Dann war ich zufrieden. Schon auch so
dieses heterosexuelle Spielchen, [...] das ist ja auch das, mit dem ich groß
geworden bin. Dass ich mich als Frau bestätigt fühlte, wenn man(n) mich
begehrte, also so der begehrende Blick des Mannes auf mich. Das hat mir
geholfen, mich als Frau zu identifizieren und bestätigt zu fühlen. Und ich
glaube, deswegen brauchte ich auch ganz lange diesen Blick. Der hat mir
auch gut getan.« (Susanne)

»Die waren schon auch die Ritter, die ich gerne wollte. Ich wollte eigentlich
schon einen ziemlichen Ritter haben. Und ich wollte schon auch die Prinzes-
sin sein. [...] Aber wehe, wenn sich dann die Dornenhecke schloss! Dann
habe ich es den Männern auch nicht leicht gemacht. Das war sicherlich auch
nicht ganz einfach mit mir.« (Susanne)

Ruth macht jedoch auch andere Erfahrungen:

»Und ich erlebe ja jetzt wieder Sachen mit einem Mann, wo ich so früher
gedacht hätte, das könnte ich mir gar nicht vorstellen mit einem Mann. [...]
also ganz viel Intuition und ganz viel Lust und ganz viel Hingabe auch und
natürlich auch viele Probleme, oder oftmals würde ich mir vielleicht auch
wünschen, dass er anders auf mich eingeht oder anders mit mir redet. Das
können Frauen besser.« (Ruth)

Sie erlebt, dass Verhaltensweisen und Eigenschaften nicht an die Geschlechtszugehörigkeit gebunden sind. Auch hier können Rollen sich
verändern und flexibel gehandhabt werden. Diese Erkenntnis eröffnet
den Frauen die Möglichkeit, alte Denk- und Verhaltensmuster zu über-
denken und zu revidieren. Wie im letzten Abschnitt des Zitats deutlich
wird, führt dies jedoch nicht dazu, die Kategorie ›Geschlecht‹ als vollkommen irrelevant zu erachten. Obwohl die Frauen in einigen Bereichen die Zuschreibung von Eigenschaften auf der Basis von Geschlechtszugehörigkeit hinterfragen, verweisen sie in anderen Bereichen
(wie zum Beispiel der Kommunikation) sehr klar darauf, dass der Partner aufgrund seiner Geschlechtszugehörigkeit bestimmte Kompetenzen
nicht besitzt.

Zusammenfassend lässt sich sagen, dass es den Frauen in Beziehungen und Affären mit Männern leichter fällt, Grenzen zu setzen. Sie

laufen dadurch weniger Gefahr, sich in symbiotische Beziehungsstrukturen zu verstricken. In der Sexualität mit Männern berichten sie insgesamt weniger von positiven Erfahrungen als in der Sexualität mit Frauen. Eine Ausnahme bildet hier die Erfahrung, sich in der Sexualität mit Männern stärker begehrt zu fühlen. Die Frauen erleben sowohl in der Sexualität als auch in anderen Bereichen, dass das Verhalten ihrer Partner nicht notwendigerweise mit den gesellschaftlich vermittelten Bildern von Männlichkeit übereinstimmt.

»Das ist nicht meine Rolle.« – Schwierige und konfliktreiche Erfahrungen

In ihren ersten heterosexuellen Beziehungen leben die Frauen zum Großteil in sehr traditioneller Rollenverteilung. Einige Frauen empfinden diese ab einem gewissen Punkt als so einengend, dass sie sich aus den Beziehungen lösen.

>»Und dann war vorher schon so ein bisschen der Zweifel oder dass ich mich sehr eingeengt gefühlt habe, vor allem weil Jochen auch jemand ist, der einen so ein bisschen subtil schon in so eine Rolle hereindrängt. Der das auch ganz gut findet, wenn die Frau dann den Haushalt macht. Es war okay, dass ich nebenbei beruflich auch noch ein bisschen was mache; aber bitteschön nicht, dass das zuviel Zeit in Anspruch nimmt, und am liebsten noch schnell ein Kind, ein zweites. Und so ein bisschen – um es rumerzählen zu können – weil ich dann zu der Zeit auch ein Angebot an der Uni hatte, eine Doktorarbeit zu schreiben. ›Ja, das kannst du ja nebenbei noch machen, und wenn es zehn Jahre dauert.‹ Das hört sich ja auch schön an, wenn die Frau zu Hause ist und nebenher auch noch ein bisschen intellektuell was tut. Und da habe ich dann schon gemerkt, dass ich da in einer Rolle bin, das ist nicht meine, also nicht so richtig jedenfalls.« (Bettina)

>»Der hat solche Sachen drauf wie: wenn der zur Arbeit geht, muss das Frühstück fertig sein und solche Scherze [...]. Er lebt das richtig heterosexuell, bürgerlich, völlig klar mit allem Schnickschnack.« (Carmen)

Für Carmen ist dieses klassisch ›männliche‹ Rollenverhalten ihres Partners ein Grund, mit diesem Mann nur eine Affäre und keine Beziehung zu haben.

Inwieweit sie selbst auf ein ›traditionell weibliches‹ Verhaltensrepertoire festgelegt waren und damit ihren Teil zur Produktion der bipolaren Geschlechtsrollen beigetragen haben, wird von den Frauen nicht reflektiert. In späteren Beziehungen unternehmen sie den Versuch, sich nicht den gängigen Rollenklischees zu beugen. Stattdessen hinterfragen sie festgelegte Rollenmuster und bemühen sich um eine Flexibilisierung der Rollen.

> »Von daher finde ich es bei solchen Sachen, also so klassischen Männerarbeiten, schon immer noch schwierig. Wo ich immer das Gefühl habe, da muss ich mich ganz doll abgrenzen und sagen ›Das kann ich selber‹.« (Michaela)

Das Aufbrechen der klassischen Rollenverteilung gestaltet sich an einigen Punkten als sehr schwierig. Das liegt unter anderem daran, dass für die Frauen nicht immer genau zu unterscheiden ist, wann ein Verhalten ihren individuellen Bedürfnissen entspricht und wann es sich um verinnerlichte patriarchale Normvorstellungen handelt.

> »Und mit einem Mann zusammen zu sein ist ein viel schwierigeres Balancieren zwischen diesem individuellen Aushandeln, was ich mit ihm möchte. Zwischen dem wirklich zu wissen: ›Was will ich denn jetzt?‹ und diesem immer wieder Überlegen: ›Was glaube ich denn, was ich selber noch als Normalität verinnerlicht habe?‹.« (Michaela)

Michaela empfindet es als schwierig, immer wieder hinterfragen zu müssen, inwiefern sie sich (ungewollt) gesellschaftlichen Konventionen fügt. Dieses Dilemma spiegelt sich auch im Bereich der Sexualität wider. Auch hier stellt sich die Frage, welche Bedürfnisse Michaela hat, wie sie sich für diese einsetzt und wo sie auf altbekanntes Rollenverhalten zurückgreift. Letzteres macht sich zum Beispiel dadurch bemerkbar, dass sie die Bedürfnisse des Partners ernster nimmt als ihre eigenen.

> »Und ich fand es auch mit dem Miteinanderschlafen schwierig, weil ich immer das Gefühl hatte, ich begebe mich jetzt wieder in so feste Rollen rein bei allem. Und ich dachte: ›Ich will es überhaupt nicht.‹ Und ich dachte: ›Ich muss total aufpassen, dass das nicht so ist. Und dass ich immer noch genau weiß, was ich möchte und was ich nicht möchte.‹ Und mich nicht in irgend so eine komische Logik hineinbegebe: ›Was ist denn für Axel gut ...‹.« (Michaela)

Angela schildert, wie sie in der Sexualität mit Männern die Erfahrung gemacht hat, dass deren Begehren größer ist als ihr eigenes. Männern fällt es Angela zufolge leichter, Sexualität zu leben, ohne sich emotional auf den Kontakt zum jeweiligen Gegenüber einzulassen. Dass Männer ihre Sexualität teilweise unabhängig von einem emotionalen Interesse an der anderen Person leben, beängstigt sie. Um sich selbst zu schützen, muss sie in den Kontakten mit Männern viel eher Grenzen setzen als in der Sexualität mit Frauen. Eine Folge davon ist, dass sie sich weniger aktiv in die Sexualität einbringt.

»Ich glaube, dass ich mich immer sehr diszipliniere, wenn ich mit Männern Sex habe, [...] weil ich vielleicht Angst habe, wenn ich ganz viel will und die wollen ganz viel, dass es dann wirklich irgendwie ausufert und das will ich halt nicht. [...] Ich will mich nachher nicht benutzt fühlen. Das habe ich früher häufiger mal gehabt, weil ich so am Anfang nicht so richtig wusste, wie man mit Sex umgeht, und immer das Begehren der Männer mit Interesse an mir verwechselt habe. Das ist, glaube ich, auch ein klassischer Fehler. Ja, und da habe ich mich dann halt immer ziemlich mies gefühlt [...] und davor habe ich Angst und deswegen kann ich mich jetzt nicht mehr so richtig gehen lassen. Und das ist echt bei Frauen ganz anders, weil [...] ich weiß nicht, ob das was mit Macht zu tun hat. Ich habe da mal drüber nachgedacht, aber es ist halt so, dass ich schon auch ein bisschen Angst vor Männern habe. So vor ihrer Macht und dass sie mich irgendwie unter Druck setzen und ausnutzen. Die Angst habe ich bei Frauen nicht und bin deshalb vielleicht entspannter. [...] Also, ich kenne das von Männern nur so, wenn es um Sex geht, dann versuchen sie auch wirklich so weit zu gehen, wie sie können. Und irgendwie ist es ja auch das Klischee und ich finde halt auch, es stimmt. Dass eher die Frau sagt: ›Halt! Stop und erst mal nicht weiter!‹ Und ich kenne halt keinen Mann, der sagt: ›Nee, komm, lass mal.‹« (Angela)

Aufgrund dieser Erfahrungen bringt Angela Männern weniger Vertrauen entgegen. Daher setzt sie ihnen gegenüber eher Grenzen und behält in der Sexualität mehr Kontrolle. Dieses fast defensive Verhalten lässt wenig Freiraum für eigene Kreativität und Ungezwungenheit. Ich vermute, dass die Erfahrungen der anderen Frauen, in der Sexualität mit Frauen mehr Nähe, Intimität und Vertrautheit zu empfinden, die gleiche Ursache haben.

Das mangelnde Vertrauen Männern gegenüber manifestiert sich nicht nur auf der sexuellen Ebene, sondern spiegelt sich auch in anderen Bereichen des Umgangs wider.

»[...] letztendlich habe ich dann erst mal festgestellt, dass diese Ergänzung, dieses Ganzwerden mit einem Mann so einen Preis hatte, der mich letztendlich dann doch wieder reduziert hat. Also, bestimmte Seiten von mir waren wunderbar und trafen sozusagen auf eine Antwort und eine Ergänzung, aber nie ich ganz! Da gibt es ja dann die unterschiedlichsten Variationen, aber entweder war meine starke Seite nicht so gefragt oder meine schwache Seite nicht so gefragt oder meine Zweifel nicht so gefragt oder meine Experimentierlust nicht so gefragt oder das Konservative, was ich auch habe, nicht so gefragt. Also, irgendwas stimmte immer nicht so richtig und irgendwas sollte sich dann möglichst nicht so deutlich zeigen.« (Susanne)

Für Ruth und Michaela, die über einen längeren Zeitraum hinweg ausschließlich Frauenbeziehungen gelebt haben, ist nicht nur die Auseinandersetzung mit der Rollenverteilung innerhalb der heterosexuellen Beziehung besonders wichtig. Auch die Wahrnehmung der Beziehung durch andere taucht in den Erzählungen beider Frauen als ein zentrales Thema auf. Sie befürchten, von anderen als ›normales‹ heterosexuelles Paar wahrgenommen zu werden. Da beide auch mit ihren gleichgeschlechtlichen Erfahrungen wahrgenommen werden wollen, grenzen sie sich von dem Bild des ›normalen‹ heterosexuellen Paares bzw. der ›normalen‹ heterosexuellen Frau ab.

»Schwierig finde ich für mich, dass mich manche Leute jetzt nur noch als Heterosexuelle wahrnehmen [...] und was mich manchmal ärgert [...] ist dieses: das, was ich da gerade mache, dass ich da gerade so wunderbar reinpasse in diese Heterowelt. Ich passe da gar nicht rein oder ich will da gar nicht so reinpassen. Wo ich glaube, ich habe mir über manche Sachen so viel den Kopf gemacht und so viel nachgedacht und bin an vielen Punkten gerade so unsicher. [...] Ich habe mich mit Sachen beschäftigt und auseinandergesetzt und mir überlegt, die ganz viele andere Heterosexuelle nicht haben, und von daher finde ich es einfach einen Unterschied.« (Michaela)

Aufgrund ihrer lesbischen Beziehungen sehen Ruth und Michaela viele Dinge von einer anderen Warte als Frauen, die nie eine Beziehung zu einer Frau geführt haben. Auch empfinden sie (vermeintliche) Privilegien heterosexueller Paare nicht als solche.

»Aber wo ich dachte, ich will mich nicht auf diesen komischen heterosexuellen Privilegien ausruhen können und sagen: Es ist einfach so normal, niemand wird dich anschauen und niemand wird es auch nur auffallen.« (Michaela)

Hier wird einmal mehr deutlich, dass die lesbische Identität auch eine starke politische Dimension hat. Dies ist auch bei Ruth der Fall:

»Also, er hält es halt vor seiner Frau und seiner Familie geheim. Das ist auch der größte Konfliktpunkt zwischen uns, weil ich das total ätzend finde [...].

Weißt du, ich habe zehn Jahre offen lesbisch gelebt und dann kommt so was, [...] ich fühle mich einfach total verleugnet. Und das ist was, wo ich ihn auch als absoluten Feigling empfinde.« (Ruth)

Da sie Beziehungen jenseits (hetero)sexueller Normvorstellungen gelebt hat und selbst offensiv damit umgegangen ist, kann sie es nicht akzeptieren, dass ihr Partner die Beziehung zu ihr geheim hält und somit konventionellen Werten und Normen den Vorrang gibt.

Ein weiterer Aspekt, den die Interviewpartnerinnen in ihren Beziehungen mit Männern als schwierig empfinden, ist die Kommunikation. Ihre Partner kommunizieren in einer Art und Weise, die ihnen fremd ist. Sie unterscheidet sich erheblich von dem, was sie aus Frauenbeziehungen und anderen Kontakten mit Frauen kennen. So fällt es den Frauen unter anderem schwer, mit dem lösungsorientierten Kommunikationsstil der Männer umzugehen. Michaela sagt z. B. zu ihrem Partner:

>Ich will mein Problem nicht repariert kriegen. Ich will da mit dir drüber reden und du musst mir keine Lösung liefern.«

Zusammenfassend lässt sich sagen, dass die ersten Affären und Beziehungen mit Männern wenig Raum für flexible Rollengestaltung ließen. Nachdem die Frauen sich auf sexuelle Begegnungen und Beziehungen mit Frauen eingelassen haben, verändert sich ihre Wahrnehmung heterosexueller Kontakte. Einige Frauen gehen so weit, den Sinn der Kategorie ›Geschlecht‹ in diesem Zusammenhang in Frage zu stellen. In späteren Beziehungen hinterfragen sie Geschlechtsrollen und deren Verteilung sehr viel mehr als in ihren ersten Beziehungen. Teilweise kommt es zu Konflikten, teilweise machen sie jedoch auch die Erfahrung, dass sich Rollen flexibler gestalten lassen. Damit verbundene innere und äußere Verhandlungs- und Umstrukturierungsprozesse gehen mit einem Gefühl der Verunsicherung einher. Die sexuellen Erfahrungen mit Männern sind insgesamt davon geprägt, dass die Gesprächspartnerinnen selbst weniger begehrlich und aktiv sind. Sie setzen früher Grenzen und behalten die Kontrolle, da ihnen das Vertrauen fehlt.

Lesbe? Bi? Oder lieber »Ich bin ich«? –
Selbstverständnis und Label

»Ich hatte das Gefühl, ich hatte so ein doppeltes Coming-out.« –
Die sexuelle Identität

Definieren meine Gesprächspartnerinnen sich in sexueller Hinsicht und,
wenn ja, welche Begrifflichkeiten benutzen sie dafür? Meine Frage er-
gab, dass alle eine Vorstellung davon haben, was mit dem Begriff ›Sexuelle Identität‹ gemeint ist. Teilweise verfügen sie über ein differenzier-
tes theoretisches Wissen in dieser Thematik.

Unabhängig davon, ob die Frauen sich selbst sexuell definieren und
mit wem sie Beziehungen führen, wünschen sie sich übereinstimmend,
dass das Denken in Kategorien aufgegeben werden könnte. Ihnen wäre
es am liebsten, wenn die Geschlechtszugehörigkeit einer Partnerin bzw.
eines Partners keine Rolle spielen würde, sondern die menschlichen
Qualitäten einer Person an erster Stelle stehen würden. Diesem (theoretischen) Anspruch können sie im Alltag jedoch nicht immer entsprechen.

> »Das ist wohl eher so: das eine ist, wenn ich darüber nachdenke, im stillen
> Kämmerlein sitze, und das andere ist halt in der Realität.« (Angela)

So macht Angela bei einer Sportveranstaltung die Erfahrung, dass die
lesbischen Frauen ihres Teams die Abende auf schwul-lesbischen Partys
verbringen und die heterosexuellen Frauen sich diesen nicht anschlie-
ßen. Sie selbst traut sich in diesem Rahmen nicht, die Konstruktion
dieser zwei Gruppen in Frage zu stellen bzw. offen zu machen, dass sie
sich keiner der beiden Gruppen zugehörig fühlt.

> »Und die Lesben, die fühlten sich da superfrei und superwohl und sind echt
> jeden Abend in eine andere Kneipe und fanden das echt super und das wirk-
> te fast so, als wären die Heteros und Heteras irgendwie die AußenseiterIn-
> nen. Und ja, dann war das halt auch so aufgeteilt. Die Lesben gingen in die
> Lesbenclubs. Und die Heteras, die hingen rum und wussten nicht wohin, so
> ungefähr. Und dann war da auch eigentlich völlig klar, wer wozu gehörte.
> Da hatte offensichtlich niemand ein Problem mit. Ich war, zumindest was
> ich weiß, die Einzige, die da nicht so richtig mit klar kam. Ich fühlte mich
> halt echt zwischen den Stühlen.« (Angela)

In dieser wie auch in anderen Passagen der Interviews wird immer wieder deutlich, dass die Frauen das kategoriale Denken bezüglich sexueller Identität – trotz ihres Anspruchs, dies nicht zu tun – nicht nur auf sich selbst, sondern auch auf andere anwenden.

Bis auf Michaela und Ruth beschreiben alle Frauen ihr Begehren anhand von Etiketten. Diese beiden haben sich während ihrer Frauenbeziehungen als lesbisch definiert. Heute ziehen sie es vor, sich keinem Label mehr zuzuordnen.

> »Im Moment kann ich nur sagen, ich habe gerade keine Definition.« (Michaela)

> »Ich neige dazu, mich als mich selbst zu definieren.« (Ruth)

In den Erzählungen beider Frauen wird deutlich, dass sie sich zweimal in einen Prozess begeben haben, in dem sie ihre sexuelle Identität grundlegend in Frage stellten.

> »Ich hatte das Gefühl, ich hatte so ein doppeltes Coming-out. So in beide Richtungen.« (Michaela)

Als sie Frauenbeziehungen lebten, bot das selbst gewählte Label ›lesbisch‹ neue Orientierungspunkte für das eigene Denken und Handeln. Als sie sich später in einen Mann verlieben, machen sie die Erfahrung, dass dieses Etikett nicht mehr ihrem Selbstverständnis entspricht. Trotzdem fällt es ihnen schwer es aufzugeben. Das hängt unter anderem damit zusammen, dass mit der Aufgabe des Labels auch negative Konsequenzen verbunden sind, wie zum Beispiel die Aufgabe eines Sonderstatus.

> »Ich hatte in K-Stadt recht oft das Gefühl, dass es ja so nett ist, dass da auch noch diese eine Lesbe mit rumrennt. Weil da gibt es eine Migrantin und da gibt es eine Lesbe und die eine Rollifahrerin und dann ist das ja so alles einmal abgedeckt. [...] Und von daher fand ich das da auch auf den ersten Blick erst mal ein sehr großes Wohlwollen mir gegenüber.« (Michaela)

Weiterhin befürchten die Frauen, mit der Aufgabe des selbst gewählten Labels ›Lesbe‹ die damit einhergehenden Errungenschaften und Freiheiten zu verlieren. Michaela versucht diesen Konflikt für sich zu lösen, indem sie sich zunächst als ›Ex-Lesbe‹ bezeichnet.

> »Also, ich habe lange gesagt: ›Ich bin eine Ex-Lesbe.‹ Wobei ich finde, das passt jetzt eigentlich auch nicht mehr. Weil, zum einen finde ich es eine ko-

mische Definition, das so negativ zu machen, und zum anderen lebe ich jetzt schon so lange nicht mehr lesbisch, dass ich finde, darauf muss ich mich auch gar nicht mehr so beziehen. Und im Moment kann ich nur sagen, ich habe gerade keine Definition. Und ab und zu denke ich mal darüber nach, ob denn ›bisexuell‹ das Richtige wäre oder nicht und wo ich aber denke, es fühlt sich noch nicht richtig gut an.« (Michaela)

Dass auch der Verzicht auf ein Label nicht vollkommen unproblematisch ist, wird im Folgenden deutlich:

»[D]ass ich bis jetzt sage, ich definiere mich gerade nicht, und das fand ich am Anfang schon schwierig, weil ich ja so lange diese Identität [die lesbische] für mich erst mal so annehmen konnte. Und jetzt muss ich sie irgendwie wieder abgeben und ich kriege gar nichts Neues dafür.« (Michaela)

Ähnlich wie Michaela entscheidet sich auch Ruth gegen die Annahme eines neuen Labels.

»Meine Identität ist einfach [...] ich sage so: ›Ich bin ich‹; und ob ich jetzt gerade eine Beziehung mit einem Mann habe oder mit einer Frau, damit muss ich klarkommen. [...] Ich möchte mich ja auch nicht als bisexuell definieren. Das nervt mich irgendwie. Das ist wieder so eine Schublade. Das ist zwar Fakt, aber [...] Ich neige dazu, mich als ›mich selbst‹ zu definieren. Ich bin ich und das ist auch veränderbar. Das ist auch beeinflussbar. Das ist auch im Fluss. Ich entwickle mich und ich verändere mich.« (Ruth)

Ruth ist es im Vergleich zu früher nicht mehr so wichtig, sich einem Label zugehörig zu fühlen. Sie macht aber die Erfahrung, dass es in der Praxis nicht immer einfach ist.

»Wenn ich ihm [einem Kollegen] einmal was erzähle von Männern, einmal erzähle ich was von Frauen [...] und wahrscheinlich entsteht dann so ein ganz undefinierbares oder unklares Bild. Aber die trauen sich nicht, da mal nachzufragen. Und ich setze mich dann auch nicht hin und sage: ›Du, übrigens [...].‹« (Ruth)

Susanne definiert sich als Lesbe, schränkt diese Aussage jedoch insofern ein, als sie selbst sagt, sie habe eine bisexuelle Biographie.

»Heute [definiere ich mich] als lesbisch. Wobei mein Leben ein bisexuelles Leben ist, also meine Biographie. Aber mein jetziges Leben ist ganz klar lesbisch [...] mein Anfang war eben bisexuell mit einem heterosexuellen Schwerpunkt, und jetzt weiß ich irgendwie immer noch, dass ich bisexuell bin, aber ich lebe nicht mehr bisexuell.« (Susanne)

Obwohl Susanne durchaus auch positive Erfahrungen in den Beziehungen und sexuellen Kontakten mit Männern gemacht hat, bezeichnet sie sich offiziell nach außen hin als lesbisch. Sie grenzt sich im Verlauf unseres Gesprächs aber immer wieder stark von ›den Lesben‹ – einer scheinbar klar definierten Gruppe – ab und macht deutlich, dass ihr Zugehörigkeitsgefühl zu dieser Gruppe begrenzt ist.

»Ich war über 30, als ich eine neue Überschrift über mein Leben kriegte und sagte: ›Jetzt bin ich Lesbe.‹ Und dann habe ich mich natürlich umgeguckt: ›Wo bin ich denn jetzt hier eigentlich gelandet? Wer steht denn jetzt hier eigentlich noch so um mich herum?‹ Und dann dachte ich so: ›Ich bekämpfe alle Vorurteile, ich will als Lesbe nicht diskriminiert werden, und ich merke, ich habe selbst meine Vorurteile und eigentlich fällt es mir schwer, mich zu diesen Lesben zu stellen und zu sagen: Ich bin eine von euch.‹ Und ich bin es nicht wirklich. [...] Ich stelle mich gerne in die Reihe mit Frauen. Das Lesbisch-Sein ist für mich persönlich unheimlich wichtig und ich würde mich da gerne mehr verbinden, aber da habe ich Schwierigkeiten. Da muss ich wirklich immer sehr genau hingucken.« (Susanne)

Interessant ist, dass Susanne sich sehr klar für die Kategorie ›Lesbe‹ entschied, als sie sich auf die Beziehung zu ihrer Partnerin einließ. Die Auseinandersetzung damit, welche anderen Personen sich diesem Label zuordnen, beginnt hingegen erst nach dieser Entscheidung. Vergleicht Susanne sich mit anderen Lesben, so fühlt sie sich dieser Gruppe nur eingeschränkt zugehörig, weil sie merkt, dass sie dem vermeintlichen Idealbild lesbischer Frauen nicht entspricht und auch nicht entsprechen will.

»... ich sehe auch irgendwie nicht korrekt aus. Und dann mag ich manchmal die Lesben überhaupt nicht, die korrekt aussehen, die finde ich überhaupt nicht attraktiv.« (Susanne)

»Und dann bin ich auch nicht irgendwie arbeitsmäßig in Lesbenzirkeln. [...] Viele Lesben in meinem Alter sind ja so ganz in diese Projektbewegung gegangen und auch ganz darin geblieben. Ich arbeite ja so im Mainstream und auch noch mit Kindern und deren Eltern.« (Susanne)

»Na ja, zum Beispiel, dass dann die Sprache kommt auf irgendwelche Sängerinnen, Schauspielerinnen, und ich kenne die nicht. Und dann diese Fassungslosigkeit, wie das nun sein kann [...] weil jede Lesbe weiß das. [I]ch habe nicht die richtige Brautausstattung, weißt du. Meine Mitgift ist irgendwie so komisch. [...] irgendwie habe ich da nicht so den korrekten Lesbenblick.« (Susanne)

Obwohl Susanne die Normen der lesbischen Szene ablehnt und sich diesen nicht anpassen will, ist es ihr dennoch wichtig, darüber Bescheid zu wissen.

>»Oder eine lesbische Freundin von mir, die ist Journalistin und die schreibt auch ganz viel über lesbisches Leben, und dann sage ich ihr immer: ›Ja, ich will auch unbedingt die Artikel, die du nicht veröffentlichst, ich will die immer alle haben; das ist für mich wie Nachhilfeunterricht.‹ Und dann sage ich ihr auch immer: ›Das ist mir so fremd, aber gut, dass ich es jetzt weiß.‹« (Susanne)

Den Grund dafür, sich von anderen Lesben zu unterscheiden und sich dem Label ›Lesbe‹ nicht uneingeschränkt zugehörig zu fühlen, sieht sie selbst darin, dass sie auch Liebesbeziehungen zu Männern gehabt hat. Sie hat den Impuls, sich von anderen Lesben abzugrenzen, verbietet sich dies aber aus ideologischen Gründen.

>»Ich muss mir immer wieder so einen inneren Ruck geben und im Grunde genommen so einen ideologischen Ruck, um mich nicht von Teilen, also so von bestimmten Lesben zu distanzieren.« (Susanne)

Obwohl für Susanne die Entscheidung für das Label ›Lesbe‹ vor allem ein Ausdruck ihrer emotionalen und sexuellen Verbundenheit mit ihrer Partnerin ist, kann sie sich nicht vollkommen davon frei machen, dass dieses Label auch mit politischen und ideologischen Inhalten verknüpft ist. Ansonsten würde sie sich wahrscheinlich nicht verbieten, sich von anderen Lesben zu distanzieren.

Auch Ruth und Michaela haben sich damit auseinander gesetzt, dass sie nicht dem Bild der ›typischen Lesbe‹ entsprachen. Bei ihnen macht sich diese Auseinandersetzung ebenfalls an Äußerlichkeiten fest, wie zum Beispiel der Frage, inwiefern sie als Lesben darauf festgelegt sind, androgyn oder aber ›männlich‹ auszusehen.

>»Weil ich einfach finde, dass sich die Lesben da auch viel nehmen oder es so viel Uniformierung gibt, und die fand ich einfach nicht so reizvoll.« (Ruth)

Drei Frauen definieren sich als bisexuell. Alle drei machen jedoch Einschränkungen diesbezüglich. Als Beispiel hier eine Aussage von Bettina:

>»Also, ›lesbisch‹ würde mir schwer fallen. Eine Zeit lang [...] dachte ich das, weil ich wirklich kein Interesse an Männern hatte [...]. Aus meiner Vergangenheit heraus weiß ich aber auch, dass ich sehr viel Interesse für Männer haben kann. Deshalb finde ich das so ein bisschen schwierig und möchte da

erst mal einen Kompromiss eingehen und sagen: bisexuell mit einer momentan starken Neigung zu Frauen.« (Bettina)

Die Frage, ob sie ihre sexuelle Identität in Zusammenhang mit politischen bzw. gesellschaftskritischen Idealen sehen, wird von vier Frauen verneint. Zwei Frauen sehen ihre sexuelle Identität insofern als politisch, als durch einen offenen Umgang damit vermeintliche Normalität in Frage gestellt wird. Dies fordert andere dazu heraus umzudenken und sich mit ihrer eigenen Position auseinander zu setzen.

> »Ich habe mich in eine Frau verliebt, weil ich diese Frau so toll fand und nicht weil es eine politische Handlung ist. Und ich habe mich in Axel verliebt, weil ich ihn toll fand. Das ging in beiden Fällen wirklich um die Menschen. Zum anderen finde ich aber, das zu leben ist schon zu einem gewissen Teil [...] politisch. Weil Sachen damit in Frage gestellt werden, weil Wahrnehmungen oder festes Denken von mir selber oder mit denen ich zu tun habe, in Bewegung kommen [...]. Und weil ich finde, deswegen passt es auch teilweise zu politischen Überzeugungen, weil so dieses feste Beharren auf ›es gibt diese und jene Kategorie und diesen und jenen Begriff und der ist so und so definiert und damit ist er fest und nicht veränderbar‹, weil das damit in Frage gestellt wird.« (Michaela)

Obwohl alle meine Gesprächspartnerinnen sexuelle Erfahrungen mit beiden Geschlechtern gemacht haben, konstruieren und beschreiben sie ihre sexuelle Identität sehr unterschiedlich. Keine der Frauen fühlt sich uneingeschränkt und ohne Vorbehalte einem Label zugehörig. Innerhalb jeder Kategorie gibt es Aspekte, die abgelehnt bzw. als nicht zutreffend für die eigene Person empfunden werden. Die Selbstdefinition der Frauen unterliegt im Laufe ihrer Biographie – teilweise mehrfachen – Veränderungen. Ob ein bzw. welches Label angenommen wird, hängt von den individuellen Erfahrungen und Lebenskontexten ab. Oftmals wird die Wahl des Labels von der momentanen Beziehung abhängig gemacht. Das führt dazu, dass der Wechsel der Partnerin bzw. des Partners die sexuelle Identität in Frage stellt. Das nicht mehr zutreffende Label wird fallen gelassen. Einige Frauen nehmen ein neues Etikett an, andere ordnen sich keiner Kategorie mehr zu. Hier wird deutlich, dass jede Frau einen ganz eigenen Umgang mit dem fließenden und veränderlichen Charakter ihrer sexuellen Identität hat.

»Dass ich sozusagen das benenne, was ich bin.« –
Vor- und Nachteile von Etiketten im Allgemeinen

Weshalb entscheiden sich einige Frauen dafür und andere dagegen, sich einem Label zuzuordnen? Um einer Antwort auf diese Frage näher zu kommen, fragte ich meine Gesprächspartnerinnen, welche Vor- und Nachteile sie in der Verwendung von Etiketten sehen.

Unabhängig davon, ob sie sich selbst einem Label zuordnen, sehen alle Frauen sowohl Vor- als auch Nachteile darin, sich in sexueller Hinsicht zu definieren. Für die Verwendung von Etiketten spricht deren Ökonomie. Sie ermöglichen den Frauen, ihre sexuelle Identität in kurzer und prägnanter Form darzustellen, so dass sie nicht erst ausführlich einzelne Beziehungen und sonstige (sexuelle) Kontakte beschreiben müssen.

> »Ja, ich glaube, ich tu das [sich selbst einem Label zuzuordnen] ein bisschen, um anderen Leuten sagen zu können, was mit mir ist. Ich könnte natürlich auch fünf Minuten erzählen und den Stand der Dinge sagen oder so, aber es ist natürlich manchmal einfacher, es mit einem Wort auszudrücken.« (Angela)

Das ›Self-labeling‹ dient zum einen der Vereinfachung der Kommunikation, zum anderen erleichtert es den Frauen aber auch, ein klareres Bild von sich selbst und ihrem Lebensentwurf zu bekommen.

> »So ist es doch, dann kann ich mich doch auch nur so identifizieren. So bin ich ja! Das Hilfreiche ist das Identische. Also, dass ich sozusagen das benenne, was ich bin. Dass ich da eine zutreffende Beschreibung meiner selbst mache. Das hilft mir klar zu sehen oder klar zu leben.« (Susanne)

Interessant ist, dass Susanne für sich anscheinend gar keine andere Option sieht als sich als lesbisch zu definieren. In diesem Punkt unterscheidet sie sich von den jüngeren Frauen.

Die Zugehörigkeit zu einer Gruppe, die mit der Annahme eines Labels einhergeht, bietet zudem Schutz und Sicherheit. Der Verunsicherung, die damit verbunden ist, in diesem Lebensbereich nicht mehr den gesellschaftlich akzeptierten Normen zu entsprechen, wird somit etwas Konstruktives entgegengesetzt.

> »Es gibt eben auch Sicherheit. [...] Ich brauche auch irgendwie Schutz, und der Schutz einer Gruppe kann total toll sein. Und ich meine, damit auch verbunden, die super Gefühle, was weiß ich, wenn ich auf dem CSD mitlau-

fe, dann bilde ich mir für einen Moment ein: ›Ich gehöre dazu.‹ Ich meine, das tue ich wahrscheinlich auch irgendwie.« (Angela)

Da die Frauen sich diesen Gruppen jedoch nur eingeschränkt zugehörig fühlen, erleben sie sie nur bedingt als unterstützend. Die Kehrseite der Zugehörigkeit zu einer Gruppe sehen die Frauen außerdem darin, dass Label auch ausgrenzen sowie Intoleranzen und Vorurteile produzieren, dass sie festlegen, reduzieren, Unterschiede zwischen Angehörigen einer Gruppe unsichtbar machen und der Flexibilität von Verhalten wenig gerecht werden.

»Es schließt aus und schließt ein, und ich finde daran auch hinderlich, dass ich denke, dass gerade Lesben und Schwule natürlich auch wieder nicht tolerant sind gegenüber anderen [...]. Das sind so Ein- und Ausschließungsmechanismen, die ich irgendwie schwierig finde.« (Bettina)

»Hinderlich finde ich, dass es wieder einschränkt und dass man anfängt, sich über eine Kategorie zu definieren, und sagt: ›Ich bin lesbisch, weil ich mich gerade mehr für Frauen interessiere.‹ Und dann wird es wieder schwierig, den Schritt zurück zu machen. Das ist genau, als wenn ich sage: ›Ich bin heterosexuell‹ und dann den Schritt mache, doch Frauen zu lieben.« (Bettina)

»Eigentlich würde ich grundsätzlich sagen, dass jeder Begriff und damit auch dieser [gemeint ist der Begriff ›bisexuell‹] einengend ist. Weil er eben gar nicht die Vielfalt widerspiegeln kann.« (Angela)

Um anderen eine Vorstellung von der eigenen Selbstdefinition bzw. dem eigenen Selbstverständnis zu geben, reicht ein Label also nicht aus.

»Ja, halt zu erklären, das ist eigentlich mit diesem Wort nicht getan, sondern [...] um es genau so zu haben, wie man es haben möchte, also dass jemand genau weiß, was man damit meint, müsste man es halt noch ein bisschen erklären. Und dazu muss man ja auch eigentlich ein bisschen aus der Geschichte erzählen und in die Zukunft blicken [...].« (Angela)

Wie im folgenden Zitat deutlich wird, führt Angela ihre Labelkritik aber auch auf die fehlende Identifikation mit der eigenen Gruppe zurück.

»Mein Ideal ist, glaube ich, echt, dass man die Leute nicht so einteilt und sie sich selbst auch nicht, und ich habe halt jetzt erfahren, dass man das tut. Dass man sich eben so gerne zuordnet. Ich kann das ja auch verstehen, aber das hat eben zur Folge, dass ich da Schwierigkeiten habe, weil eben meine Gruppe so ein bisschen diffus ist. Und fühle mich da auch so ein bisschen allein gelassen. Ich weiß nicht, ob ich dieses Ideal habe, weil ich allein gelassen bin, oder ob das Ideal schon vorher da war.« (Angela)

Dass sich die Frauen auf Etiketten beziehen, obwohl sie den Wunsch und den Anspruch haben, dies nicht zu tun, zeigt, dass auch sie einen Nutzen daraus ziehen. Für sie bedeutet die Verwendung von Etiketten eine Hilfestellung. Sie können ein klareres Bild von sich selbst und anderen entwerfen. Die Zugehörigkeit zu einer Gruppe bedeutet für sie Schutz, Sicherheit und Orientierung. Diese Privilegien sind für die Frauen aber auch mit negativen Konsequenzen verbunden: interindividuelle Unterschiede sind nicht mehr sichtbar, außerdem gibt es auch innerhalb dieser Gruppierungen Normvorstellungen und damit verbundene Ein- und Ausschlusskriterien.

»Das ist so zwischen den Welten.« – *Vor- und Nachteile des Labels* ›bisexuell‹

Die Vor- und Nachteile von Etiketten im Allgemeinen gelten gleichermaßen für das Label ›bisexuell‹. Hinzu kommen jedoch Aspekte, die auf dieses Label in besonderer Weise zutreffen. ›Bisexuell‹ leben heißt, grundsätzlich für sexuelle Beziehungen mit Frauen und Männern offen zu sein. Der Begriff ermöglicht eine Beschreibung der sexuellen Identität, die unabhängig vom Geschlecht der derzeitigen Partnerin oder des derzeitigen Partners ist.

»Für den Begriff spricht erst mal, dass es so was Offenes ist, dass es ja eigentlich beschreiben würde, wie ich gerade lebe. Weil ich mir einfach gut vorstellen kann, mich noch mal in eine Frau zu verlieben und eine Beziehung mit einer Frau zu führen [...] Da passt es ja eigentlich schon. [...] Wobei ich denke, eigentlich ist es so theoretisch ja ein ganz positiver Begriff zu sagen: ›Ich schaue eben danach, was es für ein Mensch ist. Schaue, was mich an ihm oder an ihr fasziniert oder was mich dahin zieht und entscheide mich dann eben je nach Person.‹« (Michaela)

Der Begriff ›bisexuell‹ ermöglicht eine adäquate Benennung der Tatsache, sich keiner der beiden binären Kategorien (›hetero- und homosexuell‹) zugehörig zu fühlen oder zugeordnet zu werden.

»Zum Beispiel Marlene Dietrich hat dann eine lesbische Affäre, statt dass man sagt, sie ist einfach bisexuell. [...] und das wäre ein politischer Moment, der für mich heute und jetzt interessant wäre. Zu sagen: ›Bitte schön, Leute, jetzt nennt es doch beim Namen.‹« (Carmen)

Wie in diesem Zitat deutlich wird, ermöglicht die Verwendung des Etiketts ›bisexuell‹, Personen sichtbar zu machen, die Frauen und Männer begehren. Es wird von den Interviewpartnerinnen als ein Werkzeug gesehen, um dualistisches Denken über sexuelle Identitäten in Frage zu stellen. Das dualistische Denken bezüglich der Kategorie ›Geschlecht‹ bleibt hingegen bestehen, da der Begriff ›Bisexualität‹ eine Bezugnahme auf zwei Geschlechter beinhaltet. Den Frauen, die diesen Begriff benutzen, geht es also nicht darum, ihr Begehren *unabhängig* von der Kategorie ›Geschlecht‹ zu beschreiben.

Susanne berichtet, dass in der Auseinandersetzung mit ihren Eltern der Begriff ›Bisexualität‹ verwendet werden konnte, der Begriff ›Lesbische Liebe‹ hingegen nicht. Dies führt sie darauf zurück, dass er die Möglichkeit einschließt, wieder eine Beziehung mit einem Mann zu führen und somit zur gesellschaftlichen Normalität zurückzukehren.

> »Bei Bisexualität gab es ja noch eine Chance, ›auf den rechten Weg‹ zurückzukommen.« (Susanne)

Vorbehalte gegenüber dem Label ›bisexuell‹ bestehen vor allem darin, dass es sich nicht um eine eigenständige Identität – mit entsprechender Ideologie – handelt, sondern um eine Kategorie ›dazwischen‹.

> »Als Lesbe kannst du dich mehr in so eine Ecke zurückziehen und sagen: ›Ja, und wir kämpfen und wir sind anders.‹ Und als Bisexuelle sagt doch jeder: ›Ja, ist doch klar, alle Menschen sind bisexuell.‹ Das hat nix. Das ist so zwischen den Welten.« (Ruth)

Welche Bedeutung es haben kann, sich nicht einer der ›anerkannten‹ Kategorien zugehörig zu fühlen, sondern sich ›im Raum dazwischen‹ zu verorten, wird im nächsten Zitat deutlich. Angela benutzt hier ein Bild, in dem die Kategorien ›heterosexuell‹ und ›homosexuell‹ als Ecken bezeichnet werden. Im Sinne dieser Analogie befindet sie sich mit ihrer bisexuellen Identität nicht in einer Ecke, was sowohl Vor- als auch Nachteile mit sich bringt.

> »Man ist ein bisschen geschützter in der Ecke, [...] man findet sich halt in so Gruppen. [...] Da ist man irgendwie versteckter und das ist auch was, was ich diesen Gruppen ein bisschen vorwerfe oder wo ich denke, da kann man sich auch reinflüchten. Wenn man merkt, man ist anders, dass man dann

halt auch wirklich so eine Gruppe sucht. Kann ich gut verstehen. Aber das finde ich halt auch schade, muss ich sagen.« (Angela)

›Die Bisexuellen‹ werden nicht als eine Gruppe wahrgenommen, die Schutz und Sicherheit bieten könnte. Stattdessen stellt die Zugehörigkeit zu dieser Gruppe einen Raum zwischen den Kategorien dar, dem diese Qualitäten nicht zugesprochen werden.

Ein weiterer Vorbehalt gegenüber dem Label ›bisexuell‹ besteht in der Unklarheit, welche Personen sich dieser Kategorie zugehörig fühlen und welche Gemeinsamkeiten sie haben.

> »Die eigene Gruppe ist, naja, halt diffus und ich glaube, viele tendieren auch dazu, sich möglichst einer anderen Gruppe anzuschließen. [...] Weil man eben, wenn man jemanden kennen lernt, der bisexuell ist, der kann mit einer Frau zusammen sein, er kann mit einem Mann zusammen sein, er kann früher mit Frauen zusammengewesen sein, das ist halt so, man findet kaum jemanden, der in der gleichen Situation ist wie man selbst. Oder was heißt ›kaum jemand‹? Nicht so viele. Und wenn man sich als lesbisch bezeichnet, dann findet man halt mehr Frauen, die in der gleichen Situation sind, denke ich; das macht einfach die Größe der Gruppe aus.« (Angela)

Auch hier wird die Gruppe der lesbischen Frauen wieder als sehr homogen dargestellt und mit der heterogenen Gruppe der bisexuellen Frauen kontrastiert. Das heißt, auch hier empfindet sich Angela als ›anders‹. Sie führt dieses Gefühl jedoch nicht auf ein individuelles Abweichen von der Gruppennorm zurück, sondern darauf, dass es – ihrer Meinung nach – innerhalb ihrer Kategorie ein hohes Maß an interindividuellen Unterschieden gibt. Dem Label ›bisexuell‹ wird also nur ein geringer identitätsstiftender Charakter zugeschrieben. Das hängt sicherlich damit zusammen, dass es für die meisten Frauen nicht mit Idealen und Utopien verknüpft ist.

Stattdessen suggeriert der Begriff ›Bisexualität‹ eine Reduktion auf Sexualität.

> »Ja, das Einengende habe ich ja eben schon gesagt; dass es in vielen Köpfen [...] dass man dann wirklich auf Sexualität reduziert ist und dann ist man irgendwie nur noch Sex und sonst gar nichts. Das gefällt mir nicht. [...] Ich bin aber nicht nur auf Sexualität reduziert. Sondern ich liebe eben Männer und Frauen.« (Carmen)

Zahlreiche Vorbehalte gegenüber dem Label beziehen sich auf Klischeebilder, die über Bisexuelle existieren. Ein Aspekt, von dem die

Frauen sich distanzieren, ist die Vorstellung, dass bisexuell lebende Menschen ein in jeglicher Hinsicht andersartiges sexuelles Bedürfnis haben als nicht bisexuell lebende Menschen.

»Ich denke mal, es gibt viele Leute, die, wenn sie ›bisexuell‹ hören, denken, ich schlafe am besten gleichzeitig mit Männern ›und Frauen. [W]enn meine Oma das Wort schon mal gehört hat, dann stellt sie sich darunter wahrscheinlich wilde Orgien mit Männern und Frauen vor.« (Angela)

Die Frauen grenzen sich von dem Bild ab, dass Bisexualität ein Übergangsstadium für Menschen sei, die sich noch nicht für eine der beiden binären Kategorien (›homo‹ – ›hetero‹) entschieden haben.

»Und dann muss ich ja auch negative Sachen damit verbinden, sonst würde ich diesen Begriff ja benutzen. Und bei mir schwingt bei ›bisexuell‹ mit, dass es eher ein Wort ist für Leute, die sich noch nicht entschieden haben in eine Richtung. Also, wobei ich dafür eher im Kopf habe, bisexuell sind Menschen, die heterosexuell gelebt haben und sich immer mehr diesem schwulen oder lesbischen Leben annähern. Und sagen, dann sind sie halt bisexuell.« (Michaela)

»Das kommt wieder von den Homos, das ist diese Geschichte ›tütütü, geh mal noch fünf Jahre weiter, dann bist du auf einer richtigen Seite. Bisexualität ist nur ein Zwischenstadium.‹ Da kriege ich natürlich auch den Kaffee auf! Das kann ich gar nicht leiden.« (Carmen)

Obwohl sich die Frauen von bestehenden Bildern über Bisexualität abgrenzen, haben sie diese auch selbst verinnerlicht. So geht ein Großteil von ihnen wiederholt davon aus, dass Bisexualität gleichbedeutend mit Polygamie sei.

»Ich muss ehrlich sagen, ich weiß nicht, wie gut ich damit umgehen könnte, wenn ich jetzt zum Beispiel mit einem bisexuellen Mann zusammen wär. [...] Meine Bedenken wären die Promiskuität. [...] Ja, und dass da dann auch immer mehr noch ein anderes Risiko da ist, sich mit HIV zu infizieren. Das wäre schon nicht so einfach. Und ich weiß auch nicht, wie ich das vertragen könnte, wenn ich wüsste, der hätte da noch irgendwas mit anderen Männern. Fände ich auch nicht so prickelnd.« (Ruth)

Das Bestreben der Frauen, nicht mit unzutreffenden Vorstellungen über Bisexualität in Verbindung gebracht zu werden, führt dazu, dass sie den Begriff nicht unbefangen oder gar nicht auf sich selbst beziehen. Wenn sie ihn verwenden, machen sie deutlich, was sie darunter verstehen. Der

Vorteil des Labels, die Beschreibung der sexuellen Identität in Kurz-
form, wird damit jedoch zunichte gemacht.

> »[...] es kommt darauf an, wem ich gegenüber sitze. Ich würde da, glaube
> ich, schon auch darauf achten, dass ich weiß oder dass wir möglichst das
> Gleiche meinen mit diesem Wort. Vielleicht müsste ich das Wort dann auch
> noch erklären.« (Angela)

Die Interviewpartnerinnen sehen alle sowohl Vor- als auch Nachteile in
der Verwendung des Begriffs ›Bisexualität‹ – unabhängig davon, ob und
wie sie sich selbst in sexueller Hinsicht definieren. Die Vorteile werden
darin gesehen, dass dieser Begriff ein großes Maß an Offenheit und
Flexibilität birgt. Er macht am ehesten sichtbar, dass Liebe, Begehren
und Sexualität mit beiden Geschlechtern gelebt wird oder wurde. Die
Interviewpartnerinnen sehen ›die Bisexuellen‹ jedoch nur als einen losen
Zusammenschluss sehr unterschiedlicher Menschen und vermissen eine
Gruppenidentität. Sie legen großen Wert darauf, nicht mit gängigen
Klischees über Bisexuelle in Verbindung gebracht zu werden. Um Miss-
verständnisse und Fehlschlüsse zu vermeiden, sehen sie sich gezwungen,
anderen ihr Verständnis des Labels ›bisexuell‹ zu erklären.

Der Umgang mit dem sexuellen Begehren im sozialen Umfeld

Was empfinden die Frauen in ihrem sozialen Umfeld als hilfreich und
unterstützend für die Auseinandersetzung mit ihrem bisexuellen Begehren? Hier geht es um Personen, die in ihrem Leben eine Rolle spielen,
und um die Lebenskontexte, in denen die Interviewpartnerinnen sich
bewegen. Wo legen sie ihr bisexuelles Begehren offen, und wie fallen
die Reaktionen des Umfelds aus?

»Sie hat sich damit abgefunden, dass ihre Tochter ihren Kopf durchsetzt.« – Die Eltern

Drei Frauen haben ihr Begehren nach Frauen vor den Eltern verborgen. Zwei begründen das damit, ihren Eltern generell nichts Persönliches von sich zu erzählen.

> »Ja so, meine Eltern. Ich könnte denen das sagen, sie würden das hinnehmen. Ich weiß gar nicht, was sie daraufhin sagen würden. Es wäre jedenfalls kein Problem. Aber ich habe halt nie in solchen Dingen wirklich mit ihnen was besprochen.« (Angela)

> »Aber ich habe einfach nicht die Traute. Das ist schwierig. Also, der erste Schlag wäre schon mal, wenn ich ihnen sagen würde: ›Die Ehe ist gescheitert.‹ Das wissen sie ja noch nicht mal. Das ist erst mal der erste Gang. Da meinte meine Schwester auch, das wäre erst mal so das Notwendigste, dass ich das jetzt irgendwie mal präsentiere. Den Grund müsste ich ja nicht gleich nennen, weil solange da nicht auch eine Frau aktuell ist, sieht man mir das ja nicht an oder so. Naja, aber jetzt, wo sich das rumgetratscht hat, steht natürlich auch irgendwann mal an, dass ich da mehr erzähle. [...] das ist eine ganz andere Generation und das ist für die der Hammer.« (Bettina)

Wie hier deutlich wird, spielt der offene Umgang mit gleichgeschlechtlichem Begehren besonders dann eine zentrale Rolle, wenn die Frauen sich gerade in einer Liebesbeziehung zu einer Frau befinden. In diesem Fall scheint es durch den konkreten Anlass für Bettina von großer Wichtigkeit zu sein, ihren Eltern in naher Zukunft von ihrem Begehren nach Frauen zu erzählen.

> »Ich müsste die Fassade nicht mehr aufrecht erhalten oder keine Angst mehr haben, dass das eben jemand Anderem herausrutscht. Ich müsste nicht mehr irgendwelche Familienfeste vorspielen oder da auflaufen und da immer ein paar schöne Geschichten erzählen, was wir jetzt wieder Tolles machen.« (Bettina)

Die Frauen, die ihren Eltern von ihrem gleichgeschlechtlichen Begehren erzählt haben, schildern sehr unterschiedliche Reaktionen und Umgangsweisen. Das Offenlegen des gleichgeschlechtlichen Begehrens gegenüber den Eltern hat für einige Frauen eine zentrale Bedeutung, ihnen fällt es jedoch schwer, ihren Eltern davon zu erzählen. Für Michaela kommt hinzu, dass ihr Vater eine schwulenfeindliche Bemerkung macht:

»Und dann bin ich zu meinen Eltern gefahren mit dem Vorsatz, es ihnen zu erzählen, und dachte: ›Oh oh, ob ich das wohl schaffe? Wie das wohl ist?‹ Weil ich meine Eltern sehr aus meinem Leben raushalte und eigentlich kaum etwas erzähle, was mir wirklich wichtig ist, außer eher so äußere Sachen. Und dachte dann: ›Es hilft ja alles nichts. Ich muss das irgendwann machen.‹ Und war dann ganz unsicher. Und dann saß ich am ersten Abend mit meinem Vater vor dem Fernseher und dann kam Michael Jackson, irgendeine Einblendung über ihn. Der [Vater] meinte, der würde ja aussehen wie ein Schwuler. Und wo ich dachte: ›Nein, jetzt kann ich das nicht. Das geht nicht. Das geht jetzt nicht, nicht am ersten Abend. Ich muss mir noch einen Tag irgendwas überlegen.‹« (Michaela)

Trotz dieser Bemerkung lässt sich Michaela nicht von dem Vorhaben abbringen, ihren Eltern bei dem Besuch von ihrer Liebesbeziehung zu erzählen.

In den Schilderungen der Frauen, die den Eltern ihr gleichgeschlechtliches Begehren nicht vorenthielten, zeigen sich Unterschiede in den Reaktionen der Mütter und der Väter. Die Väter zeigen in erster Hinsicht ein vermeidendes Verhalten und bemühen sich, der Auseinandersetzung mit ihrer Tochter soweit wie möglich aus dem Weg zu gehen. Die Strategie eines Vaters besteht darin, die Frauenbeziehungen der Tochter nicht als sexuelle Beziehung zu sehen, sondern die beiden als Freundinnen anstatt als Liebespaar zu betrachten.

»Und mein Vater, der ist ja superkatholisch, der hat immer, glaube ich, so die Einstellung gehabt: ›Ja, lieber das als eine uneheliche Beziehung.‹ [...] Und meine Mutter hat dann immer mal versucht, in all den Jahren mit ihm darüber zu reden und dann hat er irgendwann mal gesagt: ›Ja, wenn die Mädchen sich verstehen, dann ist das doch in Ordnung.‹ So ungefähr. Mein Vater ist halt auch ein Mensch, der sich so mit Sexualität oder so, der würde da niemals drüber reden. Das ist halt einfach, wir wohnen zusammen und okay.« (Ruth)

Der Umgang des Vaters mit dem gleichgeschlechtlichen Begehren der Tochter ist entscheidend von seinem katholischen Glauben beeinflusst. Für ihn sind sowohl eine uneheliche, heterosexuelle Beziehung als auch lesbische Beziehungen verwerflich. Indem er die Frauenbeziehung entsexualisiert, muss er sie nicht ernst nehmen. Daher stellt sie im Vergleich zu einer unehelichen Beziehung mit einem Mann das geringere Übel dar.

Die Mütter gehen anders mit dem gleichgeschlechtlichen Begehren ihrer Töchter um. Zumindest einige von ihnen stellen sich der – für sie teilweise schwierigen – Auseinandersetzung und begeben sich in einen Dialog mit ihren Töchtern. Das führt dazu, dass sie das gleichgeschlechtliche Begehren ihrer Töchter akzeptieren.

> »Meine Mutter hat da sehr lange mit gekämpft. Da kamen am Anfang so die normalen Reaktionen: ›Ja, der Richtige wird schon noch kommen.‹ Sie verstand sich auch mit meiner Freundin nicht so gut; das war ein bisschen eine Eifersuchts- und Konkurrenzgeschichte. Und das hat lange gedauert. Das war ziemlich konfliktreich, aber wir waren immer im Dialog miteinander. Denn ich wollte halt auch, dass sie mich da unbedingt akzeptiert.« (Ruth)

> »Und meine Mutter war, glaube ich, eher schon froh, dass ich ihr so viel erzähle. Sie hat dann auch erst mal bis zum nächsten Essen nicht so viel dazu gesagt, und dann hat sie einfach ganz viel gefragt und ich habe ganz viel erzählt, und dann haben wir auch noch öfters geschrieben und telefoniert.« (Michaela)

Den Müttern scheint der Kontakt mit den Töchtern wichtiger zu sein als inhaltliche Differenzen. Aber auch diese sind überraschenderweise nicht immer so gravierend wie zunächst angenommen. Michaelas Mutter verblüfft ihre Tochter mit einer unerwarteten Bemerkung:

> »Und irgendwann meinte sie: Naja, wenn sie in einer anderen Zeit aufgewachsen wäre, vielleicht hätte sie sich ja dann auch in Frauen verliebt. Das könnte sie sich ja schon auch vorstellen. Und da dachte ich mir: ›Hups, das kann ich mir ja gar nicht vorstellen.‹ Das hätte ich von ihr wirklich nicht erwartet.« (Michaela)

Susanne berichtet davon, die Auseinandersetzung mit ihren Eltern immer wieder gesucht zu haben. Sie macht jedoch die Erfahrung, dass keine offene Diskussion mit ihnen möglich ist.

> »Weißt du, meine Mutter hat dann immer die Zeitung hochgenommen, mein Vater ist aufgestanden und aus dem Raum gerannt, Türen geknallt. Also, richtig gute Diskussionen waren das nicht. Es wurde halt thematisiert. [...] Das war noch die Zeit, als ich dachte: ›Und wenn sie nur genug lesen ...‹« (Susanne)

Diese Auseinandersetzungen führen so weit, dass Susanne zeitweise den Kontakt zu ihren Eltern abbricht. Eine wirkliche Annäherung findet bis zu deren Tod nicht mehr statt.

»Ja, immerzu Auseinandersetzungen, Konflikte, Streit. Ganz heftig. Ganz, ganz schlimm. Und bis zum Kontaktabbruch. [...] Meine Mutter ist dann ja sehr, sehr früh gestorben, als alles mitten im Gange war. Mein Vater hat noch eine ganze Weile gelebt, der ist dann etwas milder und vorsichtiger geworden, weil er dann auch merkte, er ist schon auch auf uns Kinder angewiesen und kann sich nicht so völlig mit uns überwerfen. Und hat dann irgendwann auch mal gefragt, wie es Franziska denn geht, und auch mal Grüße an sie geschickt. Aber so wie Franziskas Mutter, die immer Geburtstagspäckchen schickt und wenn Franziska Geburtstag hat, dann kriege ich auch was und wir telefonieren. Das ist richtig so Schwiegermama. Obwohl das für sie auch nicht einfach ist. Aber mein Vater hat immer große Distanz Franziska gegenüber bewahrt. Und wir sind uns auch bis zu seinem Tod nicht mehr wirklich nah gekommen. Aber er hat sich dann sozusagen zurückgehalten. Aber mich nicht unterstützt. Also Unterstützung [kam] von dort überhaupt nicht.« (Susanne)

Die Schwierigkeiten beschränken sich jedoch nicht auf die Zeit, in der meine Gesprächspartnerinnen Frauenbeziehungen leben. Als Michaela wieder eine Beziehung zu einem Mann hat, erzählt sie nichts davon, weil sie damit rechnet, dass die Eltern sich darüber freuen werden. Das wäre für sie ein Zeichen gewesen, dass ihre gleichgeschlechtlichen Beziehungen nicht wirklich akzeptiert werden.

»Und jetzt, dass ich jetzt wieder mit einem Mann zusammen bin, habe ich ihnen nicht erzählt und ich habe auch keine Lust, ihnen das zu erzählen. [I]ch glaube, ich würde diese Freude nicht ertragen.« (Michaela)

Ruth erzählt nur ihrer Mutter, dass sie wieder eine Beziehung zu einem Mann hat. Die Mutter freut sich unter anderem, weil sie hofft, Großmutter zu werden. Sie macht jedoch auch deutlich, dass sie die Entscheidungen, die ihre Tochter für sich und ihr Leben fällt, respektieren wird.

»Also, am Anfang, wie ich so total verliebt war, hat sie gesagt: ›Ja, genieß das. Das ist gut.‹ Wobei sie zu dem Zeitpunkt an einem Punkt war, wo sie auch völlig meine Frauenbeziehung akzeptiert hat. Und dann hat sie ihn mal kennen gelernt und dann war sie ganz begeistert von ihm. Ich denke, sie würde sich freuen, wenn sie ihn als Schwiegersohn hätte. Und da würde für sie auch wieder was rund werden. Aber sie hat sich, glaube ich, schon damit abgefunden, dass ihre Tochter sowieso ihren Kopf durchsetzt. Also, dass sie sicherlich ihre Wünsche hat, sicherlich auch Wünsche nach Enkelkindern oder so nach einer runden Familie, aber wenn ich das nicht erfülle, dann liebt sie mich trotzdem.« (Ruth)

Ihrem Vater erzählt Ruth nichts davon, weil sie kein enges Verhältnis zu ihm hat und weil sie befürchtet, dass der Vater ihre Beziehung mit einem verheirateten Mann noch verwerflicher fände als eine Beziehung zu einer Frau.

> »Mein Vater hält mich immer noch für lesbisch. Das ist so lustig. [...] Und das möchte ich meinem Vater auch nicht sagen. Also, dass ich eine Beziehung mit einem verheirateten Mann habe. Das wär für ihn wirklich sehr unmoralisch.« (Ruth)

Keine der Frauen hat ihre Eltern als unterstützend in der Auseinandersetzung mit dem eigenen Begehren empfunden. Einige Frauen vermeiden Konflikte mit ihren Eltern, indem sie zu Hause nichts Persönliches über sich erzählen. Andere legen ihre Liebesbeziehungen gegenüber den Eltern offen. Während die Väter sich, abgesehen von moralisierenden Bemerkungen, nicht zu diesem Thema äußern, begeben sich zumindest einige Mütter in einen Dialog mit ihren Töchtern. Ihnen ist es ab einem gewissen Punkt möglich, das gleichgeschlechtliche bzw. bisexuelle Begehren ihrer Töchter zu akzeptieren und teilweise sogar nachzuvollziehen.

»Naja, wenn es dir damit gut geht ...« – Geschwister

Vier der sechs Frauen gehen den Geschwistern gegenüber offen mit ihrer Bisexualität um. Eine Frau macht hierzu keine Angaben und eine weitere hat keine Geschwister. Alle bezeichnen ihre Geschwister als neutral oder unterstützend. Worin die Unterstützung besteht, sagen die Frauen nicht explizit. Stattdessen berichten Michaela und Bettina sehr detailliert über Reaktionen ihrer Schwestern, die sie als wenig hilfreich empfunden haben.

> »Meine eine Schwester wusste nicht so recht, was sie dazu sagen sollte. Meinte: ›Naja, wenn es dir gut damit geht, dann ist das eben so.‹ Und hat auch immer gedacht, dass meine Eltern damit sehr viele Probleme haben und ob ich mir denn sicher bin, dass ich ihnen das erzählen will [...].« (Michaela)

Sowohl Bettinas als auch Michaelas Schwestern weisen vor allem auf die problematischen Aspekte gleichgeschlechtlichen Begehrens hin. Sie beschäftigen sich sehr mit der Frage, welche Veränderungen für das nahe Umfeld dadurch entstehen. So äußern sie Befürchtungen, dass sich eine offen gelebte Frauenbeziehung negativ auf das Verhältnis zu den Eltern, oder – im Fall von Bettina – zur eigenen Tochter und zum dörflichen Umfeld auswirken könnte. Deutlich weniger Aufmerksamkeit schenken sie hingegen den Wünschen und Bedürfnissen von Michaela bzw. Bettina selbst. Eine Auseinandersetzung im familiären und dörflichen Umfeld zu verhindern hat für sie offensichtlich eine höhere Priorität als die parteiliche Unterstützung der Schwester – vor allem dann, wenn sie am gleichen Ort wohnen wie diese.

Eine von Bettinas Schwestern bemüht sich zunächst, zwischen Bettina und ihrem Partner zu vermitteln. Als diese Vermittlungsversuche fehlschlagen, akzeptiert sie Bettinas Trennung, zeigt jedoch kein Verständnis dafür, dass Bettina auch nach der Trennung weiterhin mit ihrem (Ex-)Partner zusammenwohnt. Bettinas andere Schwester bewertet das Auseinanderbrechen der Ehe an sich als problematisch. Sie ist außerdem der Meinung, dass Bettina ihr Begehren nach Frauen aus Rücksicht auf ihre Tochter nicht leben sollte.

> »Und bei meiner anderen Schwester ist es ein bisschen schwieriger, weil sie selbst in einer ziemlichen Krise steckt [...] Und das ist ein wenig aus ihrer eigenen Situation heraus, dass sie unbedingt in ihre Ehe reinpassen will und sie das gut fände, wenn das Bild passt und auch bei mir wieder stimmen würde. Wenn ich das überhaupt anstreben würde, dass es wieder stimmt. Und das tue ich ja nicht. Das ist für sie schwierig zu verstehen. Und sie auch meinte: ›Du kannst doch jetzt sowieso keine Frau kennen lernen. Du hast ja eine Tochter.‹ [...] ich habe aber auch keinen Bock, die nächsten 10-15 Jahre in Askese zu leben, nur weil ich eine Tochter habe.« (Bettina)

Die Meinung der Schwester, dass ihr Begehren nach Frauen nicht lebbar sei, begründet Bettina folgendermaßen:

> »Ja, wegen Gerede und dass die Kleine vielleicht drunter leidet und dass es eben nicht so der Normalzustand wäre, sondern der Normalzustand ist eben Ehe mit Kindern. Also, Mann und Frau. [...] Und sie hatte mir dann selbst erst am Telefon gestanden, dass sie ja auch mal eine Zeit lang von sich gedacht hätte, sie wäre an Frauen interessiert. Aber dass ich das ausprobiert hätte [...] ›Wie kannst du nur?!‹ Und das hätte sie ja nie gemacht und naja, und deshalb habe ich den Eindruck, dass sie sich ihr Bild auch ziemlich zurechtrückt und deshalb auch versucht, an meinem auch so ein bisschen rumzubiegen.« (Bettina)

Die Reaktionen der Schwestern sind maßgeblich von der eigenen Lebenssituation geprägt. Dadurch dass Bettina offen mit ihrem sexuellen Begehren umgeht, sind sie gezwungen, sich auch mit ihren eigenen Bedürfnissen und Lebensentwürfen auseinander zu setzen. Anstelle einer offenen Auseinandersetzung schieben sie jedoch das dörfliche Umfeld vor.

Auch Michaelas Schwester hat offensichtlich Schwierigkeiten, deren Frauenbeziehung zu akzeptieren. Ihre Strategie besteht darin, Desinteresse zu zeigen.

> »Meine andere Schwester, die hat mich total geschockt. Die war dann zu Besuch, und ich glaube, da waren wir gerade vier Wochen zusammen, und ich war nur am Schwärmen. So wollte ich sie [die Schwester und die Freundin] dann doch miteinander bekannt machen, und sie meinte dann, eigentlich fänd sie das langweilig. Wenn ich mich in einen Typ verliebt hätte, dann wäre sie richtig neugierig darauf, den kennen zu lernen.« (Michaela)

Dass die Frauen ihre Schwestern trotz dieser Reaktionen als unterstützend beschreiben, kann ich mir dies nur so erklären, dass die Offenheit in diesen Beziehungen positiv erlebt wurde.

Keine der Interviewpartnerinnen berichtet detailliert darüber, wie ihre Brüder auf ihr gleichgeschlechtliches Begehrens reagiert haben. Susanne erwähnt zwar, von einem ihrer Brüder Unterstützung zu bekommen; wie diese aussieht, wird in unserem Gespräch jedoch nicht deutlich. Weiterhin erwähnt keine Frau, wie die Geschwister darauf reagieren, als sie wieder eine Beziehung zu einem Mann eingeht. Hierzu habe ich in den Interviews jedoch auch keine expliziten Nachfragen gestellt.

Die meisten Frauen gehen ihren Geschwistern gegenüber offen mit der eigenen sexuellen Identität um. Sie nehmen sie als neutral oder unterstützend wahr. Mehrere Frauen erwähnen, ihre Geschwister nicht nur in dieser Situation, sondern auch schon früher (zum Beispiel in schwierigen Auseinandersetzungen während der Pubertät) als unterstützend erlebt zu haben, was zeigt, dass sie hier von einem etablierten Unterstützungssystem profitieren. In welcher Form die Geschwister Hilfe leisten, wird aus den Gesprächen nicht deutlich. Stattdessen nehmen Schilderungen von Schwierigkeiten, denen die Frauen in der Auseinandersetzung mit ihren Schwestern begegnen, viel Raum ein. Als besonders problematisch erweist sich, dass die Schwestern sich vor allem an eigenen Bedürfnissen und denen des Umfelds orientieren und nicht an den Bedürfnissen der Interviewpartnerinnen.

Die weitläufigere Verwandtschaft spielt in den Erzählungen der Frauen keine zentrale Rolle. Keine der Frauen beschreibt, dieser ihre sexuelle Identität bzw. ihr bisexuelles Begehren offen gelegt zu haben. Einige Interviewpartnerinnen weisen explizit darauf hin, dass sie diesen Verwandten gegenüber ihre sexuelle Identität verdeckt halten, weil sie davon ausgehen, auf Unverständnis zu stoßen.

Die PartnerInnen

Alle befragten Frauen gehen ihren Partnerinnen und Partnern gegenüber offen mit ihrem bisexuellen Begehren um. Eine Ausnahme bilden die ersten gleichgeschlechtlichen Erfahrungen einiger Frauen. Da sie ihr Begehren zu diesem Zeitpunkt nicht explizit benennen und kategorisieren, stellen diese Kontakte keine Konkurrenz zu ihren Beziehungen zu Männern dar. So sehen sie keine Notwendigkeit, ihren Partnern davon zu erzählen. Später verheimlichen sie ihr bisexuelles Begehren phasenweise. Dies geschieht, wenn sie sich in eine andere Person als den Partner oder die Partnerin verliebt haben. Diese Phasen werden von den Frauen als sehr verwirrend und belastend erlebt. Sie sind von kurzer Dauer und enden damit, der Partnerin bzw. dem Partner von der anderen Person zu erzählen. Die Reaktionen auf das gleichgeschlechtliche bzw. gegengeschlechtliche Begehren der Frauen sind daher oftmals entscheidend davon geprägt, dass in dieser Situation zugleich die gemeinsame Beziehung in Frage gestellt wird. Dies sollte beim Lesen der entsprechenden Passagen berücksichtigt werden.

»Er könnte besser damit umgehen, wenn es ein anderer Mann wäre.« – Umgang der Partner mit dem gleichgeschlechtlichen Begehren der Frauen

Keiner der Männer lehnt das gleichgeschlechtliche Begehren der Partnerin (offen) ab. Für sich selbst schließen jedoch drei Partner die Möglichkeit gleichgeschlechtlichen Begehrens explizit aus. Diese Haltung können die befragten Frauen nicht nachvollziehen und nur schwer akzeptieren.

»Und worüber ich mich sehr aufgeregt habe, war, als er mir erzählt hat, dass er sich nie ernsthaft überlegt hat, sich in einen Mann zu verlieben. Wo ich meinte, das glaube ich einfach nicht. Das gibt es doch einfach nicht.« (Michaela)

»Ich glaube, was eher eine Schwierigkeit ist: wirklich jemanden zu haben wie jetzt meinen Freund, der für sich ganz klar sagt, er kann sich nicht vorstellen, was mit Männern zu haben [...].« (Ruth)

Die Umgangsweisen der Männer mit den bisexuellen Erfahrungen ihrer Partnerinnen sehen sehr unterschiedlich aus. Die Bandbreite der Verhaltensweisen erstreckt sich von Akzeptanz, Neugierde und teilweise Faszination bis hin zu extremer Verunsicherung und mangelndem Verständnis. Ein Mann gibt seiner Partnerin den Freiraum, ihr Begehren zu erkunden, indem er die Grundlage des Zusammenwohnens und der gemeinsamen Kindererziehung nicht in Frage stellt.

»Ich bin froh, dass er so reagiert hat, wie er reagiert hat. Und mir meine Freiheiten auch gegeben hat und dann auch mal auf die Kleine aufpasst und dann, wenn ich wo hin will, da ist und mich nicht belästigt oder bedrängt.« (Bettina)

Diesem (Ex-)Partner ist ein harmonisches Familienleben und ein gutes Verhältnis zu seiner (Ex-) Partnerin sehr wichtig. Inwieweit seine Haltung eine Akzeptanz des gleichgeschlechtlichen Begehrens ausdrückt, ist schwer zu sagen.

Susanne berichtet, dass ihr Partner sie in der Erkundung des gleichgeschlechtlichen Begehrens zum einen dadurch unterstützt, dass sie offen mit ihm darüber sprechen kann, ohne dass er die Beziehung infrage gestellt sieht. Zum anderen vermittelt er ihr Kontakte zu anderen bisexuell begehrenden Frauen, damit sie sich austauschen kann.

»Und er erzählte mir mal wieder von einer seiner Affären und sagte: ›Du, die Frau musst du mal kennen lernen, die hat nämlich gerade eine Affäre mit einer Frau gehabt. Das wird dich interessieren.‹ Bin ich auch prompt zu der Frau hin, um mich darüber mit ihr zu unterhalten.« (Susanne)

So offen mit dieser Thematik umzugehen, hat sicherlich auch etwas damit zu tun, dass sich diese Begebenheit in der Zeit der Achtundsechziger, der ›Sexuellen Revolution‹, abgespielt hat. Hier machte das ge-

127

sellschaftliche Klima in gewissen Kreisen einen anderen, offeneren Umgang mit Beziehungen und Sexualität denk- und lebbar.

Ruth berichtet, dass ihr Partner zunächst sehr viel Interesse an ihren Frauenbeziehungen gezeigt hat. Inzwischen will er sie jedoch gerne auf das heterosexuelle Begehren festlegen.

»Ich weiß nicht, ob es eine Auswirkung auf unsere Beziehung hat, aber er will mir immer suggerieren, dass ich jetzt heterosexuell bin. Und dann sage ich immer: ›Nö!‹ Also, er möchte halt gerne, dass ich auf seiner Seite bin. [...] Ich glaube einfach, dass er das Gefühl hat, ich bin so wie er. Ich glaube, das ist ja bei den Lesben auch so. Das ist ja oft, dass es dieses Gefühl gibt: ›Wir sind einfach gleich oder wir sind aus einem Holz geschnitzt.‹« (Ruth)

Das Bemühen dieses Partners, Ruth auf das heterosexuelle Begehren festzulegen, könnte ein Zeichen dafür sein, dass er sich von ihrem Begehren nach Frauen in Frage gestellt und bedroht fühlt.

Alle Frauen sprechen mit ihren Partnern über ihre gleichgeschlechtlichen Erfahrungen und die Unterschiede, die sie zwischen gleich- und gegengeschlechtlichen Beziehungen sehen. Zentral sind hier vor allem Auseinandersetzungen um Rollenerwartungen und -konflikte sowie Kontroversen im Umgang mit Sexualität.

»Und ich habe es an manchen Punkten gemacht. Also, als wir über Sexualität geredet haben, habe ich halt probiert zu erklären, warum ich viel unsicherer bin und was ich da für ein komisches Rollenerwarten habe. So, da haben wir relativ viel drüber geredet. Wobei das schon immer so war, dass ich angefangen habe, wenn ich über was reden wollte.« (Michaela)

Das Thematisieren der bisexuellen Erfahrungen im Rahmen der Beziehung gestaltet sich aus mehreren Gründen als schwierig. Die Auseinandersetzung mit dieser Thematik geht häufig mit der Beendigung einer Beziehung einher oder stellt diese zumindest in Frage. In Diskussionen herrscht oft eine gewisse Sprachlosigkeit, weil der Austausch auf gewisse Themen begrenzt ist. Die Frauen wollen nicht über alles reden. So spricht Michaela ihrem Partner gegenüber nicht an, welche Bedeutung die Aufgabe des Labels ›Lesbe‹ für sie hatte.

»Und über manche Punkte habe ich aber auch lange nicht mit ihm geredet: Was es für mich heißt, wie positiv für mich Lesbisch-Sein besetzt war, weil ich wusste, das weiß er eh. [W]orüber ich nie mit ihm geredet habe und was ich auch schwierig fände, wäre, dass ich immer das Gefühl hatte, meine Welt ist so groß geworden, als ich mich dafür entschieden habe als Lesbe zu leben, und dass ich solche Sorgen hatte, dass sie wieder schrumpft. Was ja ein bisschen irrational ist, aber es war einfach die ersten paar Tage oder Wochen so präsent und wo ich finde, das muss ich ihm auch nicht antun. Das ist was, was ich als Problem habe und das hat nichts mit ihm zu tun und das ist – glaube ich – nur belastend.« (Michaela)

Auch ein Austausch mit dem Partner über konkrete sexuelle Erfahrungen mit Frauen gestaltet sich als schwierig. Michaela berichtet, ihrem Partner über gewisse Bereiche der lesbischen Sexualität keine Auskunft geben zu wollen. Angela hat das Gefühl, dass ihr Partner Details aus der Sexualität mit Frauen nicht wirklich hören und die daraus resultierende Kritik an der gemeinsamen Sexualität bzw. an seinem sexuellen Verhalten nicht annehmen will.

»Ich habe mal versucht, ihm zu erklären, was daran der Reiz ist, mit einer Frau zusammen zu sein. Ich glaube, das hat ihm nicht so gut gefallen, aber da kann er ja auch nichts für und nichts gegen tun.« (Angela)

Abgesehen von den Inhalten empfindet Michaela auch die Art der Auseinandersetzungen mit ihrem Partner als schwierig und wenig produktiv.

»Aber da habe ich auch von irgendwas erzählt, womit ich sehr viele Probleme hatte [...] und wo Axel super konfrontativ in die Diskussion eingestiegen ist. Und wo ich da drei Minuten mitgemacht habe und gesagt habe: ›Wenn wir jetzt so weitermachen, wenn wir dann hier rausgehen, weiß ich nicht, wie viel ich dann noch mit dir rede. Oder wir machen erst mal zehn Minuten Pause und fangen dann noch mal anders an, so kann ich darüber nicht diskutieren. Das geht so mitten durch mich durch; das geht so nicht.‹« (Michaela)

Einige Partner reagieren sehr verunsichert darauf, mit anderen Frauen um die Gunst der Freundin konkurrieren zu müssen.

»Und dann meinte er noch, er könnte besser damit umgehen, wenn es ein anderer Mann gewesen wäre. [...] Weil das eine andere Form von Konkurrenz ist, glaube ich. Bei einer anderen Frau kann er halt nichts machen; und bei einem Mann wäre diese Konkurrenz ›Was ist denn an dem besser als an mir?‹« (Bettina)

Angela profitiert davon, mit ihrem jetzigen Partner zuvor befreundet gewesen zu sein. Der Rahmen der Freundschaft bot ihr die Möglichkeit, von den sexuellen Erfahrungen mit Frauen und Männern zu berichten, ohne dass dies zu Konflikten führte und die gemeinsame Beziehung in Frage stellte.

»[Es war erleichternd], dass wir uns viele Dinge nicht mehr erzählen mussten. Also, ich weiß nicht, wie ich das sonst zum Beispiel erzählt hätte, dass ich auch mit Frauen zusammen sein möchte. So musste ich das halt gar nicht mehr erklären. Das war einfach klar, weil wir da vorher schon drüber gesprochen hatten. Und sonst ist es halt schwierig, weil Männer ja doch manchmal dazu neigen, sich zu fragen: ›Oh Gott, nachher reicht ihr das nicht, was ich ihr sexuell zu bieten habe!‹ oder so. [I]ch musste diese ganze komplizierte Geschichte, ich musste das nicht kompliziert erklären und sagen: ›Aber Schatz, du reichst mir doch und blablabla!‹, sondern es ist eben so, wie es immer war. Da muss man halt nicht mehr viel zu sagen.« (Angela)

»Sie ist nicht in die Auseinandersetzung gegangen.« –
Umgang der Partnerinnen mit dem gegengeschlechtlichen Begehren der Frauen

Während mehrere der befragten Frauen sich zu einem Zeitpunkt in eine Frau verlieben, als sie eine Beziehung zu einem Mann haben, verliebt sich nur eine Frau in einen Mann, während sie in einer Frauenbeziehung lebt. Ihre Partnerin zeigt wenig Auseinandersetzungsbereitschaft und bricht den Kontakt ab. Inwiefern die Reaktion der Partnerin davon bestimmt ist, dass es sich um einen männlichen ›Konkurrenten‹ handelt, bleibt unklar.

»Und ja, dann hatte ich natürlich auch eine Krise mit meiner damaligen Freundin. Und die ist mit mir nicht in die Auseinandersetzung gegangen, sondern die hat sich total untergeordnet. Und das hat mich rasend gemacht. Weil ich das Gefühl hatte, ich muss nicht nur für mich die Verantwortung tragen, sondern für sie auch noch. Ich muss sie vor mir sozusagen beschützen. [S]ie hat nicht gekämpft. [...] Sondern sie hat halt gesagt: ›Ja, ich will dich nicht verlieren. Ich bin aber nicht einverstanden, wenn du das machst‹ [A]ber sie hat mir nichts geboten. Das war so, sie hat dann phasenweise gesagt: ›Ja, dann mach halt das und sag mir nichts davon.‹ Oder: ›Hauptsache, du liebst mich, aber alles andere, das kannst du dann für dich regeln.‹ Und das konnte ich einfach nicht haben.« (Ruth)

Michaela berichtet von einer ähnlichen Reaktionsweise einer Freundin, die in sie verliebt war. Keine der Frauen erzählt von offenen Auseinandersetzungen mit ihrer Partnerin bzw. Freundin. Beide Frauen lösen für sich die Situation, indem sie auf Distanz gehen. Das könnte daran liegen, dass sie das Gefühl haben, nicht mit einem Mann konkurrieren zu können – ebenso wie einige männliche Partner meinten, nicht mit einer Frau konkurrieren zu können.

Insgesamt sind die Reaktionen und Umgangsweisen der Partnerinnen und Partner entscheidend davon beeinflusst, unter welchen Bedingungen sie von dem bisexuellen Begehren ihrer Partnerin erfahren. Besonders schwierig ist es, wenn mit der Offenbarung gleichgeschlechtlichen bzw. bisexuellen Begehrens eine Trennungssituation verbunden ist. Entlastend scheint es zu sein, wenn der oder die andere vom bisexuellen Begehren der Partnerin weiß, bevor die Liebesbeziehung beginnt. Meine Gesprächspartnerinnen machen in ihren Beziehungen auch die Erfahrung, sich in der Auseinandersetzung mit ihrem bisexuellen Begehren unterstützt zu fühlen. Die Unterstützung besteht vor allem darin offen zu sein und Gesprächsbereitschaft zu signalisieren. Innerhalb dieser Auseinandersetzung kommen jedoch beide Seiten auch an ihre Grenzen, da es ihnen nicht immer möglich ist, die Position des Gegenübers zu verstehen. Besonders problematisch ist der Umgang mit dem bisexuellen Begehren, wenn das Denken der PartnerInnen von dualistischen Denkmodellen geprägt ist und eigene Ängste, die das Begehren der Partnerinnen auslöst, nicht offen zur Sprache gebracht werden. Am einfachsten ist es für die Frauen natürlich, wenn die PartnerInnen selbst sexuelle Erfahrungen mit beiden Geschlechtern haben.

»... da einen Halt zu haben ...« – Freundinnen

Alle Frauen gehen ihren Freundinnen gegenüber offen mit ihren (bi)sexuellen Erfahrungen um. Bei Bekannten selektieren sie hingegen sehr viel mehr, welchen Personen sie davon erzählen.

> »Ja, und dann kennt man ja so gewisse Leute, die man halt kennt, aber mit denen man jetzt nicht gut befreundet ist und von denen man vielleicht auch nicht so viel hält oder so. Das ist klar, das möchte ich nicht unbedingt jedem erzählen, da es eben nicht so anerkannt ist, es ist eben nach wie vor einfach nicht das Normale. Man macht sich ja auch irgendwie angreifbar. Und das möchte ich halt auch nicht.« (Angela)

Michaela hat eine ganz eigene Strategie. Sie erzählt neuen Freundinnen zuerst, dass sie lange lesbisch gelebt hat, bevor sie erwähnt, dass sie in einer Beziehung mit einem Mann lebt. Hiermit will sie deutlich machen, dass sie sich von anderen Frauen, die in heterosexuellen Beziehungen leben, unterscheidet.

>Ich habe immer das Gefühl, ich muss mich von diesem Heterosexuellendasein distanzieren und deswegen erzähle ich das so.« (Michaela)

Die Freundinnen sind in der Regel die ersten, denen die Frauen von erotischen und sexuellen Erfahrungen mit Frauen oder Männern berichten. Sie sind außerdem die Personengruppe, die am eindeutigsten als unterstützend wahrgenommen wird. Da die Auseinandersetzung mit der sexuellen Identität oftmals mit der Infragestellung oder Beendigung einer bestehenden Beziehung einhergeht, haben Freundinnen eine umso wichtigere Unterstützungsfunktion.

>Daher hatte ich das Gefühl, mit den beiden zentralen Personen [dem Partner und der Freundin, die in sie verliebt war], die mir eigentlich ganz wichtig sind, kann ich da gerade gar nicht drüber reden, was es für mich heißt, dass ich mich wieder in einen Mann verliebt habe. [...] Und von daher waren die Personen, die am wichtigsten waren, eigentlich meine heterosexuellen Freundinnen. Die mehr oder weniger heterosexuell sind [...].« (Michaela)

Die Frauen erfahren hier Unterstützung auf verschiedenen Ebenen. Eine zentrale Rolle spielen Gespräche, da sie die Möglichkeit bieten, die – teilweise sehr verwirrenden – Erfahrungen im Kontakt mit einer vertrauten, aber außen stehenden Person zu analysieren und zu reflektieren. Die Frauen können auf diesem Weg ihre Vorstellungen und Überzeugungen kritisch hinterfragen und eigene Standpunkte entwickeln. Dies führt zu mehr Klarheit und Selbstsicherheit im Umgang mit ihrem Begehren.

>Meine beste Freundin, die mir einfach sehr viel Reflexionsmöglichkeit gegeben hat. Also, die zwar ganz straight lesbisch ist, ganz gradlinig lesbisch, aber ich glaube, die auch diese ganze Geschichte so spannend fand, dass sie selbst alles mit mir immer schön ausgewertet hat und mir da auch viel Möglichkeit gegeben hat, das zu reflektieren oder da so einen Halt zu haben. Weil ich da einfach schon total aus dem Gleis gekommen bin in der Zeit.« (Ruth)

Was die Unterstützung durch Freundinnen weiterhin ausmacht, ist ein Gefühl von emotionaler Nähe, die in einigen Fällen soweit geht, dass das Freundinnen-Netz als >Wahlfamilie< wahrgenommen wird.

»[Ich habe] also immer gesehen, dass ich mir so meine eigene Familienunter-
stützung zusammen gebaut habe. Und das ist eigentlich bis heute so, dass
mein Freundeskreis meine Unterstützung ist.« (Susanne)

Als hilfreich erleben es die Frauen außerdem, wenn ihre Freundinnen
sich selbst intensiv mit ihrer sexuellen Identität auseinandergesetzt haben, da sie dann Offenheit und Verständnis sowie eine eigene Haltung
dazu mitbringen.

So erleben die meisten Frauen die Freundinnen, die ebenfalls bisexuelle Erfahrungen gemacht haben, als besonders unterstützend. Sie weisen jedoch explizit darauf hin, dass sich diese Freundinnen nicht notwendigerweise auch als bisexuell definieren. Erstaunlicherweise trifft
Michaela jedoch auch bei einer Freundin auf Unverständnis, die selbst
Beziehungen und Sexualität mit Frauen und Männern gelebt hat.

»Und die auch ganz lange, nachdem sie Beziehungen zu Frauen hatte, immer
noch nebenher irgendwelche Bettgeschichten mit Männern hatte. Wo Männer immer eine ganz große Bedeutung hatten in ihrem Leben. [...] Und die
dann meinte, sie findet Männer gerade so ekelig, wie kann ich das machen?
Klar war da auch ganz viel Rumgefrotzel dabei, aber das war es auch nicht
nur.« (Michaela)

Ist das Unverständnis der Freundinnen von liebevoller Sorge begleitet
und richtet es sich nicht gegen das Begehren an sich, so schätzen meine
Gesprächspartnerinnen ihre Freundinnen als ehrliches und kritisches
Gegenüber.

»Also, mit ihr war ich im ›Z‹ und habe ihr dann erzählt: ›Ja, ich habe mich
verliebt.‹ Und dann hat sie alle durchgeraten, jeden Mann, den sie irgendwie
kannte, einmal aufgeführt und dachte noch: ›Oh, Gott, jetzt hat sie sich in
meinen Freund verliebt!‹ Da meinte ich so: ›Nein, in Natalie.‹ Und da ist sie
dann erst mal umgefallen. Also, gar nicht, weil es eine Frau war, aber sie
mochte Natalie überhaupt nicht. Sie fand, das passt gar nicht und ›diese
schreckliche Person‹. Und ob ich mich nicht noch mal umgucken könnte. Es
könnte ja eine Frau sein, aber vielleicht eine andere.« (Bettina)

Die Freundinnen unterstützen die Frauen jedoch auch in ganz pragmatischer Hinsicht, indem sie beispielsweise auf professionelle Hilfsangebote hinweisen.

»Sabine hat auch sofort gesagt: ›Guck doch erst mal im Internet, das ist
doch schon mal der erste Weg, den du gehen kannst.‹« (Bettina)

Neben vielen Unterstützungsangeboten machen Michaela und Bettina auch die Erfahrung, dass Freundinnen mit Zweifel, Unbehagen und Eifersucht reagieren können.

»Und eine andere Freundin, wo ich dachte, die findet das ganz klasse, meinte, sie kommt sich halt doof vor, aber irgendwie findet sie es schon ein bisschen komisch.« (Michaela)

»Eine Freundin von mir [...] meinte: ›Und du fandest doch immer nur Männer toll, das glaube ich dir auch nicht, dass es jetzt Frauen sind und dann so vehement‹. Die schickt mir dann ab und zu per Internet ein paar Bilder von so ein paar knackigen Typen. Ob mich das nicht noch mal vom Stuhl holt. Und ja, sehr verständnisvoll, weil sie für sich auch meinte: ›Ja, klar. Ich finde doch Frauen auch sehr ästhetisch und toll, es muss doch nicht gleich so weit gehen.‹ Nicht dass sie mich da jetzt irgendwie unter Druck setzen würde, aber dass sie das eben ein bisschen kritischer sieht. Weil sie dann auch gleich ziemlich eifersüchtig reagiert hat, als ich dann meinte, dass ich mich da bei so einer Gruppe lesbischer Mütter mit Kind gemeldet hätte und ein paar Aktivitäten da gemacht habe. Da meinte sie sofort: ›Die ganzen Geschichten, die du da machst; du vergisst mich hier noch total.‹ Und sich auf einmal tierisch oft gemeldet hat und so. Da dachte ich: ›Mhm. Auch ein bisschen komisch jetzt.‹« (Bettina)

Eine Erklärung für die Reaktion dieser Freundin wäre, dass die beiden Frauen einige Jahre zuvor eine sexuelle Begegnung hatten, über die sie später nie gesprochen haben.

»Was ich eben nicht erzählt habe, das ist ewig her, da hatte sie mal einen ziemlichen Liebeskummer und dann bin ich mit ihr mal in der Kiste gelandet. Das ist bestimmt schon acht Jahre her. Da ist nichts groß passiert, halt wilde Knutscherei und so, und das haben wir dann auch irgendwie totgeschwiegen, glaube ich. Dass wir einfach meinten: ›Das ist jetzt halt passiert, okay.‹ Und bei ihr weiß ich halt nicht immer so genau, wie sie mit dem Thema umgeht.« (Bettina)

Auffällig ist, dass Michaela und Ruth zu dem Zeitpunkt, als sie sich wieder in einen Mann verlieben, wenig Unterstützung seitens ihrer Freundinnen in Anspruch nehmen. Beide haben die damit verbundenen Konflikte größtenteils mit sich selbst ausgehandelt und Freundinnen deutlich weniger einbezogen als zu dem Zeitpunkt ihres lesbischen Coming-outs.

»Wo ich schon lange in meinem Kopf rumwühlen musste, um da was zu finden [...] und wo ich eher noch mal lange überlegt habe: Wo wurde sie [die Unterstützung] mir denn angeboten und wo habe ich sie denn gesucht und wo habe ich dann auch abgelehnt? Wo ich eher dazu geneigt habe, zu der Einschätzung zu kommen, ich habe sie mir auch wirklich nicht gesucht. Ich glaube, ich musste viel auch erst mal mit mir selber ausmachen.« (Michaela)

Sie begründen das damit, bei ihren Freundinnen auf Unverständnis und Ablehnung zu treffen. In einigen Fällen ist diese Sorge durchaus berechtigt:

»Von diesen sehr heterosexuellen [Freundinnen] ist das ja: ›Schön und gut, aber wo ist eigentlich dein Problem; stell dich nicht so an.‹« (Michaela)

Über die Reaktionen lesbischer Freundinnen berichten die Frauen separat. Ruth und Michaela rechnen beide damit, dass ihre lesbischen Freundinnen es ablehnen, dass sie (wieder) eine Beziehung mit einem Mann eingegangen sind. Da sie Angst vor Zurückweisung haben, erzählen sie ihnen nur sehr zögerlich davon.

»Und von Lesben, [...] vielleicht bin ich auch nur zu empfindlich und unterstell das eher, dieses: ›Naja, aber toll ist es ja trotzdem nicht.‹ Ich glaube, da hat sich schon was geändert in den letzten 10 oder 15 Jahren, dass das nicht mehr als Verrat bezeichnet wird. Aber dass es überhaupt nicht mehr mitschwingt, diese Authentizität der Lesbe zu verraten, wenn man sich wieder auf Beziehungen mit Männern einlässt, davon gehe ich einfach nicht aus.« (Michaela)

Entgegen ihren Befürchtungen machen die Frauen die Erfahrung, dass ihre lesbischen Freundinnen zurückhaltend, wenn auch nicht mit Ablehnung reagieren. Michaela führt diese Reaktionen darauf zurück, dass sie ihnen von ihrer Liebe zu einem Mann in Form eines Geständnisses erzählt hat.

»Weil ich das auch meistens eher so als Geständnis geschildert habe: ›Oh, ich muss euch leider gestehen, dass ...‹ Und dann habe ich gedacht: ›Jetzt habe ich es gesagt und jetzt kann ich auch wieder gehen.‹ Von daher konnte da auch nicht viel mehr kommen.« (Michaela)

Obwohl ihre lesbischen Freundinnen positiver reagieren als erwartet, erleben die Frauen selbst eine zunehmende Entfremdung.

»Wobei ich immer Angst hatte, dass sie [die Freundin] mich irgendwann fallen lässt. Eben weil ich mich dann gegen das Lesbisch-Sein entscheide. [S]ie ist dann weggezogen und lebt jetzt in D-Stadt, und wenn ich sie sehe, ist das schon auch noch schön und vertraut, aber ich merke auch, dass uns das fehlt. Das gemeinsame Lesbisch-Sein. [E]infach das Einverständnis, dass Frauen besser sind. [...] Unser Hauptkonsens ist das Schreiben und Kunst und Kreativität und so Weltbilder. Aber ein Teil davon waren schon Frauenzusammenhänge, Lesbenbeziehungen.« (Ruth)

Sie haben das Gefühl, sich von ihren lesbischen Freundinnen zu unterscheiden. Dies gilt selbst für Frauen wie Susanne, die seit langem in einer Frauenbeziehung lebt.

»Und ich glaube schon, dass unsere lesbischen Freundinnen das teilweise wirklich etwas sonderbar finden. Und sie retten sich so ein bisschen darein, dass sie denken, wir sind eigentlich so ein bisschen unterentwickelt. Das ist natürlich auch eine Form der Diskriminierung. Die [...] macht mir nicht so viel. Da bin ich nicht so empfindlich.« (Susanne)

»Und bei meinen lesbischen Freundinnen ist es meistens oder ganz häufig dann eben so, dass ich natürlich auch merke, dass mein Weg [...] ein anderer ist. [...] Ich bin teilweise viel kritischer Männern gegenüber als sie, zum Beispiel sagen sie: ›Du bist ja männerfeindlich!‹ Wo ich sage: ›Ich habe so lange mit denen gelebt. Also insofern bin ich gar nicht männerfeindlich. Du bist männerfeindlich, du hast ja nie mit einem gelebt.‹ Wie auch immer. Ich merke, ich bin häufig sehr viel kritischer; und dieses Gefühl, nicht so anders zu sein, das ist dann eben, wenn ich mit einer lesbischen Frau zusammen bin, die auch lange mit Männern gelebt hat. Aber auch da sind die Wege ja so bunt.« (Susanne)

Auch hier wird deutlich, dass sich die Frauen mit anderen Frauen, die im Laufe ihrer Biographie Beziehungen zu Frauen und Männern haben, aufgrund ähnlicher Erfahrungen verbundener fühlen. Daher stellen Lesbenzusammenhänge nicht (mehr) den zentralen gemeinsamen Bezugspunkt dar.

»Und da habe ich eben meine erste Freundin wiedergesehen und die hat jetzt wieder eine neue Frau. Und dann haben die angefangen, irgendwie so rumzufrotzeln: ›Ja, und wir besorgen dir jetzt wieder jemanden und hmhmhm, so nach dem Motto. Wir verkuppeln dich und nächstes Mal, wenn du kommst, dann arrangieren wir das alles für dich‹. Und da hatte ich also am Abend vorher mit meiner Freundin geredet und habe ihr einfach auch erzählt, wie es mir geht und dass so reine Lesbenzusammenhänge für mich nicht mehr der Bezugspunkt sind und dass ich mir das auch nicht mehr vorstellen kann. Da war ich dann total wütend, weil ich das Gefühl hatte, die nimmt mich überhaupt nicht ernst. Die leben so in ihrer Subkultur und das ist für sie das Richtige und das ist für sie das Nonplusultra. Und ich sollte halt jetzt auch mal wieder auf den richtigen Weg kommen, oder nicht mal das, sondern die nehmen mich in meinem Zustand überhaupt nicht ernst. Und da habe ich auch gemerkt, da fühle ich mich total einsam. Und da habe ich keinen Kontext, in dem ich mich damit auseinandersetzen könnte oder wo ich mich auch akzeptiert fühle. Das ist schon Scheiße.« (Ruth)

Ruth wird mit ihrem gegengeschlechtlichen Begehren in dieser Situation nicht ernst genommen. Es gibt jedoch andere lesbische Freundinnen, die nicht so reagieren. Manchmal haben diese Freundinnen sogar weniger rigide und ›moralische‹ Vorstellungen als meine Gesprächspartnerinnen selbst.

Michaela berichtet davon, dass eine Freundin den Kontakt zu ihr abbricht, als sie wieder eine Beziehung zu einem Mann eingeht. Da ihr diese Freundin nicht sehr nahe steht, leidet Michaela nicht unter der Reaktion. In der Zeit ihres lesbischen Coming-outs hat sie schon einmal eine ähnliche Reaktion einer heterosexuellen Freundin erlebt. Diese extrem ablehnenden Reaktionen stellen jedoch Ausnahmen dar.

Die nahen Freundinnen stellen für meine Gesprächspartnerinnen also eine sehr zentrale Unterstützungsinstanz in der Auseinandersetzung mit ihrem bisexuellen Begehren dar. Sie begegnen den Frauen in der Regel mit Offenheit, Verständnis und Akzeptanz. Hier finden sie Halt und Sicherheit. In Gesprächen bieten die Freundinnen ihnen die Möglichkeit, die jeweilige Situation zu reflektieren, sich ihrer Standpunkte bewusst zu werden und überholte Denkmuster über Bord zu werfen.

Frauen, die selbst beide Geschlechter begehren oder aber sehr fest verwurzelt in ihrer Identität sind, werden als besonders unterstützend erlebt. Entgegen ihren Erwartungen erfahren die Frauen aber auch viel Unterstützung von ihren lesbischen Freundinnen. Hier zeigt sich eher die Schwierigkeit, dass lesbische Kontexte und Ideale keine gemeinsame Basis für die Freundinnenschaften mehr darstellen, nachdem einige meiner Gesprächspartnerinnen sich wieder in Männer verlieben. Das führt dazu, dass einige dieser Freundinnenschaften distanzierter werden oder aber auseinanderbrechen. Dass Kontakte sich verändern, liegt also weniger an mangelnder Unterstützung als vielmehr daran, dass die Lebenswelten der Frauen sich auseinander entwickeln.

Vereinzelt begegnen meinen Gesprächspartnerinnen auch negative Reaktionen von Freundinnen, die sich kaum mit ihrer sexuellen Identität auseinander gesetzt und diesbezüglich noch keinen eigenen Standpunkt gefunden haben.

Männliche Freunde – »Ihr lebt so gradlinig in eurer heterosexuellen Männeridentität ...«

Männliche Freunde finden in den Erzählungen der Frauen kaum Erwähnung. Das hängt vor allem damit zusammen, dass sie eine weniger wichtige Rolle im Leben meiner Gesprächspartnerinnen spielen als die Freundinnen. Nur Bettina beschreibt die Reaktion eines (schwulen) Freundes als unterstützend in der Auseinandersetzung mit ihrer sexuellen Identität.

> »Ein schwuler Freund von mir war natürlich hellauf begeistert, obwohl er Jochen auch total gerne mochte.« (Bettina)

Michaela hat bei ihren männlichen, heterosexuellen Freunden erst gar keine Unterstützung gesucht, weil sie davon ausging, dass es ihnen mangels eigener Erfahrungen an Verständnis für ihre Situation fehlen würde.

> »Und von ihnen [ihren Freundinnen] konnte ich mir auch anhören: ›Ist doch gut, wenn du dich für einen Menschen entscheidest.‹ Während ich das bei anderen, bei meinen Mitbewohnern oder Axel einfach zurückgewiesen und gesagt habe: ›Ihr lebt so gradlinig in eurer heterosexuellen Männeridentität, ohne euch das auch nur einmal zu überlegen.‹ [...] Und ich finde, wenn sie nicht mal an diesen Punkt kommen mit dem Denken, dann brauche ich auch nicht so was Gönnerhaftes: ›Ist doch gut, was du machst.‹« (Michaela)

Männliche heterosexuelle Freunde werden also deshalb nicht als adäquate Gesprächspartner gesehen, weil sie ihre eigene sexuelle Identität nur in Ausnahmefällen reflektiert und hinterfragt haben. Ihnen fehlt es daher an Glaubwürdigkeit. Das erklärt auch, warum schwule Freunde in dieser Situation eher als Unterstützung wahrgenommen werden.

»Die haben ja noch gar keinen Maßstab.« – Kinder

Nur Bettina berichtet davon, ihrem Kind gegenüber offen mit ihrem gleichgeschlechtlichen Begehren umzugehen. Die Tochter kennt die Partnerin ihrer Mutter und hat die Veränderungen in der Beziehung der Eltern mitbekommen. Aufgrund ihres Alters (2 Jahre) haben die Kategorien hetero-, homo- oder bisexuell noch keine Bedeutung für sie.

> »Sie [die Tochter] kriegt natürlich mit, dass Jochen und ich in getrennten Zimmern schlafen. Aber jetzt noch nicht bewusst oder als Problem. [D]ie haben ja noch gar keinen Maßstab, was normal ist irgendwie. Im Prinzip ist dieses Alter ja noch einfacher, als wenn die dann hinterher zehn Jahre dann heile Familie hatten und dann ... So kennt sie das ja alles noch gar nicht.« (Bettina)

Hier wäre es sicherlich spannend, Frauen mit älteren Kindern zu befragen. Denn Schwierigkeiten mit dem gleichgeschlechtlichen Begehren von Eltern tauchen zumeist erst in der Pubertät auf, wenn die Jugendlichen selbst auf der Suche nach ihrer sexuellen Identität sind. Da keine meiner Gesprächspartnerinnen ältere Kinder hat, bleibt die Frage, wie sie mit dem bisexuellen Begehren ihrer Eltern umgehen, ungeklärt.

»Ich habe mich damit nie versteckt.« – Das heterosexuelle Umfeld

Bis auf Bettina, die sich erst seit relativ kurzer Zeit in der Auseinandersetzung mit ihrer sexuellen Identität befindet, gehen alle Frauen auch in heterosexuell geprägten Kontexten sehr offen mit ihrer sexuellen Identität um. Dies tun sie auf verschiedensten Wegen. Den größten Raum nehmen persönliche Gespräche und Diskussionen mit anderen ein. Die Frauen beziehen explizit Stellung, wenn sie nach ihrer Lebensform gefragt werden oder wenn das Thema ›Beziehungen‹ allgemein zur Sprache kommt.

> »Ich trage es nun nicht missionarisch vor mir her, also das mache ich nun auch nicht. Aber wenn mich jemand fragt, sage ich das.« (Carmen)

> »Es ist nicht immer das Erste, was ich erzähle. Das habe ich aber auch nicht gemacht, als ich lesbisch war. Aber sobald es auf das Thema ›Beziehungen‹ kommt und ich da Lust habe, was dazu zu sagen, [...] mache ich das eigentlich schon.« (Michaela)

»Wenn mich jemand fragt: ›Wie sieht denn das bei dir aus?‹, dann würde ich immer klar sagen, was ist, aber ich hänge mir jetzt nicht ein Schild um oder ich sage nicht: ›Hallo, mein Name ist Angela und ich bin bisexuell.‹« (Angela)

Abgesehen von Gesprächen sind die Frauen jedoch auch in der Öffentlichkeit sichtbar, indem sie sich an politischen Demonstrationen wie zum Beispiel dem *Christopher Street Day* beteiligen. Susanne sieht die geplante Hochzeit mit ihrer Partnerin als politisches Signal und will ihrer Beziehung und gleichgeschlechtlichen Lebensweisen allgemein auf diese Weise zu mehr Sichtbarkeit verhelfen. Dabei will sie vor allem auf die positiven Seiten aufmerksam machen.

»Ich möchte das auch zeigen. Und möchte auch sagen: ›Guck mal, wir leben in wilder Ehe seit 18 Jahren und wer weiß, wie lange es noch dauert, ehe wir dann mal nicht mehr in wilder Ehe leben. Und so was gibt es, guck mal. Und es ist Klasse und es ist schön. Fühlt euch irgendwie angeregt und eingeladen. Es kann richtig toll sein!‹ [...] Und irgendwie auch zeigen: Wir sind nicht die arme, diskriminierte Minderheit, sondern wir sind Klasse!« (Susanne)

Carmen trägt eine Anstecknadel in Form zweier Halbmonde, das Symbol der Bisexuellenbewegung.[7] Das Tragen eines solchen Symbols, zum Beispiel auch der Doppelaxt[8] bei lesbischen Frauen, hat verschiedene Funktionen: Es kann Zugehörigkeit oder Solidarität ausdrücken, Stolz, Mut oder Provokation symbolisieren und Kontakte mit anderen Angehörigen der jeweiligen Gruppierung erleichtern, indem es als Erkennungszeichen dient. Weitere Beweggründe, dieses Zeichen zu tragen, könnten das Bestreben sein, ein Gefühl von Gemeinschaft – ähnlich dem der ›gay community‹ – herzustellen und/oder auch potentielle PartnerInnen auf sich aufmerksam zu machen.

Ob die Frauen ihre sexuelle Identität bzw. ihr Begehren öffentlich machen, hängt von mehreren Faktoren ab: Sie gehen offen mit ihrem Begehren um, wenn sie es nicht akzeptieren wollen oder können, für etwas gehalten zu werden, was sie nicht sind, also fälschlicherweise als hetero- oder homosexuell eingestuft zu werden. Sie zeigen sich mit ihrem Begehren jedoch nur dann, wenn sie sich sicher genug fühlen, offen mit diesem Thema umgehen zu können, und wenn sie in der jeweiligen Situation persönliche Informationen über sich preisgeben wollen. Entscheidend ist in diesem Zusammenhang unter anderem, inwiefern die äußeren Umstände ihnen ein Gefühl von Sicherheit vermitteln und wie selbstsicher die Frauen zum jeweiligen Zeitpunkt sind.

»Also, ich habe mich damit nie versteckt oder ich habe mich damit nie geschämt oder ich hatte auch keine Angst, damit offen umzugehen. Es gab sicherlich Situationen, in denen ich vorsichtig war. Ich habe mich mit meiner Freundin nicht überall geküsst oder es gab Situationen, wo ich schon abgecheckt habe, welcher Raum ist das jetzt, welche Umgebung, wie schutzbedürftig bin ich?« (Ruth)

Die Reaktionen aus dem heterosexuellen Umfeld fallen sehr unterschiedlich aus. Zu den positiven Erfahrungen der Frauen gehört, dass ihnen Interesse, Respekt und Toleranz entgegengebracht wird.

»Dann fragen mich viele, gerade Heteros: ›Wie geht das denn eigentlich und wie ist das denn eigentlich?‹ Und da hatte ich schon sehr, sehr spannende und gute Gespräche. Und was mir sehr oft gefällt, ist, dass sie wirklich ernsthaft nachfragen: ›Wie ist das denn?‹ Und das empfinde ich dann auch als eine gewisse Form von Respekt. Und wirklich als Interesse und Anteilnahme.« (Carmen)

»Witzigerweise bin ich auch vielen Menschen begegnet, für die das eigentlich auch normal war oder die sich das jedenfalls vorstellen konnten.« (Carmen)

Michaela macht hingegen die Erfahrung, dass ihr mit Zurückhaltung begegnet wird.

»Die meisten Leute haben gar nichts dazu gesagt. Oder waren sehr zurückhaltend.« (Michaela)

Carmen berichtet, dass andere Personen aus der Bisexuellengruppe, der sie angehört, wesentlich schlechtere Erfahrungen gemacht haben als sie selbst.

»Mir sind einfach so Geschichten oder Erfahrungen von anderen in der Gruppe eingefallen – also zum Teil von Männern, gelegentlich auch von Frauen – wo ich so dachte: ›Nein, das ist wirklich an mir vorbeigegangen. Da habe ich irgendwie keine Packung gekriegt.‹« (Carmen)

Auch einige meiner Interviewpartnerinnen machen die Erfahrung, dass ihr homosexuelles Begehren von anderen nicht ernst genommen bzw. angezweifelt wird.

»Weil auch viele zu mir sagten: ›Das kann ja gar nicht sein; du hast doch immer was mit Männern gehabt, das merkt man doch schon mit 14 oder irgendwie so.‹ Und das verunsichert natürlich auch, wenn man das hört.« (Bettina)

Bettina erlebt, dass ihre Geschichte in Form von Tratsch weitererzählt wird, ohne dass dabei mögliche Konsequenzen berücksichtigt werden.

»Irgend ein anderer aus dem Bekanntenkreis, mit dem ich eigentlich nichts zu tun habe, der fand die Geschichte so spannend, dass er meinte, er muss das jedem auf die Nase binden. Und dann in klein R.-Dorf. Und ich habe natürlich gedacht, meine Eltern wissen das nicht und wenn das dann irgendwie von hinten da ankommt, das finde ich natürlich nicht so toll.« (Bettina)

Michaela berichtet sogar von offener Diskriminierung in Form abwertender Bemerkungen.

»Da, wo ich eingestiegen bin in den Zug, das war noch kaffiger. Das war so ein richtiges Dorf mit 400 Leuten oder so. [...] Und dann habe ich mich irgendwann von ihr [der Partnerin] verabschiedet und wir hatten uns lange in den Armen und dann bin ich da eben eingestiegen. Ich saß dann da und habe gelesen und irgendwann pruddelt es so halblaut hinter mir rum: Das wäre ja ekelhaft und widerlich und dadada. Und ich dachte: ›Von was redet der eigentlich?‹ Und hatte das erst mal nicht auf mich bezogen. Irgendwann habe ich dann aber doch gedacht, es muss sich wohl auf mich beziehen, und habe einmal oben rüber geschaut und gemeint, wo eigentlich sein Problem wäre. Und dann hat der nichts mehr gesagt. [...] Und einmal noch, da war ich in irgendeinem lesbischen Spielfilm gewesen, mit jemandem anderen aber, und dann haben wir ganz viel über diesen Film geredet, wie wir den denn finden, beim Zurückfahren, auch wieder der gleiche Zug. Wo sich irgendeine Frau total darüber aufgeregt hat, das wäre ja ekelhaft. Wir sollen doch bitte leise reden. [...] Und dann haben wir gesagt, wenn es sie stört, kann sie sich ja wegsetzen.« (Michaela)

Michaela erfährt zum einen deshalb Ablehnung, weil sie ihr gleichgeschlechtliches Begehren öffentlich zeigt, zum anderen weil sie in der Öffentlichkeit über homosexuelle Beziehungen spricht. Obwohl die Frauen viele positive Reaktionen von anderen bekommen, ist ihr öffentlicher Umgang mit ihrem Begehren von der Erfahrung geprägt, dass sie sich nicht auf eine tolerante Haltung des Umfeldes verlassen können. Daher können sie Zärtlichkeiten nicht unbefangen austauschen. Selbst wenn sie sich dafür entscheiden, sind sie oftmals unsicher:

»Ich kannte das von mir so, dass es nur ganz selten Situationen gab – und wenn ich noch so innig mit einer Frau rumgeknutscht habe –, wo ich nicht irgendwie noch Umgebung wahrnehme. Und denke: ›Warum schaut der Typ jetzt so böse? Hat das was mit mir zu tun? Hat er schlechte Laune? Hat er seinen Bus verpasst?‹ Wenn ich selber empfindlich war, dann hat mir das was ausgemacht und sonst eben nicht.« (Michaela)

Die Aussagen meiner Gesprächspartnerinnen erscheinen widersprüchlich. Auf der einen Seite berichten sie, vollkommen offen mit ihrer sexuellen Identität umzugehen. Auf der anderen Seite nehmen sie sich in gewissen Situationen zurück. Ihre Offenheit bezieht sich anscheinend auf ausgewählte Kontexte, die zwar heterosexuell dominiert sind, wo die Frauen aber nicht mit Ablehnung rechnen. Hier zeigen sie also auf verschiedene Weise ihr bisexuelles bzw. gleichgeschlechtliches Begehren: in Gesprächen, durch den Austausch von Zärtlichkeiten in der Öffentlichkeit, durch die Teilnahme an politischen Veranstaltungen und durch symbolische Handlungen wie das Tragen bestimmter Symbole oder aber die rechtliche Anerkennung der gleichgeschlechtlichen Lebensgemeinschaft.

Meine Gesprächspartnerinnen erfahren in ihrem heterosexuell geprägten Umfeld neutrale und auch unterstützende Reaktionen. Sie machen jedoch auch die Erfahrung, mit ihrem Begehren nicht ernst genommen oder sogar offen diskriminiert zu werden. Um sich dieser Form von Ablehnung nicht auszusetzen, selektieren sie, an welchen Orten sie etwas von sich zeigen und erzählen. Sind sie dennoch mit Diskriminierung konfrontiert, so setzen sie sich teilweise sehr offensiv zur Wehr.

»Hauptsache, es geht euch irgendwie gut, Mädels!« – Sonstige Personen

In den Erzählungen tauchen Personengruppen auf, denen wenig, und andere, denen ein hohes Maß an Toleranz zugetraut wird. Wenig Toleranz wird von mehreren Frauen vor allem bei älteren Menschen erwartet. Ruth ist außerdem skeptisch gegenüber Menschen, die dem islamischen Kulturkreis entstammen.

»Also, wenn ich jetzt zum Beispiel mit dem Mann zusammen wäre, den ich jetzt kenne, da würde ich mit Sicherheit ganz vielen von seinen Leuten oder von seiner Verwandtschaft nichts davon erzählen, dass ich vorher Frauenbeziehungen hatte. Weil ich weiß, wie das da bewertet wird in der Kultur.« (Ruth)

Im Kontakt mit ihrem Partner, der selbst dem islamischen Kulturkreis entstammt, macht Ruth hingegen die Erfahrung, dass dieser ausgesprochen offen und neugierig dem Thema gegenüber ist.

»Er hat mir tausend Fragen gestellt, war total interessiert, total neugierig. Aber auf so eine ganz angenehme Art, wo ich einfach gemerkt habe, das ist für ihn jetzt was ganz Neues und das ist für ihn ganz interessant und er will ganz viel wissen.« (Ruth)

Reale Diskriminierungserfahrungen mit diesen beiden Personengruppen benennt aber nur eine Frau. Susanne berichtet stattdessen davon, unerwartet auch bei älteren Menschen, ihren NachbarInnen, auf Toleranz getroffen zu sein.

»Menschen, die auch, wenn sie ganz alt sind und so was alles noch nicht gesehen haben, trotzdem in so einer Haltung sind: ›Ja, Hauptsache, euch geht es irgendwie gut, Mädels! Irgendwie seid ihr ja auch tapfer!‹« (Susanne)

Toleranz und Akzeptanz gegenüber gleichgeschlechtlichen Lebensweisen wird hingegen von KünstlerInnen erwartet. Die Frauen machen die Erfahrung, dass in diesen Kreisen mit großer Selbstverständlichkeit verschiedenste Lebensstile existieren und toleriert werden. Bettina berichtet außerdem davon, ihrer Astrologin und ihrer Homöopathin ohne Bedenken von ihrer Beziehung zu einer Frau erzählt zu haben. Sie kann jedoch nicht näher erklären, weshalb sie diesen Frauen mit einer solchen Offenheit begegnet. Bettina ist in beiden Fällen Klientin bzw. Patientin. Die damit verbundene Vertrauensbasis könnte ihr ermöglicht haben, an diesen Stellen vorbehaltlos von ihrem gleichgeschlechtlichen Begehren zu erzählen.

Hier zeigt sich, dass es Personengruppen gibt, denen die Frauen aufgrund ihres Alters, ihrer kulturellen und religiösen Zugehörigkeit oder ihres Berufsstandes Vertrauen oder Misstrauen entgegenbringen. Selbst mit den Personengruppen, denen sie voreingenommen gegenüberstehen, machen sie aber teilweise positive Erfahrungen.

Ob die Frauen offen mit ihrer sexuellen Identität umgehen, ist also vor allem davon abhängig, inwiefern die Beziehung zu einer anderen Person von Vertrauen, Offenheit und Toleranz geprägt ist. Es ist nahe liegend, dass sie an einigen Stellen auf etablierte Unterstützungssysteme (wie zum Beispiel Freundinnen und Schwestern) zurückgreifen, die sich in der Vergangenheit ›bewährt‹ haben.

Die Interviewpartnerinnen erleben die Personen als besonders hilfreich, mit denen sie viele Gemeinsamkeiten haben. Hier sind vor allem die Geschlechtszugehörigkeit und die Erfahrung gleichgeschlechtlichen bzw. bisexuellen Begehrens von zentraler Bedeutung. So erleben sie beispielsweise sowohl im Kontakt mit FreundInnen als auch im Kontakt mit den Eltern Frauen insgesamt unterstützender als Männer. Bei ihren Freundinnen haben sie zu bisexuell begehrenden Frauen mehr Vertrauen als zu lesbischen und heterosexuellen Frauen.

Äußere Einflüsse auf die sexuelle Identität

»Da sind wir so richtig aufgeblüht.« – Das Wohn- und Lebensumfeld

In den Erzählungen der Frauen wird deutlich, dass sowohl das Wohn- als auch das sonstige Lebensumfeld einen Einfluss auf den Umgang mit dem bisexuellen bzw. gleichgeschlechtlichen Begehren hat. Alle Frauen, die Erfahrungen mit ländlichen oder kleinstädtischen Strukturen gemacht haben, beschreiben diese als einengend und wenig förderlich für den Umgang mit ihrer sexuellen Identität. Konservative Moralvorstellungen und fehlende Anonymität hindern die Frauen daran, sich offen zu zeigen. Als besonders belastend empfinden das die Frauen, die im gleichen Ort wie die Eltern wohnen, ohne dass diese etwas vom gleichgeschlechtlichen Begehren ihrer Töchter wissen.

> »Ich komme halt aus so einem Dorf, wo sich alle kennen und wo ich dann auch bei einer Freundin zu Weihnachten war, und da kam dann noch eine andere Freundin und ich wusste, unsere Eltern sind befreundet und ich dachte: ›Mir ist das gerade zu anstrengend.‹ Ich will ihr nicht sagen, dass sie das ihren Eltern nicht erzählen soll, aber ich habe auch keine Lust, dass

meine Eltern das über irgendwelche anderen Eltern erfahren, und von daher dachte ich: ›Wechseln wir jetzt das Thema und reden halt über irgendwas anderes.‹« (Michaela)

Fünf meiner Gesprächspartnerinnen leben ihr gleichgeschlechtliches Begehren erst, nachdem sie ländliche bzw. kleinstädtische Lebenskontexte verlassen haben.

»Als ich dann hier [am jetzigen Wohnort] war, dachte ich so: ›Jetzt habe ich im Prinzip alle Möglichkeiten und ich gucke mal, was kommt.‹« (Angela)

In größeren Städten finden die Frauen ein Umfeld, das anonymer ist und durch seine Vielfalt an Lebensformen und -modellen mehr Freiheiten bietet. Zudem gibt es dort Orte, an denen sie lesbisch und bisexuell lebende Frauen treffen können. Obwohl großstädtische Strukturen unterstützend sind, gibt es jedoch andere äußere Faktoren, die verhindern, dass dies zum Tragen kommt. Susanne berichtet von einem gemeinsamen Auslandsaufenthalt mit ihrer Freundin in Australien. Sich in dieser anderen Kultur fremd zu fühlen, stellt noch einmal eine ganz neue Herausforderung für ihren Umgang mit ihrer Frauenbeziehung dar.

»Wir waren die ersten Jahre unserer Beziehung in L-Stadt und da waren wir im Ausland, alles fremd, wir waren ganz da neu als Lesben, hatten überhaupt keinen Hintergrund, keine Patentante. [I]rgendwann haben wir uns vollständig überanstrengt. So dieses Verunsichertsein: Was wollen wir zeigen? Was dürfen wir nicht zeigen? Wo wird es gefährlich? Wir mussten ja überhaupt sowieso erst mal da die Regeln begreifen.« (Susanne)

Das Verhältnis zum eigenen Begehren wird also auch vom sozialen Kontext geprägt. Susanne hat in dieser Lebenssituation das Gefühl, in zweifacher Hinsicht einer Minderheit anzugehören: Einerseits muss sie als Deutsche bzw. Europäerin einen Umgang mit den in Australien herrschenden Umgangsformen, Werten und Normen finden, andererseits bewegt sie sich auch hier als lesbisch lebende Frau in einer heterosexuell dominierten Gesellschaft. Dieser doppelte Minderheitenstatus[9] macht es ihr besonders schwer, offen mit ihrem gleichgeschlechtlichen Begehren umzugehen. Nach diesen Erfahrungen im Ausland sucht sich Susanne in Deutschland daher gezielt eine Wohngegend, in der schwul-lesbisches Leben sehr sichtbar und selbstverständlich ist.

»Und dann sind wir nach D-Stadt zurück und sind da mitten rein ins Zentrum des schwul-lesbischen Lebens gezogen, in so ein schönes Gründerzeithaus, auch noch in ein Haus, wo außer uns [...] ein Schwuler lebte auf dem Hinterhof, aber es gab keine Lesben, aber alle Generationen, verschiedene Nationalitäten – absolut offen, D-Stadt vom Feinsten! Eine gute Hausgemeinschaft, ohne irgendwie aufdringlich zu sein. Wirklich im Grunde genommen Regenbogenhaus, wo wir die lesbische Farbe abgaben. Und darüber freuten sich irgendwie auch alle. [...] Das hat noch so gefehlt! Und das habe ich gemerkt, wie unterstützend das ist! Um mich herum ganz selbstverständliches und selbstbewusstes lesbisches und schwules Leben. Ja, mehr schwules als lesbisches, das muss man schon sagen. Aber so ganz selbstverständlich und insgesamt so ein buntes, aufgeschlossenes, tolerantes Leben. [...] Das war genau das Richtige für uns. Absolut genau das Richtige. Da sind wir aufgeblüht.« (Susanne)

Das Lebensumfeld hat also einen bedeutenden Einfluss auf den Umgang mit gleichgeschlechtlichem Begehren. Deshalb schließen es einige Frauen für sich aus, in ländliche Gegenden zu ziehen und bevorzugen Wohngebiete, in denen sie offen mit ihrer sexuellen Identität umgehen können. Sind sie dennoch gezwungen, sich in weniger toleranten Kontexten aufzuhalten, so gehen sie unterschiedlich damit um: ihre Reaktionen reichen von Geheimhaltung bis hin zu offener Konfrontation. Je länger die Frauen allerdings gleichgeschlechtliche Beziehungen leben, desto weniger neigen sie zu Geheimhaltung und umso aktiver verhalten sie sich in Auseinandersetzungen.

Bettina zum Beispiel macht die Erfahrung, dass sie in der ländlichen Umgebung mit ihrem gleichgeschlechtlichen Begehren aus der Rolle fällt und Gesprächsstoff für den Dorfklatsch bietet. Trotzdem möchte sie in ihrem Heimatort wohnen bleiben, weil ihr dieses Umfeld auch Geborgenheit vermittelt. Heimatverbundenheit ist ihr wichtiger als die Vorteile, die eine Großstadt bieten könnte.

»Frauen haben auch zu mir gesagt: ›Was willst du eigentlich in R-Dorf? Pack deine Sachen und zieh nach K-Stadt oder so.‹ Ich bin aber so schrecklich heimatverbunden; ich kann ja nicht. Und das ist auch so der Zwiespalt, dass ich mich da auch so wohl fühle eigentlich, in dem Haus, [...] aber das ist natürlich ein ganz, ganz anderes Umfeld, ein ganz anderes Leben.« (Bettina)

In ihren Wohn- und Lebensgemeinschaften gehen die Frauen offen mit ihrer sexuellen Identität um. Bis auf eine Ausnahme haben alle eine Zeit lang in Frauen-Wohngemeinschaften gelebt. Häufig war dies die Zeit, in der sie anfingen, ihr gleichgeschlechtliches Begehren zu entdecken.

»... da fing das an, dass ich das so mitbekam« – Feministisch geprägte Frauenräume

Bis auf Bettina haben alle Frauen Erfahrungen mit Frauenzusammenhängen gemacht, zum Beispiel mit der Gestaltung des eigenen Wohnraums.

> »Und ich bin dann in eine Frauen-WG gezogen – das waren alles Hetero-Frauen [...]. Also, ich war sehr feministisch – eine heterosexuelle Feministin – und habe eigentlich den größten Teil meines Lebens mit Frauen verbracht. Eine meiner Freundinnen, die dort wohnte, die hatte immer so kleine Affären mit Frauen und erzählte mir ganz viel davon, und dann war ich immer völlig begeistert.« (Susanne)

Die Gesprächspartnerinnen suchen jedoch auch Frauenräume außerhalb der eigenen vier Wände auf, etwa politische und universitäre Gruppen oder Diskotheken und Kneipen. Dieser Schritt erfolgt meist mit dem Beginn des Studiums – eine Phase, die die Offenheit gegenüber gleichgeschlechtlichem Begehren begünstigt: Die Frauen befinden sich in einem neuen Lebensabschnitt mit vielen Veränderungen und kommen erstmals mit feministischen Ideen in Berührung.

> »Was ich unterstützend fand – davon gab es aber ganz wenig: Orte, wo ich eben nur Frauen treffe. Das müssen für mich gar nicht Lesben sein, aber Frauen. Und da ist es dann aber wirklich so; es gab ein Restaurant hier, das Lesben machten. Das war so Klasse! Das war so Klasse! Da sind wir auch immerzu hingerannt, und ich habe mich mit allen meinen Freundinnen immer dort verabredet.« (Susanne)

Einige Frauen haben im Rahmen dieser Kontexte das erste Mal Frauen kennen gelernt, die Frauenbeziehungen und Sexualität mit Frauen leben. Sie selbst sehen hier den Anfang ihrer persönlichen Auseinandersetzung mit dem eigenen gleichgeschlechtlichen bzw. bisexuellen Begehren.

> »Ich war längere Zeit in einer Anti-Diät-Gruppe, und wir haben eine Frauentheatergruppe gegründet. Und da fing das so an, dass ich das mitbekam: [...] a) durch andere, die Frauenbeziehungen hatten und b) dass es einfach nähere, zärtlichere Momente mit Frauen gab, bis hin zu diesem Moment, wo ich dachte: ›Hmh, die steht doch auf mich.« (Carmen)

Frauenräume stellten also eine Unterstützung dar, indem sie den Frauen die Möglichkeit boten, andere Frauen kennen zu lernen, die offen für gleichgeschlechtliche Beziehungen waren. Inwiefern feministisches Gedankengut dazu beigetragen hat, sich dem Begehren nach Frauen zu öffnen, thematisieren meine Gesprächspartnerinnen nicht. In ihren Aussagen beziehen sie sich jedoch immer wieder stark auf feministische Ideen oder bezeichnen sich selbst als Feministinnen.

»Dass wir alle Lesben waren, das reichte eben nicht.« –
Die lesbische Subkultur

Bis auf Susanne erleben alle Frauen die lesbische Subkultur[10] und die damit zusammenhängenden Räume als unterstützend. Sie begegnen diesen Angeboten zunächst sehr neugierig und offen. Dies gilt vor allem für die Zeit, in der die Frauen beginnen, sich mit ihrem gleichgeschlechtlichen Begehren zu beschäftigen. Der lesbische ›Sub‹ bietet den Frauen einen Rahmen, mit anderen bisexuellen und lesbischen Frauen in Kontakt zu kommen. Gerade für Frauen, die in ihrem sonstigen Umfeld keine solchen Kontakte haben, ist das besonders wichtig. Dort können sie ihr gleichgeschlechtliches Begehren selbstverständlich leben und gemeinsam mit anderen offensiv nach außen treten.

Meine Gesprächspartnerinnen erwähnen, auch mehrfach politische Großveranstaltungen wie den *Christopher Street Day*. Hier haben sie die Möglichkeit, zusammen mit anderen für die Gleichberechtigung nicht-heterosexueller Lebensweisen zu demonstrieren.

> »Ich glaube auch, dass zum Beispiel deshalb so was wie ein CSD unglaublich wichtig ist, weil nämlich einmal auf der Straße eine andere Realität herrschen darf als das, was sonst üblich ist. [...] Und dass man auch einfach den anderen zeigt: ›Hey, so was gibt es! Und wir sind hier irgendwie nicht zwei, drei, wie du immer denkst, [...] das sind ganz viele!‹« (Carmen)

Neben der politischen Dimension gibt es aber auch ganz deutlich eine persönliche. Die Frauen machen hier die Erfahrung, mit ihrem gleichgeschlechtlichen Begehren der (auf diesen Kontext beschränkten) Normalität anzugehören. Das bestärkt sie.

Michaela wiederum schätzt die ihrer Erfahrung nach offene Thematisierung von Sexualität in lesbischen Zusammenhängen.

»Und was ich auch [als positiv empfunden habe] – weil ich mich ansonsten sehr viel in linken Kreisen bewege –, war der offenere Umgang mit Sexualität. Also, wo ich einfach das Gefühl habe, ich habe vorher so wenig darüber geredet, und das mache ich jetzt ganz viel, auch mit heterosexuellen Frauen oder Freundinnen. [...] Und zum anderen finde ich es aber in dieser linken Szene oder in dieser linksradikalen Szene oft so übertrieben antisexuell. [...] Es ist allen, nein, aber es ist ganz vielen Menschen wichtig in ihrem Leben und dann braucht man auch nicht so zu tun, als gäbe es das nicht.« (Michaela)

Trotz der Unterstützung, die die Interviewpartnerinnen in diesen Kreisen erfahren, haben sie immer wieder das Gefühl, nicht wirklich dazuzugehören. Das liegt vor allem daran, dass sie – abgesehen davon, auch Frauen zu begehren – wenig Gemeinsamkeiten mit den Frauen haben, die sie in lesbischen Kontexten antreffen.

»Es stimmte vom Alter nicht, stimmte von den Interessen nicht, [...] stimmte irgendwie gar nix. Außer dass wir alle Lesben waren, aber das reichte eben nicht. Das reicht nicht.« (Susanne)

Meine Gesprächspartnerinnen machen wiederholt deutlich, dass sie sich in ihrem äußeren Erscheinungsbild, ihren Interessen und ihrem Verhalten von ›den Lesben‹[11] unterscheiden. Sie kritisieren, dass die Orte, an denen die lesbische Szene sich trifft, für sie nicht attraktiv sind, weil das Ambiente nicht ihrem Geschmack entspricht.

»Das hat was mit Alter zu tun und mit sonstigen Interessen und einfach nur so eine verräucherte, biergetränkte KV-Bar,[12] das ist nichts für mich. Passt mir nicht. Und reizt mich auch wirklich überhaupt nicht!« (Susanne)

Die Frauen machen zudem die Erfahrung, als Bisexuelle innerhalb lesbischer Kontexte ›unsichtbar‹ zu sein. Da sie befürchten, von lesbischen Frauen diskriminiert zu werden, ergreifen sie von sich aus selten die Initiative, sich offen über ihr gegengeschlechtliches bzw. bisexuelles Begehren zu äußern. Diese Befürchtungen sind durchaus angemessen:

»Das [für Beziehungen mit Frauen und Männern offen zu sein] konnte sie [eine lesbische Frau] sich nicht vorstellen. Und sie fand das auch ganz komisch und, dass ich eine Tochter habe. Da kommt sie jetzt nicht mit klar.« (Bettina)

»Die Lesben, die sich gemeldet haben, die haben mich erschreckt, [...] das war halt schon klar: ›Du musst dich schon auch entscheiden und ich schreibe dir, obwohl du mit einem Mann lebst, aber das werde ich schon ändern.‹ Also ganz klar: ›Wir sind hier und du bist da, aber vielleicht gibt es ja eine Chance, dass du auf die richtige Seite kommst und ich wäre die, die das schaffen würde.‹« (Susanne)

»Ich weiß nicht, ich glaube, es gibt ja auch irgendwie lesbische Frauen, die auf keinen Fall mit einer Bisexuellen zusammen sein wollen. [A]lso, was mir noch einfällt, so bei Partnerschaftssuche: ›Sie sucht sie‹, steht dann irgendwie: ›Ich, 39, blabla, suche ..., aber bitte keine Bisexuelle.‹« (Angela)

Interessant ist an dieser Stelle, dass es sich im ersten Zitat um einen Kontakt über das Internet handelt. Im zweiten Fall geht es um einen Brief, der eine Kontaktanzeige beantwortet. Im letzten Zitat gibt Angela den Text einer Kontaktanzeige aus der Zeitung wieder. Offene Diskriminierungserfahrungen durch lesbische Frauen werden also eher nicht in persönlichen, sondern in distanzierten Kontakten gemacht. Vielleicht bieten die erwähnten Medien eine Möglichkeit, sich anonym zu äußern und somit selbst nicht angreifbar zu sein.

Sowohl Bettina als auch Susanne machen diese Erfahrung am Anfang ihrer Auseinandersetzung mit ihrem gleichgeschlechtlichen Begehren. Die Erlebnisse beider Frauen liegen 30 Jahre auseinander. Das spricht dafür, dass es sich bei den diskriminierenden Äußerungen gegenüber bisexuellen Frauen nicht um ein vorübergehendes Phänomen, sondern um eine fest etablierte Haltung handelt. Je mehr Kontakt lesbische Frauen allerdings zu bisexuell lebenden Frauen haben, desto weniger Vorurteile und Ressentiments sollten zu beobachten sein.[13] Deshalb kommt es in persönlicheren Beziehungen seltener zu Auseinandersetzungen.

Das folgende Zitat macht deutlich, wie prägend solche negativen Erfahrungen sind:

»Das sind meine Filme, die da ablaufen. Also, so ein klassisches Beispiel ist, kurz nachdem ich mich da für einen Mann entschieden habe, bin ich nach Z-Haus (Frauenbildungsstätte) gefahren. Und ich hatte total Schiss, dass mich diese Lesben lynchen. Und dann komme ich da hin und 80% der Frauen sind bisexuell.« (Ruth)

Trotz all dieser Kritikpunkte werden lesbische Kontexte von meinen Gesprächspartnerinnen auch als hilfreich und unterstützend erlebt.

»So sehr ich auch diese Lesbenszene oftmals als lustfeindlich und, ja, phantasielos und eng empfunden habe, sie hat mir trotzdem auch einen anderen Halt gegeben.« (Ruth)

Für Michaela und Ruth ist die lesbische Subkultur in der Zeit, in der sie Frauenbeziehungen leben, ein zentraler Orientierungspunkt.

»Ich bin damals mit meiner Freundin umgezogen und habe dann natürlich [...] diese große Frauen-Lesben-Szene hier sogleich für mich genutzt oder auch Kontakte gesucht. [...] Das ist total wichtig, diese Kultur zu haben.« (Ruth)

Spätestens zu dem Zeitpunkt, als sie wieder mit einem Mann zusammen sind, empfinden sie die Subkultur aber als einschränkend.

»Ich habe mich also in den letzten Jahren oder speziell im letzten Jahr da auch sehr eingeengt gefühlt, also in der Lesbenszene.« (Ruth)

Aus Angst vor Diskriminierung oder aufgrund real erlebter Ausgrenzung gehen die Frauen mit ihrem gegengeschlechtlichen Begehren in der lesbischen Szene nicht offen um oder suchen diese erst gar nicht mehr auf. Zudem haben sich ihre Bezugspunkte und Prioritäten verschoben, seit sie in einer Beziehung zu einem Mann leben. Das macht die lesbische Szene weniger attraktiv. Aber selbst wenn die Frauen noch ein Interesse an der lesbischen Subkultur haben, gehen sie davon aus, dort nicht mehr erwünscht zu sein.

»Wenn ich mir vorstelle, jetzt eine Frau zu finden, die mich so akzeptiert, wie ich bin, das ist ja tausendmal schwieriger aus meiner jetzigen Perspektive als vorher. [W]enn ich in den ›Sub‹ gehe, dann weiß ich doch schon, da bin ich als Bisexuelle ... Kannst deine Chancen runterrechnen. Oder ich habe die Möglichkeit, dass ich dann sage, ich verleugne das alles. Das würde ich niemals tun.« (Ruth)

Obwohl für die anderen Gesprächspartnerinnen die lesbische Szene kein so zentraler Bezugspunkt war wie für Ruth und Michaela, äußern auch sie den Wunsch, von lesbischen Frauen mit weniger Vorbehalten und mehr Interesse gesehen zu werden. Dies könnte ein Hinweis dafür sein, dass sie sich in gewisser Hinsicht gerne mehr in der lesbischen Szene beheimatet fühlen würden.

»Das geht sie nicht wirklich was an« – Das berufliche Umfeld

Im beruflichen Umfeld gehen meine Gesprächspartnerinnen eher zurückhaltend mit ihrem gleichgeschlechtlichen Begehren um. Da sie ihren Vorgesetzten auch sonst keine Informationen über ihr Privatleben mitteilen, geben sie über diesen Bereich erst recht keine Auskunft. Wie schon beschrieben, verhalten sich einige Frauen ihren Eltern gegenüber ähnlich.

>»Ich finde, so persönliche Dinge, das geht sie [die Vorgesetzten] nicht wirklich was an. Das gilt aber auch für alles, was so ein bisschen persönlicher ist.« (Angela)

Ein weiterer Grund dafür, nicht offen über ihr bisexuelles oder gleichgeschlechtliches Begehren zu sprechen, ist die Angst vor negativen Konsequenzen.

>»Meine Schwester ist selber Lehrerin und meinte: ›Da kannst du auch ordentlich Stress haben, wenn das da publik gemacht wird, je nach Schule.‹ Sie hatte da einen Bekannten, der hat dann hinterher die Schule wechseln müssen, weil das da so arg stressig war. Und da wäre ich erst mal vorsichtig [...] man kann sich ja erst mal vortasten.« (Bettina)

Die Entscheidung, inwiefern sie an ihrem Arbeitsplatz sichtbar sein wollen, machen die Frauen von der Aufgeschlossenheit der KundInnen und KollegInnen sowie der Betriebsatmosphäre abhängig. Außerdem ist es von Belang, ob es sich um ein neues oder ein gewachsenes Arbeitsverhältnis handelt und ob andere Personen in dem Betrieb arbeiten, die ebenfalls gleichgeschlechtliche Beziehungen leben.

>»Ich habe da ja jetzt ganz neu diese Arbeitsstelle angefangen. Da rede ich kein einziges persönliches Wort und ich glaube, dabei werde ich auch bleiben, weil ich bin so allgemein menschlich misstrauisch. Ich finde, da sind zu viele Schweine. [...] Es ist nur einfach so, es ist neu, es ist für mich undurchschaubar, ich finde viele extrem unsympathische Menschen dort. Also, da bin ich sehr, sehr, sehr vorsichtig. An meiner anderen Schule, wo ich eine absolut feindselige Schulleitung hatte, war das ganz offen. Und das war die Schule, wo ich ein Jahr zusammen mit meiner Freundin gearbeitet habe [...]. Und da ist das so ein Teil meiner Geschichte und da war das völlig klar. Das fanden einige total ätzend und andere ganz toll. Da waren in dem Kollegium viele, viele Lesben, auch so verheiratete, kinderreiche, sonstwie Lesben. Und das war auch sehr, sehr schön, sehr angenehm und das war auch ganz offen.

[...] Ich bin im Moment, was mich angeht, ganz unsichtbar. Die wissen gar nichts, also ich hätte auch mit niemandem leben können. In meinem Therapieausbildungsinstitut ist das natürlich alles völlig offen.« (Susanne)

Michaela hat ihrem Kollegen offen von ihren Beziehungen erzählt. Als eine Freundin einen Artikel für die Zeitschrift schreiben will, bei der sie angestellt ist, hat sie jedoch Bedenken:

> »Wir haben teilweise sehr konservative Leser und wir haben so eine anonyme feste Spalte, wo immer irgendjemand erzählt, irgendein Bauer oder eine Bäuerin von ihrem Leben, was sie so beschäftigt. [...] Kristin [...] hat eben geschrieben, dass sie jetzt in einem Lesbenprojekt mitmacht und wie das ist, da in M-Land auf dem Land als Lesbe zu leben. Und ich dachte: ›Oh Gott, das können wir den Leuten nicht zumuten.‹« (Michaela)

Bei einigen Frauen ist der Umgang mit der sexuellen Identität deshalb ein wichtiges Entscheidungskriterium bei der Arbeitsplatzsuche.

> »Ich habe mir natürlich auch immer Bereiche gesucht, wo ich wusste, dass ich da so akzeptiert werde. Ich bin natürlich zum ›Ü‹ (Weiterbildungseinrichtung) gegangen und nicht zur XY-Schule.« (Ruth)

Mit Ausnahme von Ruth machen die Frauen keine Angaben dazu, wie ArbeitskollegInnen reagiert haben, als sie ihr bisexuelles Begehren öffentlich machten. Ruths Kollege ist sehr erstaunt, als sie ihm erzählt, dass sie sich in einen Mann verliebt hat.

> »Am witzigsten war irgendwie mein langjähriger Kollege, mit dem ich auch wirklich eine sehr enge Beziehung hatte, mit dem ich auch sehr viel Auseinandersetzung hatte, und der ist wirklich aus allen Wolken gefallen. Weil für den war ich so ›die Lesbe schlechthin‹. [...] Das war echt lustig. Das war für ihn ein Schock. Aber er hat ihn überlebt.« (Ruth)

Meine Gesprächspartnerinnen wägen also sehr genau ab, ob sie ihr bisexuelles Begehren am Arbeitsplatz offen legen. Sie machen diese Entscheidung davon abhängig, ob sie überhaupt Persönliches von sich an der Arbeitsstelle preisgeben wollen, mit welcher Klientel sie es zu tun haben und ob die Arbeitsatmosphäre von Sympathie und Vertrauen geprägt ist. Wenn es KollegInnen gibt, die ebenfalls Erfahrungen mit gleichgeschlechtlichen Beziehungen haben, fällt ihnen ein offener Umgang damit erheblich leichter. In den Berichten der Frauen wird vor allem das gleichgeschlechtliche Begehren problematisiert, da es von einem gewissen Normbild abweicht. Das bisexuelle Begehren wurde in diesem Kontext von keiner Frau problematisiert.

»Plötzlich war alles möglich ...« – Der Zeitgeist

In ihren Erzählungen verweisen die Frauen mehrfach darauf, dass das gesamtgesellschaftliche Klima ihren Umgang mit ihrer Sexualität und der sexuellen Identität beeinflusst hat. So berichtet Susanne, dass sie das progressive Klima der 1968er Jahre als sehr hilfreich empfunden habe.

> »Und das war für mich in diesem ganzen Zeitgeist, wo es für mich das Tolle war, plötzlich war alles möglich. Und es gehörte irgendwie alles zum Leben dazu. [W]ir hatten natürlich eine offene Partnerschaft, ist klar, also jede Menge Affären, [...] aber es gehörte so dazu und die Eifersucht, die dann auftauchte, war dann ideologisch nicht korrekt und die musste man dann irgendwie wegpacken oder auch ausdiskutieren. Es wurde ja auch ganz viel diskutiert.« (Susanne)

Das Klima in Bayern Ende der 1980er Jahre ist infolge des Ausbruchs und der öffentlichen Thematisierung von AIDS hingegen sehr repressiv. Ruth fühlt sich dadurch so massiv eingeschränkt, dass sie aus Bayern wegzieht.

> »Da war einfach auch so ein politisches Klima, 1989 mit dieser ganzen AIDS-Hetze, wo du einfach das Gefühl hattest: ›Nee!‹ Auch wenn wir dann persönlich nicht betroffen waren, aber es war einfach dieses Klima dieser totalen Hysterie. 1988/1989 war das. Zum Beispiel dieser Kultusminister und das ›V‹, kennst du vielleicht, das ist in B-Stadt eine der ältesten Fraueneinrichtungen. Und da gab es halt eine oder zwei Lesbengruppen, da ging es um die Finanzierung mit öffentlichen Mitteln und dann hat der gesagt: ›Wir werden keine Einrichtung finanzieren, wo Frauen öffentlich miteinander Unzucht treiben.‹ Das war so das Klima damals.« (Ruth)

Mehrere Frauen weisen auf die jüngeren Veränderungen hin, die rechtliche Anerkennung gleichgeschlechtlicher LebenspartnerInnenschaften (›Homo-Ehe‹) und den allgemeine Wandel von Beziehungsformen. Ruth sieht eine Parallele zwischen ihrer individuellen Erfahrung, sich aus lesbischen Kontexten zu lösen, und der gesamtgesellschaftlichen Entwicklung.

»Also, ich denke, wir hatten in den 80ern bis Mitte der 90er Jahre einfach mehr so radikale Bewegungen und die zerfasern immer mehr. Die gibt es nicht mehr so, die radikalen oder dogmatischen Bewegungen, die einfach auch sehr klare Lebensentwürfe hatten. Heute ist jeder seines Glückes Schmied und wurschtelt da irgendwie vor sich hin und tut, was er meint, was richtig ist oder nicht. Und ich meine, es gibt ja viele Frauen, die lange Zeit auch in Frauenzusammenhängen waren oder auch Lesben, die Frauenbeziehungen hatten und sich wieder geöffnet haben oder sich wieder anders und neu orientiert haben. Und das sehe ich schon auch in einem gesellschaftlichen Kontext.« (Ruth)

Einen Grund für die »Zerfaserung« der Frauenbewegung sieht Ruth darin, dass sich die Situation für Frauen allgemein verbessert habe und somit eine Politik der Separation nicht mehr notwendig sei.

»Früher war das wirklich so, wenn du da eine Frauendisko gemacht hast, dann gab es da immer die großen Diskussionen: ›Warum denn und geht's da nicht rein, wir machen doch nix und hmh.‹ Und viele Dinge haben sich einfach so etabliert oder, auch wenn sie vielleicht nicht akzeptiert sind von Männern, aber sie sind zumindest geduldet. Und Frauen haben sich viele Dinge auch einfach angeeignet und sind auch selbstbewusster geworden oder gehen selbstverständlicher mit Dingen um.« (Ruth)

Das gesellschaftliche Klima und die damit verbundenen Werte und Normen können die Auseinandersetzung mit der sexuellen Identität und das Leben gleichgeschlechtlichen Begehrens also unterstützen, aber auch erschweren.

»Ich glaube, dass wir einen geschützten Raum brauchen« –
Explizite Hilfsangebote

Weil die Interviewpartnerinnen bei bisexuellen Frauen am meisten Verständnis erwarten, äußern einige von ihnen den Wunsch nach mehr Kontakt zu diesen Frauen. Trotzdem nimmt nur Carmen Hilfsangebote in Anspruch, die sich speziell an bisexuell begehrende Frauen und Männer richten. Hier handelt es sich zum einen um einen regionalen Treffpunkt von Bisexuellen, zum anderen um überregionale Treffen, die im Zusammenhang mit BINE e.V. (dem Bisexuellennetzwerk) stehen. Hier kann sich Carmen in einem Raum bewegen, in dem sie mit ihrem Begehren nicht alleine ist.

»Ich glaube schon, dass wir auch einen geschützten Raum brauchen, sagen wir mal eher einen Freiraum. [...] Also, die Realität der Norm, der Gesellschaft ist einfach größer als deine eigene, bisexuelle Realität in dem Augenblick. Weil einfach mehr um dich herum anders sind. Und deshalb sprach ich vorhin auch von einem Freiraum. Wenn du weißt, du bist unter deinesgleichen [...], dann kannst du viel einfacher und viel leichter deine eigene Realität haben. Und das scheint mir für Menschen sinnvoll zu sein, die einfach im Moment in der Minderheit sind.« (Carmen)

Hier kann Carmen die positiven und kraftvollen Seiten bisexuellen Begehrens leben, anstatt sich ausschließlich mit den problematischen Aspekten dieser ›Lebensform‹ zu befassen.

»Da sind wir bei meinem Lieblingsthema, weil ich eben glaube, dass nicht nur Bi's, sondern eigentlich alle Menschen, aber jetzt natürlich auch besonders wir Bi's, eine Kultur brauchen und dass wir eine Form finden, wie wir das eigentlich leben können. [...] Was mir persönlich ganz wichtig ist, ist diese Idee [da]von, dass ich eben Bisexualität als emotionalen Reichtum empfinde und dass ich keinen Bock habe auf dieses ›Ach, wir armen Würstchen‹ und ›Uns geht es schlecht‹ und ›Auweia‹. Also, das kommt mir echt aus den Ohren wieder raus.« (Carmen)

Angela hat zwar überlegt, einen Treffpunkt für bisexuelle Frauen und Männer aufzusuchen, entscheidet sich jedoch dagegen. Sie ist unsicher, ob sie mit den dort Anwesenden – abgesehen von ihrem bisexuellen Begehren – Gemeinsamkeiten hat.

»Ich habe ja ansonsten mit den Menschen wahrscheinlich nicht viel gemein, und das finde ich dann immer so ein bisschen anstrengend.« (Angela)

Bettina nimmt Unterstützungsangebote wahr, die sich an lesbische Frauen richten. Zu nennen sind hier eine Coming-out-Gruppe für lesbische Frauen, eine Gruppe für lesbische Mütter und (Chat-)Angebote für lesbische Frauen im Internet. Hier bekommt Bettina Sachinformationen und kann anonym Kontakt zu anderen Frauen aufnehmen, um Erfahrungen auszutauschen.

»Für den Anfang war es ganz nett, ins Gespräch zu kommen und auch von anderen zu hören: ›Das ist okay so‹ und: ›Bei mir war es ähnlich.‹ Mir haben auch alle ihre Geschichten erzählt und das fand ich sehr interessant und sehr spannend.« (Bettina)

Daneben ist dieses Angebot jedoch auch eine Möglichkeit, eine potentielle Partnerin kennen zu lernen. Je mehr Kontakte Bettina allerdings auf anderen Wegen knüpft, desto unbedeutender wird das Hilfsangebot im Internet. Obwohl sie das Internet als hilfreich einschätzt, verweist sie auch auf dessen Gefahren:

> »Man kann ganz anonym gucken und sich herantasten. Da ist das dann echt eine tolle Sache. Das ist natürlich auch immer ein bisschen gefährlich. Man weiß ja nie, was für eine Person dahintersteckt. Man muss auch gucken; also es sind da auch Männer unterwegs. [...] Es kann sich da ja jeder eine Identität zulegen.« (Bettina)

Außerdem sucht Bettina Hilfe in einer Beratungsstelle der Diakonie. Ihre Beraterin fühlt sich mit der Thematik Bisexualität überfordert und verweist Bettina darauf, sich über entsprechende Angebote in der Zeitung zu informieren. Die Beratung wird trotzdem weitergeführt und hilft Bettina, ihre derzeitige Lebenssituation, die sich durch die Trennung von ihrem Ehemann stark verändert hat, zu verarbeiten.

> »Die Frau begleitet mich noch so alle paar Wochen, und dann quatsche ich mit der ein Stündchen und sie sagt mir: ›Ja, du bist auf'm guten Weg!‹ [...] Das unterstützt mich noch mal irgendwie. Von einer Person, die jetzt nichts mit meinem Leben zu tun hat. Das finde ich ganz okay. Sie ist an sich mit der Thematik überfordert. [...] Das hat sie auch selber gesagt.« (Bettina)

Auffällig ist, dass Bettina im Vergleich zu den anderen Frauen sehr viele Erfahrungen mit Hilfsangeboten schildert. Das liegt möglicherweise daran, dass sie diese Hilfsangebote aktuell nutzt und sie ihr somit sehr präsent sind. Es ist aber auch denkbar, dass sie einen großen Unterstützungsbedarf hat, weil ihr gleichgeschlechtliches Begehren zu besonders großen Veränderungen des Lebens- und Selbstkonzeptes geführt hat. Da sie in einem Umfeld lebt, in dem gleichgeschlechtliches Begehren tabuisiert ist, hat sie keine Möglichkeit, sich mit Gleichgesinnten auszutauschen. Auch hat sie bisher keine Erfahrungen damit gemacht, offen von gesellschaftlichen Normen abzuweichen. Die Entscheidung, ihr bisexuelles Begehren zu leben, hat bei Bettina zu einem sehr deutlichen Bruch mit ihrem bisherigen Leben geführt. Davor entsprach es – zumindest nach außen hin – ganz den Konventionen der Umgebung.

Bettinas Erfahrungen in der Beratungsstelle machen deutlich, dass bisexuelles Begehren auch heute noch nicht als selbstverständlich angesehen wird und für einige BeraterInnen Neuland darstellt. Diese Beobach-

tung würde dafür sprechen, explizite Hilfsangebote für bisexuell begehrende Frauen einzurichten.

Die meisten Frauen haben keine Erfahrung mit solchen Hilfsangeboten. Mehrere Gründe könnten dafür ausschlaggebend sein: Es gibt nur
sehr wenige Hilfsangebote für lesbische und bisexuelle Frauen. Da die
Frauen den Etiketten ›bisexuell‹ und ›lesbisch‹ sehr kritisch gegenüberstehen, ist außerdem fraglich, ob sie sich überhaupt auf ein solches
Angebot einließen. Angebote für lesbische Frauen würden sie vielleicht
deshalb nicht in Anspruch nehmen, weil sie befürchten, von Lesben
diskriminiert zu werden. Meine Gesprächspartnerinnen finden daher
vor allem im Rahmen von Freundinnenschaften und informellen Netzwerken Unterstützung. Um ihnen vermehrt professionelle Hilfe anbieten zu können, wäre es wünschenswert, wenn sich auch BeraterInnen
und TherapeutInnen, die in allgemeinen Beratungsstellen und freien
Praxen tätig sind, mit dieser Thematik auseinandersetzen würden.

»Der Glaube an meine eigenen Gefühle ...« – *Sonstige Einflüsse*

Was unterstützt Frauen – abgesehen von Menschen und Gegebenheiten
im nahen Umfeld – in der Auseinandersetzung mit ihrem bisexuellen
Begehren noch?

Drei Frauen haben Literatur als hilfreich empfunden, da sie sich auf
diesem Wege mit theoretischen Debatten zum Thema ›Sexuelle Identität‹ befassen konnten. Dies ermöglichte ihnen, das eigene Denken zu
hinterfragen und Bestätigung für die eigenen Positionen zu bekommen.
Michaela betont, während ihres lesbischen Coming-outs wenig Literatur zum Thema gelesen zu haben. Als sie sich in einen Mann verliebt,
wird Literatur jedoch ein zentraler Unterstützungsfaktor.

> »Eine meiner ersten Handlungen war, *Grenzen lesbischer Identitäten*[14] aus-
> zupacken, ganz viel zu lesen und noch mal zu lesen und mit anderen darüber
> zu reden. Wo ich dachte, ich muss mir das theoretisch bekleiden oder das
> auffangen können. [...] Während als ich mich in Sandra verliebt habe, habe
> ich auch angefangen, mal was darüber zu lesen, aber das kam irgendwann
> mal. Da hatte ich mir schon viel Zeit gelassen, weil ich dachte, ich neige eh
> immer schon dazu, so viel zu lesen und ich kann jetzt auch erst mal leben
> und lesen kann ich immer noch.« (Michaela)

In lesbisch-feministischen Debatten werden Frauen, die sich wieder mit einem Mann einlassen, oftmals als Verräterinnen bezeichnet. Dieses Bild hat sich bei Michaela und den anderen Frauen sehr eingeprägt. Sie gehen davon aus, dass alle lesbischen Frauen dieser Meinung sind und suchen daher keine persönliche Unterstützung. Anhand von Literatur können Michaela und andere sich dem Thema nähern, ohne Anfeindungen befürchten zu müssen.

Susanne hingegen nutzt Zeitschriftenartikel, die von einer lesbischen Freundin verfasst sind, um sich über die Gepflogenheiten in der lesbischen Szene zu informieren. Da sie sich in diesem Kontext sehr unwohl fühlt, könnte der Griff zur Literatur einen Versuch darstellen, für das Verhalten in der Szene mehr Sicherheit zu bekommen.

Während einige Frauen über die Literatur rationale Argumente für ihr Erleben suchen, geht Ruth einen anderen Weg. Für sie stellt die eigene Grundhaltung eine wichtige Ressource dar.

> »[I]ch lebe stark nach Intuition und ich nehme meine Gefühle sehr ernst und das halte ich auch für richtig. Das hat mich im Endeffekt am meisten gestützt oder [mir] am meisten Halt gegeben. Dass ich mich nicht zwanghaft irgendwas unterordnen muss oder irgendwas von mir wegdrücken muss, nur damit ich dann von irgendjemand vermeintlich akzeptiert werde.« (Ruth)

Eine vertraute Umgebung und ein tolerantes Umfeld sind für den offenen Umgang mit der eigenen sexuellen Identität sehr zentral. Die Frauen empfinden es als hilfreich, sich dort nicht immer wieder neu erklären und Entscheidungen darüber treffen müssen, wem sie in welcher Weise von ihrem bisexuellen Begehren erzählen wollen. Subkulturelle Räume und Hilfsangebote werden vor allem in Umbruchsphasen genutzt – wenn die Frauen beginnen, sich mit ihrer sexuellen Identität auseinander zu setzen, oder aber in Zeiten, in denen sie diese erneut in Frage stellen. Ansonsten bilden diese Angebote keinen zentralen Bezugspunkt im Leben meiner Gesprächspartnerinnen.

Veränderungen und Entwicklungen

*»Ich bin klarer als Person geworden.« – Veränderungen
in der Persönlichkeit*

Was hat die Auseinandersetzung mit dem eigenen Begehren im Leben
der Frauen verändert? Wie sehen sie sich selbst und wie stehen sie zu
ihrem Umfeld? Zunächst einmal lernen die Frauen, ihre Bedürfnisse
ernst zu nehmen und sich für sie einzusetzen, auch dann, wenn sie von
der gesellschaftlichen Normalität abweichen. Damit machen sie sich
von gesellschaftlichen Konventionen unabhängig(er) und gestalten ihr
Leben den eigenen Vorstellungen entsprechend.

> »Ich habe gelernt, zu mir selbst zu stehen und [...] sehr genau auf mich zu
> hören, auf meinen Körper zu hören, auf meine Gefühle zu hören, auf meine
> Träume zu hören, und das sehr ernst zu nehmen, wirklich auch unter In-
> kaufnahme von Schwierigkeiten [...], aber das Sehr-gut-auf-mich-Hören und
> Sehr-gut-für-mich-Sorgen – das sind so meine Konsequenzen.« (Susanne)

> »Es ist natürlich viel schwieriger, wenn man immer entscheiden muss, was
> halte ich jetzt für richtig oder was sind eigentlich meine Wertmaßstäbe oder
> was ist eigentlich meine Vorstellung? Wenn ich meine ganze Welt selber de-
> finieren muss. Oder wenn ich sie wieder anders gestalten muss oder ja, zum
> einen mir was entwerfen muss und dann auch noch schaffen soll, das umzu-
> setzen. Das hat natürlich einen Reiz und es ist aber auch schwieriger. Ge-
> lernt habe ich aber, dass es trotzdem möglich ist.« (Ruth)

> »Was mir jetzt einfällt ist, dass ich mich nur mit Leuten umgeben möchte,
> die das auch akzeptieren können.« (Angela)

Hier wird noch einmal deutlich, dass Ruth – trotz aller Schwierigkeiten
– ihre Auseinandersetzung als Chance begreift, ihren eigenen Weg zu
gehen.

> »Ich merke halt, dass es mich als Person verändert und dass ich was dazu-
> lerne und dass ich einfach auch anfange, mir andere Sachen vom Hals zu
> halten, wenn mir was zu viel wird, oder dass das so an meine Grenzen geht
> manchmal, dass ich dann auch schon merke, das geht jetzt nicht, dass ich
> immer zu allem Ja sage.« (Bettina)

Indem sie gesellschaftliche Konventionen hinterfragen und sich zunehmend an den eigenen Bedürfnissen orientieren, bekommen die Frauen

ein klareres Bild von sich selbst. Sie werden selbstbewusster und zufriedener.

> »Und ich weiß, dass es mich halt stärkt, wenn ich eben meinen Weg gehe. Wenn ich mich so ein bisschen durchboxen muss.« (Angela)

> »Ja, man steht einfach auf einem ganz anderen Fundament. Wenn man weiß, wer man ist.« (Carmen)

> »Insgesamt hat es für mich als Person unheimlich viele Konsequenzen. [I]ch bin viel glücklicher, ausgeglichener, zufriedener, selbstbewusster, viel selbstbewusster. Es hat mir ganz viel innere Unabhängigkeit beschert. Und auch sehr viel mehr Lebensfreude und sehr viel mehr das Gefühl: Das schaffe ich schon.« (Susanne)

Diese Klarheit zeigt sich auch im Kontakt mit dem Umfeld. Dort setzen sich die Frauen energisch für ihre eigenen Interessen ein, auch wenn diese mit anderen kollidieren. Sie brechen damit ein Muster auf, das viele Frauen im Laufe ihrer Sozialisation erworben haben. Anstatt anderen gefallen zu wollen und sich primär um deren Wohlergehen zu sorgen, nehmen sie sich selbst ernst und setzen sich für die eigenen Belange ein.

> »Für mich als Person macht es den entscheidenden Unterschied: dass ich mir viel mehr selbst auch zutraue. Und ich bin auch weniger nett. Ich war viel netter früher. Ich bin härter in Auseinandersetzungen. Ich denke mir, ich bin klarer als Person geworden. Und habe weniger das Gefühl, ich muss mich irgendwie anpassen, anschmiegen, irgendwie nett sein, lieb sein, um gemocht zu werden [...]. Es muss mich niemand mögen.« (Susanne)

»Was heißt denn Heterosexualität?« – Hinterfragen von Kategorien

Im Zuge dieser Entwicklungen verändert sich die Rolle, die Frauen und Männer im Leben meiner Gesprächspartnerinnen spielen. Frauen rücken mehr ins Zentrum der Aufmerksamkeit.

> »Weil ich die [Männer] nicht mehr so eindeutig als sexuell sehe, glaube ich. Frauen sehe ich aber auch anders, also Frauen habe ich vorher eben überhaupt nicht sexuell gesehen. [...] Und Männer [...] – dass ich nicht mehr so zu ihnen hochgucke.« (Bettina)

> »Wobei das jetzt immer noch so ist, [...] dass ich Frauen körperlich wahrnehme und nicht Männer. [...] Meine ganze Wahrnehmung oder meine gan-

ze Orientierung ist immer noch – nicht mehr so stark – aber immer noch sehr frauenkonzentriert. [...] Wenn ich bei einer Veranstaltung bin, in einem größeren Raum, und da reden mehrere Frauen und mehrere Männer, dann weiß ich die Frauen hinterher noch alle und die Männer weiß ich nicht mehr. [...] Aber auch in Bezug auf Attraktivität. Also, dass ich denke: ›Das finde ich eine schöne Frau. Das finde ich eine schöne Handbewegung oder irgendwas.‹ Und das passiert mir mit Männern sehr selten. Nicht nie, aber selten.« (Michaela)

Die intensive Beschäftigung mit dem eigenen Begehren hat dazu geführt, dass (auch) die Sexualität einen zentraleren Stellenwert im Leben der Frauen einnimmt.

»Das Sexualleben selbst hat einen ganz anderen Stellenwert bekommen und ich bin jetzt mit meiner Sexualität identischer und glücklicher und bin auch sexuell sehr viel aktiver.« (Susanne)

Die Auseinandersetzung mit dem eigenen Begehren wird für die Frauen somit zu einem Kristallisationspunkt, an dem sie herkömmliche Vorstellungen über Geschlechtlichkeit, Sexualität und sexuelle Identität in Frage stellen.

»Ich denke, was mir gefällt oder was ich positiv empfinde, ist eine andere Offenheit, dass ich mich anders auf Menschen einlassen kann. Dass ich nicht so sage: ›Mann = Feind‹ oder ›Mann = Neutrum‹ und ›Frau = interessant‹. [...] Und das finde ich jetzt eigentlich sehr befreiend, [...] jetzt kann ich mich mit Männern treffen, jetzt kann ich mich mit Frauen treffen, jetzt kann ich auch wieder mehr so Freundschaften eingehen und den Menschen einfach mehr im Vordergrund sehen und nicht das Geschlecht.« (Ruth)

»Das Positive daran oder das, was es so spannend macht, ist einfach immer wieder zu überlegen, wofür steht was. Was heißt denn jetzt wirklich Heterosexualität für mich? Oder was finde ich daran vielleicht auch irgendwie positiv? Und wo sehe ich den Unterschied zwischen männlichen und weiblichen Rollen oder Umgang mit Körperlichkeit oder Umgang mit Sexualität? Also, dass ich ganz viel überlege und auch immer wieder frage oder mit anderen darüber rede, was ich, glaube ich, sonst nicht machen würde.« (Michaela)

Eigene Erfahrungen machen ihnen die Künstlichkeit dieser Kategorien bewusst.

»Und dann finde ich auch immer noch die Frage, auf was bezieht sich das denn? Dieses: Wenn ich jetzt sage, ich verliebe mich in einen Mann, auf was beziehe ich mich denn da? Auf welchen Teil beziehe ich mich denn da? Und auf welche Eigenschaften oder welche Verhaltensweisen? Oder auf welche Körperlichkeit? In was verliebe ich mich denn dann? Und genau das Gleiche gilt auch, als ich gesagt habe, ich verliebe mich in eine Frau. In welchen Teil ihrer Identität oder ihrer Art zu leben oder ihrer Verhaltensweisen verliebe ich mich denn? Und von daher finde ich, ist das [...] etwas sehr Bewegliches. [...] Was ich positiv an Bisexualität finde, [ist,] dass es schon immer wieder eine Chance für mich gibt, das noch mal zu reflektieren, was es eigentlich ist, die ich sonst nicht hätte oder was ich sonst nicht nutzen würde.« (Michaela)

Einige meiner Gesprächspartnerinnen bemühen sich, die Kategorien ›männlich‹ und ›weiblich‹ sowie ›homo‹, ›bi‹ und ›hetero‹ aufzulösen. Im Alltag ist es ihnen jedoch nur bedingt möglich, sich nicht auf diese Kategorien zu beziehen: Ihr gesamtes Umfeld beruft sich darauf und auch sie haben gelernt, in diesen dualistischen Begrifflichkeiten zu denken.

»Und trotzdem nehme ich Axel als Mann wahr und ich habe Sandra oder Anne als Frauen wahrgenommen. [...] Und auch wenn ich davon ausgehe, dass diese biologischen Körper nur konstruiert sind und dass es die nicht so gibt, kann ich nur sagen: Für meinen Alltag nehme ich die aber so wahr. Da sind die für mich dual und dann gibt es entweder Männer oder es gibt Frauen.« (Michaela)

»Nicht mit mir!« – Geschärftes Bewusstsein für Vorurteile

Da meine Gesprächspartnerinnen wegen ihrer sexuellen Identität auf Ablehnung getroffen sind, wissen sie, was Diskriminierung bedeutet.

»Und seit ich jetzt wirklich lesbisch lebe, hat das schon viele Konsequenzen gehabt. Also, das hat [...] eigentlich das erste Mal wirklich die Erfahrung von Diskriminierung gebracht. Und auch von plötzlich Befangensein und Sich-unsicher-Fühlen und Sich-abgelehnt-Fühlen und so.« (Susanne)

»Eine Freundin von mir, die türkische Eltern hat, die meinte, sie fühlt sich hier ganz wohl und es ist ja alles ganz toll, aber teilweise hat sie eben Lust, noch irgendwas mit irgendwelchen türkischen Leuten zu machen, auch wenn die ihr in ganz vielen Lebensmodellen einfach ganz fremd sind, aber dafür teilen sie was anderes. Und wo ich nicht glaube, dass ich das jemals jemandem abgesprochen hätte oder gesagt hätte, ich finde das doof oder so, aber wo ich schon glaube, dass sich mein Verständnis dafür erhöht hat, warum ihr das so wichtig ist.« (Michaela)

Diese Erfahrungen bewirken, dass die Interviewpartnerinnen auch eher gegen Diskriminierungen vorgehen.

»Ich habe schon ein geschärftes Bewusstsein für Vorurteile und Diskriminierungen, das schon, das merke ich. [...] Da habe ich schon sehr weit ausgefahrene Sensoren. Und ich bin da auch mutiger geworden, mich da zu melden und einzuschreiten und zu sagen: ›Nein!‹ und ›Nicht mit mir!‹ oder ›Nicht, wenn ich im Raum bin!‹ oder so. Das ist auch nichts völlig Neues für mich, aber ich habe schon das Gefühl, diese eigene Erfahrung hat mich doch auch noch mal wacher gemacht.« (Susanne)

Dadurch, dass die Frauen die Nachteile von Kategorien selbst erfahren, hinterfragen sie auch eigene Denk- und Wahrnehmungsmuster sehr kritisch.

»Das hat das noch mal bestärkt, oft genauer hinzuschauen; bei mir selber oder auch bei anderen. Oder auch zu schauen, was es für unterschiedliche Bedürfnisse gibt oder Herangehensweisen. Ich glaube, dass ich in manchen Punkten ein bisschen toleranter geworden bin, als ich vorher war.« (Michaela)

»Früher wollte ich immer ganz gerne so Gruppen zugehören und jetzt sehe ich das halt so, dass das ein Bedürfnis ist, aber dass es nicht immer unbedingt positiv ist. Weil es eigentlich doch auch einengt [...]. Ich muss jetzt nicht mehr die Gruppe suchen. Es ist halt in Ordnung, [...] dass ich eben nicht immer in einer Clique bin oder einen großen Freundeskreis habe.« (Angela)

Indem sie Gruppenzugehörigkeiten hinterfragen, können sie anderen offener und toleranter begegnen. Diese Kompetenz kommt den Frauen sowohl im privaten als auch im beruflichen Kontext zugute.

»Einmal im Umgang mit Klienten und Klientinnen. Dass ich mich anders auf Menschen einlassen kann. [...] Und dass ich auch erst mal neugierig bin auf den Einzelnen. Klar habe ich auch meine Schablonen und meine Schubladen, aber ich glaube schon, dass ich mich auf Menschen anders einlassen kann. Und natürlich so ideenmäßig, in verschiedene Richtungen zu denken. Wenn es um irgendwelche Konzepte geht oder so.« (Ruth)

Durch die Erfahrung, Liebe, Begehren und Sexualität mit Frauen und Männern zu leben, wird offenbar eine Auseinandersetzung mit verschiedensten Themen angestoßen. Die Frauen beginnen, gesellschaftliche Konventionen zu hinterfragen. Dadurch erweitert sich ihr Denken und es eröffnen sich neue Handlungsspielräume. Sie nehmen sich klarer als

Individuum wahr und positionieren sich eindeutiger. Traditionelle Rollenbilder werden aufgebrochen. Der Kontakt zu Frauen und die Sexualität bekommen einen zentraleren Stellenwert in ihrem Leben. Und die Frauen setzen sich mehr gegen Benachteiligungen zur Wehr.

Obwohl das bisexuelle Begehren Konflikte und Krisen mit sich bringt, die zunächst viel Unsicherheit bedeuten, gehen sie doch gestärkt aus diesen Auseinandersetzungen hervor. Bisexuelles Begehren kann also eine Entwicklungsmöglichkeit und nicht nur eine Belastung darstellen.

»Dieses Gefühl von Freiheit – das ist schon was Tolles!« – Subjektive Bilanz

Im Rückblick bewerten meine Interviewpartnerinnen ihre Erfahrungen selbst als überwiegend positiv. Sie erleben es als bereichernd, offen für sexuelle Kontakte und Beziehungen mit Menschen unabhängig von deren Geschlechtszugehörigkeit zu sein.

> »Ich bin natürlich nicht so eingeschränkt. Ich kann einfach gucken, wie gefällt mir jemand und ich habe nicht mehr diese Schranke zu sagen: ›Ich schließe jetzt ein Geschlecht aus, weil es mein eigenes ist.‹ Das muss ich einfach nicht mehr.« (Bettina)

> »Es ist Abwechslung. Toll, das ist ganz aufregend. Auch so dieses Gefühl von Freiheit, nicht festgelegt zu sein. Das ist schon was Tolles.« (Susanne)

Selbst negative und schwierige Erfahrungen erachten die Frauen rückblickend als Gewinn bringend.

> »Ich bin ganz einverstanden. [...] Ich bin auch einverstanden mit dem ganzen Negativen, was war. Weißt du, ich sehe insgesamt, dass das alles seinen Sinn hatte und mir Aufgaben gestellt hat, die wichtig für mich waren.« (Susanne)

Trotz der positiven Bilanz sind die bisexuellen Erfahrungen zum Zeitpunkt des Interviews im Leben der Frauen kaum präsent. Nur für Bettina ist diese Thematik aktuell, da sie sich erst seit relativ kurzer Zeit mit ihrem gleichgeschlechtlichen Begehren und ihrer (bi)sexuellen Identität auseinander setzt. Sie ist zuversichtlich, dass sie zu einer positiven

Bilanz kommen wird, wenn sie die momentanen Schwierigkeiten bewältigt hat.

> »Wenn ich nicht noch so viel Angst hätte vor vielen Sachen, dann fände ich das eigentlich richtig gut. Also so sind das viele äußere Faktoren, die es mir dann manchmal ein bisschen vermiesen.« (Bettina)

Zu Beginn nehmen die Erfahrungen bisexuellen Begehrens also viel Raum im Leben der Frauen ein, und es stehen vor allem Probleme und Schwierigkeiten im Vordergrund. Später werden diese jedoch als Herausforderung und Bereicherung gesehen.

Was lässt sich aus den Erfahrungen der Frauen lernen?

»... dass es ganz viele verschiedene Arten gibt zu leben.« –
Ratschläge für andere Frauen

Aufgrund ihrer eigenen Erfahrungen halten es die Frauen für wichtig, über die Häufigkeit bisexuellen Begehrens aufzuklären. Sie ermutigen andere Frauen, ihr Begehren auszuleben und die positiven Seiten zu genießen.

> »Dass jede für sich anfängt, sich zu zeigen, wie sehr sie sich zeigen möchte, was für sie gut ist. [A]ber natürlich auch wieder mit diesem ›Was ist angemessen?‹. Ich halte es nicht für angemessen, dass jemand, der immer schüchtern ist, [dann laut erzählt]: ›woah, ich bin bi‹ und sich da jede Menge Stress abholt, sondern dass jede sich so zeigen kann, wie sie gerade ist oder wie es ihr gerade geht. Und manchmal wünsche ich mir dann für Frauen, die vielleicht stärker sind oder weiter sind in der Bi-Szene, dass sie sich auch noch mehr bekennen, bi zu sein.« (Carmen)

Bei Schwierigkeiten in der Auseinandersetzung mit ihrer sexuellen Identität sollen Frauen Hilfe in Anspruch nehmen, finden Bettina und Susanne:

> »Ich denke einfach, dass es ganz viele Leute gibt, die das verstehen können, denen es vielleicht ähnlich geht. Ich glaube, es gibt wesentlich mehr Frauen, die das auch im Kopf haben und wenn es auch nur so ganz unterschwellig

da ist. [...] Und dass es auch wirklich Leute gibt, mit denen man sich austauschen kann. Auch Leute, die dann helfen können.« (Bettina)

»Sie sollen es genießen und wenn sie merken, dass sie in sich Verbote haben, die ihnen das Leben immer so schwer machen, dass sie sich wirklich – das sage ich als Therapeutin – sie sollen sich wirklich eine Therapie gönnen. [...] Meinetwegen sollen sie zu einer Lesbe oder einer bisexuellen Therapeutin oder einem Therapeuten gehen, um sich diese alten Verbote ein bisschen aus dem Weg zu räumen, damit sie es genießen und sich entfalten können.« (Susanne)

»Alles, was Mut macht« – Tipps für Aufklärungsangebote

Auch zum Thema Aufklärungsveranstaltungen machten meine Gesprächspartnerinnen zahlreiche Vorschläge.

»Das Entscheidende ist, auf seine eigenen Gefühle zu hören. Egal in welcher Hinsicht. Ob es jetzt um sexuellen Missbrauch geht oder um Gefühle für Freundinnen oder Freunde oder ob es um eine Beziehung geht, wo du einfach ausgenutzt oder gedemütigt wirst, das Entscheidende ist, wie du dich selbst fühlst und nicht, [...] was du fühlen sollst oder was normal ist.« (Ruth)

Besonders Jugendliche sollen mehr Toleranz für andere Lebensformen entwickeln. Sie sollen dazu ermutigt werden, sich mit ihren Gefühlen und Bedürfnissen auseinander zu setzen, und Sachinformationen erhalten, um ihr Wissen zu erweitern und ihr Verhalten besser reflektieren zu können.

»Ich weiß jetzt nicht, wie man das formuliert, dass es bei Jugendlichen gut ankommt, aber halt, dass man sich nicht in so eine Gruppe pressen lässt und dass es halt nicht unbedingt nötig ist, sich so genau zu definieren. [A]uf jeden Fall vielleicht auch, dass man sich nicht so furchtbar erschrecken sollte, wenn man irgendwelche Gedanken hat, die nicht so unter das Normale fallen, was man so unter ›normal‹ kennt, sondern dass es ganz viele verschiedene Arten gibt zu leben und dass man eben nicht konform mit irgendwelchen Gruppen gehen muss, sondern wenn es ein Wunsch ist, den man hat, dann ist das sicher auch legitim den auszuleben.« (Angela)

Danach gefragt, welche Inhalte Jugendlichen zum Thema ›Gleichgeschlechtliche Lebensweisen‹ vermittelt werden sollen, sprechen die Frauen verschiedene Bereiche an. Dazu gehören Informationen zum

Thema ›Sexuelle Identitäten‹ und zur Labeldebatte – also ein Einblick in nicht-heterosexuelle Lebensweisen, um sich mit den eigenen Vorurteilen über Bisexuelle, Lesben und Schwule auseinander zu setzen. Jugendliche sollten ihre Fragen dazu an ein greifbares Gegenüber stellen können. Die Veranstaltungen sollten daher von Personen durchgeführt werden, die selbst gleichgeschlechtliche Erfahrungen gemacht haben. Denn die Jugendlichen erhalten so Informationen aus erster Hand, was deren Glaubwürdigkeit erhöht.

>»Am Wichtigsten fände ich es, einfach Beispiele zu zeigen. Filme zu zeigen oder jemanden erzählen zu lassen und das irgendwie erlebbar zu machen und das nicht irgendwie auf so einer pädagogischen Ebene zu halten. Weil das ja eh was anderes ist, wenn das nicht von den Lehrern kommt, sondern von Leuten, die in die Klassen reingehen.« (Michaela)

>»Informationen, Wissen: Wer ist denn nun wirklich alles lesbisch? Wer ist alles schwul? Wer ist alles bisexuell? Wie stehen die dazu? Wie sehen die aus? Welche Probleme gab es? Wo gibt es Unterstützungsmöglichkeiten? Wo gibt es Gruppen? Wo kann ich hingehen? Wo kann ich mal jemanden ... auch mal so ganz vorsichtig, mal so angucken? Und dann wirklich so lebende Menschen ... Stell dir mal vor, du wärst damals in meine Klasse gekommen, ich wäre ja hingerissen gewesen, das wäre ja klasse gewesen. Alles, was Mut macht und das mal auf eine persönliche Ebene bringt, dass man mal sagt: ›Aha, so könnte das sein.‹« (Susanne)

Bei Veranstaltungen im schulischen Rahmen sollten die Lehrkräfte nach Meinung der Frauen nicht dabei sein, damit eine offene Atmosphäre entstehen kann und Jugendliche die Möglichkeit haben, ihre Fragen und Vorurteile unbefangen zu äußern.

Mehrere Frauen plädieren dafür, den Gebrauch von Sprache, insbesondere von Schimpfworten, kritisch zu hinterfragen und gemeinsam mit den Jugendlichen zu diskutieren.

>»So, wie ich das wahrnehme oder wie ich mich dran erinnere, war ›Schwuler‹ und ›Lesbe‹ einfach ganz lange ein Schimpfwort. Das hört irgendwann mal auf oder bei vielen hört es auf, nicht bei allen. [...] Ich habe einfach oft das Gefühl, dieses Wort wird nur als Schimpfwort benutzt und es weiß eigentlich gar niemand, was damit gemeint ist.« (Michaela)

Susanne will ausdrücklich auch die positiven Aspekte homo- und bisexueller Lebensformen erwähnt wissen.

»Ich glaube wirklich, diese Lebensfreude, dass das mit Liebe zu tun hat, dass Liebe was Wunderbares ist und dass Liebe ein Geschenk ist und dass Liebe mal so, mal so fällt. Und wirklich so das Selbstbewusste, Frohe daran. Das, was so einladend ist.« (Susanne)

Nichtsdestotrotz sollen Jugendliche aber auch auf Unterstützungsmöglichkeiten hingewiesen werden, die bisexuellen, lesbischen und schwulen Frauen und Männern bei Problemen zur Verfügung stehen. Die Balance zwischen der Auseinandersetzung mit schwierigen und positiven Aspekten zu halten, stellt meiner Erfahrung nach eine der großen Herausforderungen in der Aufklärungsarbeit dar.

Speziell zum Thema Bisexualität sollte Jugendlichen vermittelt werden, was mit diesem Begriff gemeint ist oder gemeint sein kann. Dies schließt die kritische Reflexion von bestehenden Etiketten mit ein.

»Was ich aber glaube, was sozusagen gesagt werden sollte, ist a) dass es Bisexualität überhaupt gibt, das finde ich ganz wichtig, b) dass – wie soll ich das beschreiben? – dass das eben auch kein Übergangsstadium ist, dass es zwar ein Übergangsstadium sein kann, aber eben in der Regel kein Übergangsstadium ist, wenn man Männer und Frauen liebt. Und dass sie sich das einfach wirklich trauen sollten, dass sie sich diesem Entscheidungszwang, der in der Pubertät auch unglaublich groß ist – ›zu welcher Gruppe gehörst du denn jetzt?‹ – sich da nicht irre machen lassen und einfach sagen: ›Ich bin die eigene Gruppe; ich will beide‹.« (Carmen)

Susanne und Carmen sprechen sich dafür aus, in diesem Rahmen auch über sexuell übertragbare Krankheiten aufzuklären.[15] Aus eigener Erfahrung halte ich diese Strategie für fragwürdig, bewirkt sie in den Köpfen der Jugendlichen doch nur allzu oft, dass Lesben, Schwule und Bisexuelle verstärkt mit AIDS in Verbindung gebracht bzw. dafür verantwortlich gemacht werden.

Obwohl meine Gesprächspartnerinnen Aufklärungsveranstaltungen für wichtig erachten, haben sie auch Zweifel am Nutzen dieser Maßnahmen. So hinterfragen Carmen und Angela, inwiefern sie als Jugendliche die Inhalte eines solchen Aufklärungsangebots auf sich und ihr Leben bezogen hätten.

»Mhm, was mir damals geholfen hätte, weiß ich gar nicht genau. Ich war damals so schrecklich altklug, ich glaube, mir hätte damals nicht wirklich was geholfen. Hätte ich nur noch mehr theoretisches Wissen im Kopf gehabt, was ich hinterher sowieso nicht eingehalten hätte.« (Carmen)

»Aber wenn mir halt jemand so was erzählt hätte aus seinem Leben, ich hätte das, glaube ich, gar nicht auf mich bezogen.« (Angela)

Dies ist aber sicherlich eine Schwierigkeit, mit der alle Programme der Bildungsarbeit und der Gesundheitsförderung zu kämpfen haben.

6 Zusammenfassung und Schlussfolgerungen

Die Interviews haben einen Blick darauf eröffnet, was den Reiz bisexueller Erfahrungen ausmacht. Sie erzählen vom Gewinn dieser Erfahrungen und von den Schwierigkeiten, die dafür in Kauf genommen werden. Dabei bleibt zu berücksichtigen, dass ich mit Frauen sprach, die einen relativ offenen Umgang mit ihrer sexuellen Identität haben, was sich schon daran zeigt, dass ich über Zeitungsanzeigen, Aushänge in schwul-lesbischen Kneipen und über Bekannte Kontakt zu ihnen aufnehmen konnte.

Die Entwicklung des bisexuellen Begehrens

Mit einer Ausnahme verlieben sich alle interviewten Frauen zunächst ausschließlich in Männer. Als Jugendliche finden sie das selbstverständlich und hinterfragen diese Beziehungen nicht. Die ersten sexuellen Erfahrungen mit Frauen machen die meisten von ihnen im frühen Erwachsenenalter. Sie erleben sie als Bereicherung und treiben die Entwicklung ihres Begehrens aktiv voran. Beziehungen und Sexualität mit Frauen zu leben, bedeutet für sie eine wünschenswerte Veränderung.

Die Biografien widersprechen damit gängigen Coming-out-Konzepten, die davon ausgehen, dass die Entwicklung gleichgeschlechtlichen Begehrens mit einer Krise verbunden sei. Meine Gesprächspartnerinnen empfinden ihre Liebe zu Frauen aber nicht als problematisch. Schwierigkeiten ergeben sich vielmehr aus Konflikten mit dem Umfeld – und zwar dort, wo die Frauen offen abgelehnt werden oder keine Unterstützung bekommen.

Alle Frauen haben ihr Elternhaus bereits verlassen, als sie die ersten gleichgeschlechtlichen Erfahrungen machen. Sie sind somit nicht gezwungen, sich mit der Familie über Fragen der sexuellen Identität auseinander zu setzen. Diese Freiheit ermöglicht es ihnen, ihr gleichgeschlechtliches Begehren als Bereicherung zu erfahren. Die Mehrzahl bewegt sich zudem in einem Umfeld, in dem Frauenbeziehungen selbstverständlich gelebt werden. Andere lesbische und bisexuelle Frauen haben Vorbildfunktion, kommen aber auch als potentielle Partnerinnen in Frage.

Die Frauen setzen sich in dieser Zeit außerdem mit feministischen Theorien und Debatten auseinander, die gleichgeschlechtliches Begehren als wünschenswerte Alternative oder subversive Strategie in patriarchalen Strukturen sehen. Ihr Begehren begreifen sie daher weniger als Stigma, sondern vielmehr als einen erstrebenswerten Gegenentwurf zur Heteronormativität. Durch die Identifikation mit feministischem Gedankengut ist die sexuelle Identität nicht nur Ausdruck des sexuellen Begehrens, für einige Frauen wird sie zum Symbol ihrer politischen Überzeugungen.

Einige meiner Gesprächspartnerinnen leben eine Zeit lang ausschließlich Frauenbeziehungen. Sie bewegen sich in lesbischen Zusammenhängen und bezeichnen sich auch als lesbisch. Diese Bezugnahme auf eine lesbische Identität wird für sie zum Freiraum, in dem sie sexuelle Kontakte und Liebesbeziehungen jenseits patriarchaler Normvorstellungen gestalten können. Ein zentraler Aspekt ist, dass sie sich hier nicht mit geschlechtsbezogenen Vorgaben und Idealen konfrontiert sehen. Sie sehen dies als eine Möglichkeit, sich persönlich weiter zu entwickeln.

Hier wird aber auch deutlich, dass die Frauen eine sehr hohe Erwartungshaltung gegenüber Frauenbeziehungen haben. Sie sollen einen Raum schaffen, der frei ist von männlichen Dominanzstrukturen und der es Frauen ermöglicht, sich jenseits des patriarchalen Wertesystems zu bewegen. Als Folge dieser eindimensionalen Sichtweise nehmen die Gesprächspartnerinnen (Macht-) Unterschiede und Gewalt unter Frauen zunächst nicht wahr. Daher sind sie sehr überrascht, als sie in ihren lesbischen Beziehungen dennoch mit diesen Themen konfrontiert sind.

Die Erfahrungen der Frauen spiegeln die Gesamtentwicklung innerhalb lesbisch-feministischer Zusammenhänge wider. Auch hier wurden

Frauenbeziehungen zunächst sehr idealisiert. Erst seit Anfang der 1990er Jahre sind Macht- und Gewaltstrukturen in Frauenbeziehungen überhaupt ein Thema öffentlicher Debatten.

Auch das Bild, das sich meine Gesprächspartnerinnen von lesbischen Beziehungen gemacht hatten, konnte der Realität nicht standhalten, da sie hier auf ganz ähnliche Schwierigkeiten trafen wie in ihren Liebesbeziehungen mit Männern: Auch zwischen Frauen spielen Macht- und Dominanzstrukturen eine Rolle und auch hier wird um Nähe und Distanz gerungen. Zudem bringen Beziehungen mit Frauen wiederum eigene Problematiken, zum Beispiel die erhöhte Gefahr einer symbiotischen Beziehungsstruktur, mit sich.

Nachdem meine Gesprächspartnerinnen Frauenbeziehungen und -affären gelebt haben, verlieben sich bis auf eine alle auch wieder in Männer. Sie entsprechen damit – zumindest nach außen hin – wieder gesellschaftlichen Normvorstellungen. Dies wird jedoch von keiner der Frauen als entlastend oder beruhigend empfunden. Nachdem sie über einen längeren Zeitraum Beziehungen zu Frauen hatten, weichen sie mit ihrem gegengeschlechtlichen Begehren einmal mehr von einer Norm ab – diesmal von der lesbischen. Und das zu einem Zeitpunkt, als sie gerade ihren Standpunkt zu diesem Thema gefunden zu haben scheinen. Wieder gerät die gesamte Ordnung in ihrem Leben durcheinander. Ideale, Moralvorstellungen und Identitätskonstruktionen werden in Frage gestellt und teilweise über Bord geworfen. Zwei der Frauen beschreiben diesen Lebensabschnitt als weitaus dramatischer als die Zeit, in der sie sich in eine Frau verliebten. Für sie gibt es in dieser Situation keine Alternativkultur oder -gruppe, der sie sich zugehörig fühlen könnten. Sie fühlen sich allein gelassen und teilweise sogar aus der lesbischen Gemeinschaft ausgestoßen. Es fehlt ihnen an Vorbildern und Unterstützung. Zudem befürchten sie, den ›Gewinn‹ aus den Frauenbeziehungen wieder zu verlieren. Das macht deutlich, wie wichtig lesbische Normen und Vorstellungen für die Identität der Frauen geworden waren.

Da sie Angst haben, von lesbischen Frauen als Verräterinnen betrachtet und diskriminiert zu werden, wägen sie sehr genau ab, wo sie ihr Begehren offen zeigen. Insgesamt ist diese Zeit von Unsicherheit und Orientierungslosigkeit bestimmt. Eine Frau beschreibt ihr (erneutes) gegengeschlechtliches Begehren als »doppeltes Coming-out« – also als erneutes Abweichen von einer Norm und nicht als Rückkehr zur ›Normalität‹.

In den Beschreibungen mehrerer Frauen werden sexuelle Kontakte zu Frauen und Frauenbeziehungen zunächst sehr positiv dargestellt. Über ihre Erfahrungen mit Männern berichten sie hingegen sehr viel seltener Erfreuliches. Inwieweit sie wirklich weniger positive Erfahrungen gemacht haben oder welche Faktoren dazu führen, dass sie weniger über diese Erfahrungen berichten, wurde in den Gesprächen nicht deutlich. Da einige Frauen zum Zeitpunkt des Interviews konfliktreiche Beziehungen mit Männern haben, ist es wahrscheinlich, dass dies ihre Wahrnehmung und damit auch ihre Erzählungen prägt. Zudem könnte sich der Einfluss feministischer Diskurse aus den 1980er Jahren bemerkbar machen, die der kritischen Analyse von Beziehungen[16] zwischen Frauen und Männern mehr Aufmerksamkeit geschenkt haben als der kritischen Analyse von Beziehungen unter Frauen.

Unterstützende Aspekte

Die sexuelle Aufklärung

Bei keiner meiner Gesprächspartnerinnen war gleichgeschlechtliches oder bisexuelles Begehren Bestandteil der sexuellen Aufklärung – diese ist also noch immer vor allem eine Aufklärung über Heterosexualität. Gleichgeschlechtliche Lebensweisen werden nicht als gleichberechtigte Alternativen gehandelt, sondern tabuisiert. Um dies in Zukunft zu vermeiden, sollten gleichgeschlechtliche und bisexuelle Lebensweisen selbstverständlich in die Aufklärung einbezogen werden.

Das hieße, zunächst einmal Eltern und MultiplikatorInnen zu informieren und auch zu schulen, da sich vermutlich nicht alle Erwachsenen mit diesen Themen auseinander gesetzt haben. Dies könnte zum Beispiel in Form von so genannten Elternbriefen des Jugendamtes und in Fortbildungen geschehen. Zusätzlich sollten Aufklärungsveranstaltungen in Schulen und Jugendzentren[17] stattfinden.

Die interviewten Frauen haben ihre Informationen über Sexualität in erster Linie von FreundInnen und über die Medien bekommen. Hier dürften heute vor allem Jugendzeitschriften, Fernsehsendungen und Angebote im Internet eine Rolle spielen. Das bedeutet, dass auch diese Medien gleichgeschlechtliche und bisexuelle Lebensweisen als eine von vielen Lebensformen thematisieren müssten. Gelegentlich ist das zwar schon der Fall, leider wird über diese Themen jedoch zumeist eher reißerisch berichtet. Das hilft weder den Jugendlichen, die das eigene oder beide Geschlechter begehren, noch fördert es die Toleranz gegenüber bisexuell und gleichgeschlechtlich begehrenden Frauen und Männern.

Meine Gesprächspartnerinnen hatten als Jugendliche entweder keine Begrifflichkeiten für gleichgeschlechtliches Begehren oder sie haben diese nicht auf sich und ihre Erfahrungen bezogen. Dies empfanden sie jedoch nicht notwendigerweise als Defizit – für einige Frauen stellte sich das Informationsdefizit sogar als Freiraum dar. Sie konnten sich selbst eine Meinung bilden, ohne zuvor mit Vorurteilen und Bildern anderer konfrontiert worden zu sein.

Dennoch ist es sicher nicht ratsam, Jugendliche über bisexuelles und gleichgeschlechtliches Begehren unaufgeklärt zu lassen. Fehlende Informationen mögen zwar besser sein als vorurteilsbelastete Informationen. Wichtig ist aber, Jugendliche möglichst differenziert an das Thema heranzuführen. Das beinhaltet auch, sie auf die Künstlichkeit von Etiketten und deren Vor- und Nachteile hinzuweisen.

Frühere Erfahrungen von ›Anderssein‹

Alle Frauen, die ich interviewt habe, sind auf die eine oder andere Weise von gesellschaftlich definierten Normen abgewichen, bevor sie sich mit ihrem bisexuellen Begehren auseinander gesetzt haben; zum Beispiel dadurch, dass sie nicht dem gängigen Schönheitsideal entsprachen. Die damit verbundenen Erfahrungen konnten sie in der späteren Auseinandersetzung mit ihrer sexuellen Identität nutzen. Sie hatten gelernt, sich auch dann für ihre Bedürfnisse und Ideale einzusetzen, wenn diese vom gesellschaftlichen Konsens abwichen. Marginalisierungs- und Diskriminierungserfahrungen in anderen Bereichen stellten in diesem Fall also ein Lernfeld dar und wurden nicht ausschließlich als Belastung gesehen.

In diesem Zusammenhang spielt es sicherlich eine Rolle, dass alle meine Gesprächspartnerinnen Akademikerinnen sind. Ihr Bildungsniveau könnte ihnen ermöglicht haben, persönliche Erfahrungen mit theoretischem Wissen zu verbinden und die Geschehnisse zu reflektieren. Womöglich waren sie durch ihre gesellschaftlich privilegierte Position auch in ein Umfeld eingebunden, in dem sie Unterstützung und Solidarität erfuhren. Ob weniger privilegierte Frauen vorherige Marginalisierungserfahrungen eher als Belastung sehen, müsste wissenschaftlich überprüft werden.

Das Lebensumfeld

Die Anonymität einer Großstadt erleichtert es meinen Gesprächspartnerinnen, offen mit ihrem bisexuellen Begehren umzugehen. Außerdem gibt es in größeren Städten universitäre Zusammenhänge, Frauenräume und eine lesbische oder schwul-lesbische Szene. Hier wird gleichgeschlechtliches Begehren selbstverständlich akzeptiert, so dass die Frauen ihr Begehren unbefangen zeigen können. Sie haben hier außerdem eher die Möglichkeit, andere bisexuelle und lesbische Frauen kennen zu lernen.

Wenn die Frauen anfangen, sich mit ihrem gleichgeschlechtlichen Begehren auseinander zu setzen, ist die Lesbenszene ein reizvoller Ort, an dem sie viel Unterstützung bekommen. Diese Attraktivität geht aber zunehmend verloren, da die dort dominierenden Normen nicht den Bedürfnissen bisexueller Frauen entsprechen. Da sie gegen die (vermeintliche) Norm ›verstoßen‹, ausschließlich Frauenbeziehungen zu führen, geben sie ihr gegengeschlechtliches Begehren dort nicht preis. Dies liegt nicht zuletzt daran, dass sie befürchten, von lesbischen Frauen diskriminiert zu werden.

In den Erzählungen meiner Gesprächspartnerinnen wird deutlich, dass ein ländliches Umfeld den offenen Umgang mit gleichgeschlechtlichem und bisexuellem Begehren sehr schwierig macht. Hier werden zumeist noch sehr konservative Werte bezüglich Liebe, Begehren und Sexualität vertreten. Die starke Kontrolle über die Einhaltung ›moralischer‹ Regeln in engen Dorfgemeinschaften macht einen ungezwungenen Umgang mit gleichgeschlechtlichen Beziehungen nahezu unmöglich.

Hier wird einmal mehr deutlich, dass immer noch ein erheblicher Aufklärungsbedarf besteht.

FreundInnen, Familie und KollegInnen

Ein offener Umgang mit dem eigenen bisexuellen Begehren fällt meinen Gesprächspartnerinnen vor allem gegenüber Menschen leicht, die sie auch in anderen Lebenssituationen als unterstützend erlebt haben. Eine zentrale Rolle spielen hier sicherlich die besten Freundinnen – sie erfahren als erste von den Veränderungen. Unterstützung erhalten die Frauen aber auch bei Geschwistern, Freunden, MitbewohnerInnen und gelegentlich bei ihren PartnerInnen. Am schwersten fällt den Frauen das Offenlegen ihres bisexuellen Begehrens gegenüber ihren Eltern, entfernteren Verwandten und am Arbeitsplatz. Hier rechnen sie weniger damit, dass ihr Begehren akzeptieren wird. Dieses Erwartungsmuster stimmt auch mit Ergebnissen internationaler wissenschaftlicher Publikationen überein. Es könnte sich aber auch um eine generelle Haltung diesen Personengruppen gegenüber handeln. Mehrere Frauen berichten, dass sie ihre Eltern, ArbeitgeberInnen und Verwandte auch nicht in andere persönliche Angelegenheiten einweihen. Ihre Verschlossenheit stünde somit weniger für erwartete Zurückweisung als vielmehr für die Nähe bzw. Distanz zu einer bestimmten Personengruppe. Für diese Auslegung spricht, dass die Frauen zu ihrem Begehren auch immer wieder vor Menschen stehen, deren ablehnende Haltung sie kennen.

Etwas anders verhalten sich meine Gesprächspartnerinnen gegenüber lesbischen Frauen. Auch hier haben sie große Bedenken, ihr bisexuelles Begehren öffentlich zu machen. Einerseits gehen sie davon aus, als bisexuelle Frauen in lesbisch-feministischen Kontexten unerwünscht zu sein. Andererseits sind sie in der Vergangenheit tatsächlich auf Unverständnis und Ablehnung gestoßen. Dabei handelte es sich jedoch meist um Frauen, zu denen die Interviewten keine persönliche Beziehung hatten. Trotzdem sind meine Gesprächspartnerinnen zunächst einmal allen lesbischen Frauen gegenüber skeptisch. In gewisser Hinsicht tun sie ihren Freundinnen damit Unrecht, denn bei diesen treffen sie in der Regel auf Unterstützung, zumindest aber auf Neutralität. Für einige meiner Gesprächspartnerinnen sind ihre lesbischen Freundinnen sogar die ersten Ansprechpartnerinnen, als sie sich wieder in Männer verlieben.

In den Gesprächen kristallisierte sich heraus, dass Offenheit besonders Menschen entgegengebracht wird, die ähnliche Erfahrungen gemacht haben. Oft haben diese Personen gleiche (Teil-)Identitäten wie die Interviewpartnerinnen. Eine zentrale Rolle spielen hier die Kategorien ›Geschlecht‹ und ›Sexuelle Identität‹. Das heißt, dass sowohl im Kontakt mit FreundInnen als auch mit den Eltern Frauen unterstützender erlebt werden als Männer. Lesbischen Frauen und schwulen Männern brachten die Interviewten wiederum mehr Vertrauen entgegen als heterosexuellen Frauen und Männern. Die wenigsten Vorbehalte hatten meine Gesprächspartnerinnen allerdings gegenüber Frauen mit bisexuellen Erfahrungen. Hier hofften sie aufgrund des gemeinsamen Erfahrungshorizontes am meisten auf Verständnis und Solidarität.

Dass Frauen unterstützender erlebt werden als Männer, liegt wahrscheinlich daran, dass sie generell die engsten Vertrauten der Frauen sind. Womöglich stehen heterosexuelle Frauen bisexuellem Begehren aber auch generell weniger ablehnend gegenüber als heterosexuelle Männer. Diese Vermutung wird durch die Erzählungen zweier Frauen gestützt. Während die Mutter und die Schwester es durchaus nachvollziehen konnten, sich in eine Frau zu verlieben, äußerten sich die Väter negativ über gleichgeschlechtliches Begehren.

Gleichzeitig geben die Erfahrungen natürlich auch Auskunft über die Erwartungshaltung der Frauen selbst: Von Menschen, die ihnen gleichen, erwarten sie einfach mehr Akzeptanz und sind ihnen gegenüber von Beginn an offener. Das führt dazu, dass sie in einigen Fällen Unterstützung erhalten, wo sie gar keine erwartet hätten. In anderen Fällen werden manchmal ihre hohen Erwartungen an bisexuelle Freundinnen enttäuscht. Diese Erfahrungen ändern jedoch wenig an der prinzipiellen Erwartungshaltung bestimmten Personengruppen gegenüber.

Was erleben die Frauen im Kontakt mit anderen als unterstützend? Einen großen Raum nehmen Gespräche ein, in denen sie ihre Erfahrungen schildern und reflektieren können. In ihren Erzählungen wird jedoch deutlich, dass Unterstützung nicht nur auf Verständnis aufbaut. Offenheit für eine andere Perspektive und Konfliktbereitschaft sind von ebenso großer Bedeutung. Besonders deutlich wird dies am Beispiel zweier Mütter, die zunächst Schwierigkeiten damit haben, dass ihre

Töchter Frauenbeziehungen leben. Nachdem sie sich in einen konstruktiven Dialog mit ihren Töchtern begeben haben, ist es ihnen aber möglich, ihre Töchter und deren Beziehungen zu akzeptieren.

Alle Frauen waren sowohl mit positiven als auch negativen Reaktionen konfrontiert, wenn sie ihr bisexuelles Begehren offen legten. Die Schilderungen negativer Reaktionen nehmen in den Erzählungen aber weitaus mehr Raum ein. Möglicherweise sind ihnen negative Erfahrungen eher präsent, weil auch ihr Denken von defizitorientierten Diskursen über Bisexualität geprägt ist, bei denen die problematischen Aspekte dieses Themas im Vordergrund stehen. Vielleicht haben meine Gesprächspartnerinnen die negativen Erfahrungen aber auch als besonders einschneidend erlebt. Da alle Frauen das Interview als Möglichkeit begrüßten, einmal ausführlich über ihre bisexuellen Erfahrungen zu sprechen, vermute ich, dass sie dies im Alltag eher selten tun. So hatten die ausführlichen Erzählungen vielleicht auch die Funktion, diese Erlebnisse zu verarbeiten.

Professionelle und offizielle Hilfsangebote

Nur ein Drittel meiner Gesprächspartnerinnen nimmt Hilfsangebote in Anspruch, was auf ein hohes Maß an eigenständiger Lösungskompetenz verweisen könnte. Eine einzige Frau nutzt Angebote, die sich explizit an bisexuelle Frauen und Männer richten. Sie ist auch die einzige, die sich ohne Einschränkungen mit der Gruppe der Bisexuellen identifiziert und in bisexuellen Organisationen aktiv ist. Solche Angebote scheinen also vor allem Frauen (und Männer) zu erreichen, die sich explizit als bisexuell definieren – also Frauen, die sich in ihrem Denken und Handeln auf diese Gruppenzugehörigkeit beziehen und für die diese ein zentraler Bestandteil ihres Selbstkonzeptes ist.

Frauen, die sich keinem Label zugehörig fühlen oder sich als lesbisch definieren, scheinen sich eher an andere Stellen zu wenden, zum Beispiel allgemeine[18] psychosoziale Beratungsstellen oder Anlaufstellen für lesbische Frauen. Meine Gesprächspartnerinnen machen hier die Erfahrung, dass sie zwar Unterstützung für ihre momentane Beziehungs- und Lebenssituation bekommen, es wird aber nur auf ihre gleichgeschlechtlichen und nicht auf ihre bisexuellen Erfahrungen eingegangen oder die

Thematik gleichgeschlechtlichen und bisexuellen Begehrens stellt insgesamt eine Überforderung dar. Hier wird der Bedarf an kompetenter Begleitung für bisexuelle Frauen sehr deutlich.

Da sich nur ein geringer Teil der Frauen, die bisexuelle Erfahrungen haben, mit dem Etikett ›bisexuell‹ identifiziert, halte ich es für problematisch, Frauen darüber ansprechen oder erreichen zu wollen. Es wäre wünschenswert, wenn das Thema Bisexualität in die Ausbildungscurricula von BeraterInnen, TherapeutInnen und MultiplikatorInnen sowie in die Konzeption von Beratungsstellen einginge. So könnten bisexuelle Frauen diese Angebote ohne Vorbehalte wahrnehmen.

Formelle Hilfsangebote haben vor allem für Frauen Bedeutung, die in einem dörflichen Umfeld leben. Allerdings gehören die wenigen Beratungsstellen für lesbische und bisexuelle Mädchen und Frauen in ländlichen Regionen zu den ersten, die aufgrund der momentanen Sparpolitik schließen mussten. Umso wichtiger ist es, dass sich allgemeine Beratungsstellen mit dem Thema vertraut machen.

Die sexuelle Selbstdefinition der Frauen

Alle interviewten Frauen haben Erfahrungen damit gemacht, sowohl Frauen als auch Männer zu begehren. Was dieses Begehren für die Einzelne bedeutet und welche Konsequenzen sich daraus ergeben, ist jedoch von Frau zu Frau verschieden. Abhängig von individuellen Erfahrungen verändert sich dies im Verlauf der Biographie. Alle Frauen wechseln ihre sexuelle Identität bzw. ihre Selbstdefinition, um sie ihrer aktuellen Beziehungs- und Lebenssituation anzupassen. Einige vollziehen diesen Wechsel sogar mehrere Male. Hier werden die Veränderlichkeit sexuellen Begehrens und der prozesshafte Charakter sexueller Identitäten besonders deutlich, zugleich aber auch die geringe Akzeptanz des Labels ›bisexuell‹. Manche entscheiden sich schließlich, auf ein Label ganz zu verzichten – eine Umgangsweise, die bei bisexuellen Frauen relativ häufig zu beobachten ist: »Die vielleicht häufigste Erklärung Bisexueller ist eine ANTI-Identitäts-Erklärung.« (Esterberg 1997, S. 157; Übers. d. Verf.)

Andere Frauen definieren sich sehr wohl als bisexuell oder lesbisch. Die Grundlage, auf der sie sich für oder gegen ein bestimmtes Etikett entscheiden, sind Indikatoren wie Verhalten, Begehren, eine prinzipielle Offenheit für beide Geschlechter und politische Ideale.

Obwohl sich alle Interviewpartnerinnen gegen ein Denken in Identitätskategorien aussprechen, machen sie von Etiketten Gebrauch. Das deutet darauf hin, dass Label und damit verbundene Zuschreibungen für sie – trotz aller Kritik – etwas Positives haben. Sie vereinfachen die Kommunikation, vermitteln ein Gefühl von Zugehörigkeit und bieten Schutz. Die Nachteile liegen auf der Hand: Etiketten können nur eine ungenaue Beschreibung der jeweiligen Person und ihrer Erfahrungen liefern, sie reduzieren, schreiben fest und können Vorurteile fördern.

Dem Begriff ›bisexuell‹ stehen meine Gesprächspartnerinnen mit einer Ausnahme sehr skeptisch gegenüber. Sie identifizieren sich entweder gar nicht oder nur sehr eingeschränkt mit der Gruppe der Bisexuellen. In den Gesprächen grenzen sie sich daher immer wieder vehement von Zuschreibungen ab, die mit dem Etikett ›bisexuell‹ verbunden sind. Das Label ›lesbisch‹ ist für sie hingegen zunächst sehr positiv besetzt. Im Laufe ihrer Entwicklung distanzieren sich die Frauen jedoch auch von diesem Label und der Gruppe lesbischer Frauen. Vielmehr betonen sie ihre Individualität. Zum Zeitpunkt unseres Gesprächs grenzen sich die meisten von der Gruppe der Bisexuellen und von der Gruppe der Lesben ab, um nicht mit Klischees in Verbindung gebracht zu werden.

Obwohl sie sich der Künstlichkeit dieser Begriffe bewusst sind, haben einige Frauen selbst Vorurteile verinnerlicht. So gehen sie wiederholt davon aus, dass Bisexualität polygame Beziehungsformen mit sich bringt. Da die meisten Interviewpartnerinnen monogame Beziehungen leben, distanzieren sie sich entweder ganz von dem Label ›bisexuell‹ oder machen deutlich, dass sie zwar bisexuell, nicht aber polygam leben. Gleichzeitig nutzen sie Etiketten aber weiterhin, um andere zu beschreiben. So konstruieren sie Lesben, Bisexuelle und Heterosexuelle teilweise als sehr homogene Gruppen mit bestimmten Eigenschaften. Sie selbst bilden dann die Ausnahme.

Noch größeren Wert legen meine Gesprächspartnerinnen darauf, nicht für heterosexuell gehalten zu werden. Heterosexualität bezeichnet für sie durchgängig ›das Andere‹. Interessanterweise wird das Etikett ›heterosexuell‹ von keiner der Gesprächspartnerinnen in Frage gestellt.

Hinterfragen meine Gesprächspartnerinnen bei anderen Lesben und Bisexuellen zumindest manchmal noch, warum diese sich als lesbisch bzw. bisexuell bezeichnen, so wird das Label ›heterosexuell‹ von den interviewten Frauen als gegeben hingenommen. (Sexuelle) Identitäten werden also nur dann hinterfragt, wenn es sich um stigmatisierte Identitäten und somit um Abweichungen von der (heterosexuellen) Norm handelt. Die Norm selbst wird hingegen nicht hinterfragt, was dazu führt, dass der Status quo erhalten bleibt.

Einige Frauen erleben es als bereichernd, sich in der Zeit ihrer Frauenbeziehungen als lesbisch zu bezeichnen, da dies einen Rahmen für persönliche Veränderungen und gesellschaftskritisches Denken und Handeln bietet. Als sie sich wieder in einen Mann verlieben, stellt dieses Etikett jedoch ein Hindernis dar. Dass sie ihr gegengeschlechtliches Begehren nicht in Einklang mit ihrer lesbischen Identität bringen können, erschwert es den Frauen, sich auf eine Beziehung zu einem Mann einzulassen. Nicht nur ihr Selbstkonzept, auch ihre zentralsten sozialen Bezüge scheinen in Frage gestellt.

Ob sie sich mit dem Label ›lesbisch‹ identifizieren, hängt also von verschiedenen Kriterien ab: Sofern sie sich in eine Frau verlieben, bilden sowohl ihr Verhalten als auch ihre politischen Überzeugungen die Grundlage für die Entscheidung, sich als lesbisch zu bezeichnen. Sofern sie sich in einen Mann verlieben, steht das konkrete Verhalten, also das Begehren, im Vordergrund. Das Begehren steht damit im Widerspruch zu den politischen Überzeugungen. Diesen Widerspruch lösen die Frauen, indem sie sich keinem Label mehr zuzuordnen und sich auch nicht mehr definieren. Obwohl die Frauen sich zum Zeitpunkt des Interviews nicht mehr als Lesben bezeichnen, beziehen sie sich doch stark auf diese Kategorie. Lesbischsein hat aufgrund der politischen Dimension also offenbar einen stärkeren identitätsstiftenden Charakter als die Kategorie ›bisexuell‹.

Diese Ergebnisse sind für den Umgang mit bisexuell lebenden Frauen im Rahmen von Unterstützungsangeboten entscheidend. Sie zeigen, wie wichtig es ist, sich auf die individuellen Erfahrungen und Bedürfnisse der Rat suchenden Frau zu konzentrieren. Herkömmliche Coming-out-Konzepte haben die Suche und Anwendung eines passenden Labels als primäres Ziel der Auseinandersetzung für die Klientin. BeraterInnen und TherapeutInnen sollten jedoch zunächst einmal herausfinden, ob es einer Frau überhaupt wichtig ist, ihr Begehren und ihre sexuellen Erfahrungen in diese Begrifflichkeiten zu fassen. Beziehen Frauen sich selbst auf ein Label, sollten sie zuerst danach gefragt werden, was sie darunter verstehen, um so falsche Zuschreibungen zu vermeiden. Frauen, die mit den Kategorien sexueller Identität hadern, sollten Informationen über die Labeldebatte bekommen und darin unterstützt werden, das Für und Wider bestimmter Kategorien abzuwägen.

Potentiale bisexueller Erfahrungen

Welche Bedeutung hat es für das Leben der Frauen, dass sie beide Geschlechter begehren? Und welche Veränderungen bringen diese Erfahrungen mit sich?

In der Auseinandersetzung mit ihrem sexuellen Begehren haben die Frauen Kompetenzen entwickelt, die sie in anderen Lebensbereichen nutzen können. Sie haben gelernt, zu ihren Bedürfnissen zu stehen, auch wenn diese nicht den gesellschaftlichen Idealen entsprechen. Sie haben die Unzulänglichkeit der Kategorien ›Geschlecht‹ und ›Sexuelle Identität‹ am eigenen Leib erfahren. Da sie diese Etiketten zunehmend in Frage stellen, können sie sich bedingt auch jenseits der Grenzen und Begrenzungen dieser Begrifflichkeiten bewegen. Dadurch erweitern sich die Spielräume ihres Denkens und Handelns. Aufgrund eigener Marginalisierungserfahrungen sind sie sensibel für Diskriminierungen jeglicher Art und haben ein größeres Verständnis für andere Betroffene. Sie wählen das Lebensumfeld, in dem sie sich bewegen, sehr bewusst aus und gestalten es so, dass sie dort unbefangen mit ihrem bisexuellen Begehren umgehen können.

Ob diese Veränderungen allein auf die bisexuellen Erfahrungen meiner Gesprächspartnerinnen zurückzuführen sind, ist schwer zu sagen. Sicherlich haben auch allgemeine Lebens- und Beziehungserfahrungen ihren Teil dazu beigetragen, dass die Frauen diese Kompetenzen erworben haben. Eine sinnvolle Herangehensweise für weitere Studien wäre, die Entwicklung heterosexueller, lesbischer und bisexueller Frauen zu vergleichen, um Effekte, die aufgrund allgemeiner Lebenserfahrung entstehen, herauszufiltern.

Obwohl die interviewten Frauen gängige Kategorien wie etwa die Geschlechtszugehörigkeit in Frage stellen, beziehen sie sich an anderer Stelle eindeutig darauf. Sie nutzen diese Kategorien als Erklärung für das eigene und das Verhalten anderer. Ihre kritische Haltung bleibt also eher im Bereich des Theoretischen. Doch selbst wenn sie sich nicht vollkommen von Kategorien lösen können, so spielen diese vielleicht eine weniger wichtige Rolle in ihrem Leben. Paula C. Rust formuliert das folgendermaßen: »Für Bisexuelle ist das Geschlecht nicht der entscheidende Faktor; andere Merkmale sind möglicherweise *wichtiger*.« (Rust 2000, S. 209, Übers. d. Verf.)

Dass die Geschlechtszugehörigkeit vielleicht nicht die wichtigste, aber *eine* wichtige Rolle spielt, wird an folgenden Punkten deutlich: Als die Frauen sich (wieder) in einen Mann verlieben, fällt es einigen von ihnen sehr schwer, sich überhaupt wieder auf Männer einzulassen. In ihren Beziehungen haben sie mit Frauen zumindest teilweise andere Auseinandersetzungen als mit Männern. Schließlich entscheidet die Geschlechtszugehörigkeit der PartnerInnen auch darüber, ob die Frauen der heterosexuellen Norm angehören oder nicht. Dies hat wiederum Einfluss auf ihr Selbstbild und darauf, wie offen sie mit ihrem Begehren umgehen.

Der Umgang meiner Gesprächspartnerinnen mit den Kategorien ›Geschlecht‹ und ›Sexuelle Identität‹ ist teilweise sehr widersprüchlich. Er spiegelt jedoch sehr gut den derzeitigen Stand des wissenschaftlichen Diskurses wider, in dem Debatten zwischen EssentialistInnen und KonstruktivistInnen über die Bedeutung von Geschlechtlichkeit und sexuellem Begehren vorherrschend sind. In diesem Spannungsfeld bewegen sich auch meine Gesprächspartnerinnen. Sie haben Ansätze dekonstruktivistischer Denkweisen und Aspekte der Queer-Theory übernommen. An vielen Stellen beziehen sie sich jedoch auch auf essentialistische Argumentationsweisen.

Auffällig ist, dass die älteste Gesprächspartnerin eine eher essentialistische Sichtweise auf die Kategorie ›Sexuelle Identität‹ hat. Das könnte darauf hinweisen, dass sie von älteren theoretischen Debatten beeinflusst ist als die jüngeren Frauen. Inwiefern das Denken der Frauen jedoch überhaupt durch wissenschaftliche Theorien oder aber durch persönliche Erfahrungen geprägt ist, lässt sich hier nicht klären.

Bilanz und Ausblick

Mit einer Ausnahme ziehen alle Frauen eine positive Bilanz aus ihren bisexuellen Erfahrungen. Schwierigkeiten in der Auseinandersetzung mit ihrem Begehren werten sie im Nachhinein als Chance für ihre persönliche Weiterentwicklung. Gängige Coming-out-Konzepte lassen kaum Raum für die Offenheit und Freiheit einer bisexuellen Lebensweise, da sie sich sehr auf die Konflikte konzentrieren, die mit bisexuellem Begehren einhergehen können. Um diese Facetten sichtbar zu machen, müssen die bisexuellen *Erfahrungen* von Frauen im Vordergrund stehen.

Im Leben meiner Gesprächspartnerinnen sind die bisexuellen Erfahrungen vor allem in Phasen präsent, in denen sie ihre sexuelle Identität in Frage stellen. Dazwischen gibt es Zeiten, in denen die sexuelle Selbstdefinition eher eine geringe Bedeutung hat. Hier zeigt sich einmal mehr, wie wichtig es ist, die Fluidität und Wechselhaftigkeit sexuellen Begehrens im Blick zu behalten. Sexuelle – und damit stigmatisierte – Identitäten haben nicht per se einen zentralen Stellenwert im Selbstkonzept bisexuell begehrender Frauen. Dieser Identitätsaspekt tritt vor allem dann in den Vordergrund, wenn sich das Begehren der Frauen verändert, sie ihre sexuelle Identität in Frage stellen oder ihr Selbstkonzept umstrukturieren.

Entgegen dem defizitären Bild, das Forschungsarbeiten bisher von bisexuellem Begehren entworfen haben, erleben die Frauen ihr bisexuelles Begehren durchaus als Bereicherung. Der Gewinn ihrer Erfahrungen liegt darin, dass sie sich Kompetenzen aneignen, die sie später auch in anderen Lebensbereichen nutzen können. So lernen sie etwa gesellschaftliche Werte, Normen und soziale Konstruktionen zu hinterfragen, was ihre Denk- und Handlungsspielräume erweitert.

Damit Frauen diese Chancen nutzen können, bedarf es einer Reihe äußerer Bedingungen. Und nicht alle profitieren von diesen Möglichkeiten. Der unterstützende Charakter lesbisch-feministischer Zusammenhänge zum Beispiel bezieht sich ausschließlich auf das gleichgeschlechtliche Begehren. Frauen, die in Liebesbeziehungen mit Männern leben, können sich auf diesen Rückhalt also nicht berufen. Frauen in ländlichen Regionen wiederum haben keinen oder nur sehr eingeschränkten Zugang zu diesen Bezügen. Professionelle Hilfsangebote sind für diese Zielgruppe demnach nicht nur sinnvoll, sondern auch notwendig. Ebenso wäre es wünschenswert, wenn sich lesbisch-feministische Kreise für bisexuelle Frauen öffnen würden. Diese könnten sich auch dann auf dieses Umfeld beziehen, wenn sie gerade nicht in einer Frauenbeziehung leben. Lesbisch-feministische Kontexte könnten wiederum von den Erfahrungen bisexueller Frauen profitieren, wenn sie diese als Bereicherung ihres Spektrums und nicht als Gefahr ansehen würden.

Trotz der positiven Aspekte, die sichtbar geworden sind, sollte nicht vergessen werden, dass alle Gesprächspartnerinnen von Klischees, Vorurteilen und Diskriminierung gegenüber bisexuellem Begehren berichten. Auch heutzutage sind also durchaus Schwierigkeiten damit verbunden, beide Geschlechter zu begehren. Negative Reaktionen und ein intolerantes Umfeld machen den Bedarf an sachlicher Information über Bisexualität und gleichgeschlechtliche Lebensweisen deutlich. Nur durch den Abbau von Vorurteilen wird es bisexuell lebenden Frauen möglich sein, sich selbstverständlich offen zu zeigen. Bis dahin sollten sie bei Bedarf professionelle Unterstützung in der Auseinandersetzung mit ihrem eigenen Begehren und den damit verbundenen Diskriminierungen bekommen.

Neben neuen Erkenntnissen zum Thema Bisexualität, werfen die Ergebnisse dieser Studie viele neue Fragen auf, die Raum für weitere Forschungsarbeiten bieten:

– Handelt es sich bei den Ergebnissen um Momentaufnahmen oder würden meine Gesprächspartnerinnen zu einem anderen Zeitpunkt in ihrem Leben ähnlich antworten?

– Welche Form von Unterstützung brauchen bisexuelle Frauen in verschiedenen Lebenssituationen und wie kann diese Zielgruppe am besten erreicht werden?

– Welche Faktoren tragen dazu bei, Marginalisierungserfahrungen, die mit bisexuellem Begehren verbunden sind, als Potential sehen zu können?

Die Tatsache, dass alle Gesprächspartnerinnen Akademikerinnen mittleren Alters und deutscher Herkunft sind, hat die Ergebnisse dieser Studie sicherlich beeinflusst. So standen den Frauen womöglich mehr Freiräume und andere Unterstützungssysteme zur Verfügung, als dies bei Nicht-Akademikerinnen der Fall gewesen wäre. Gleiches gilt für sehr viel jüngere und ältere Frauen sowie für Migrantinnen. Die Ergebnisse können auf Frauen einer anderen Altersspanne, eines unterschiedlichen Bildungsniveaus und kulturellen Hintergrundes sowie anderer sozialer Herkunft also nicht unbedingt übertragen werden.

Eine weitere Frage wäre auch, inwiefern sich die Erfahrungen der Frauen mit denen bisexuell begehrender Männer decken und wo sie sich unterscheiden. Empfinden Männer gleiche oder ähnliche Aspekte als bereichernd oder haben sie andere Erfahrungen?

Diesen Fragen sollte auf möglichst vielen Ebenen nachgegangen werden – sei es im Bereich der Prävention und Gesundheitsförderung, der Beratung und Therapie oder im wissenschaftlichen Sektor. Ob es sich nun aber um Konzeptionen für Aufklärungs- und Hilfsangebote, um Beratungs- und Therapieausbildungen oder um Forschungsvorhaben handelt – immer sollten sowohl positive als auch belastende Seiten bisexuellen Begehrens mit einbezogen werden. Dies verhindert, dass Bisexualität auf negative Aspekte reduziert und ausschließlich als Problem begriffen wird. Ein realistischeres und ganzheitlicheres Bild von bisexuellem Begehren kann nur auf diesem Wege entstehen.

Anmerkungen

1 Mit diesem Wort wurde die Liebe unter Frauen vor Verwendung des Begriffs ›Lesbianismus‹ beschrieben. Letzterer entstand erst Ende des 19. Jahrhunderts.

2 Da ›homosexuell‹ ein pathologisierender Begriff ist, gegen den sich das Gay Liberation Movement zur Wehr setzte, und es kein entsprechendes Wort für ›gay‹ im Deutschen gibt, setze ich diesen im Deutschen in Anführungsstriche oder verwende den englischsprachigen Begriff.

3 Hierbei handelt es sich um ein griechisch-lateinisches Zwitterwort.

4 Der Begriff ›Bisexualität‹ stammt ursprünglich von Charles Darwin, der ihn für die Beschreibung von Pflanzen und Tieren verwendete.

5 Da er selbst Männer begehrte, weigerte er sich, in gleichgeschlechtlichem Begehren etwas Krankhaftes zu sehen, und setzte sich für die Gleichberechtigung von ›Homosexuellen‹ ein.

6 Die Verwendung dieses Vokabulars in den 1980er Jahren, das der Ausdrucksweise der Nationalsozialisten entspricht, und die Tatsache, dass Marion Altendorf diesen Sprachgebrauch nicht reflektiert, sind ein Zeichen dafür, wie selbstverständlich noch immer unkritisch auf Ausdrucksweisen der Nationalsozialisten und damit in gewisser Weise auch auf deren Gedankengut zurückgegriffen wird.

7 Die zwei Halbmonde stellen jeweils einen Teil eines Frauen- und eines Männerzeichens dar.

8 Das Zeichen der Doppelaxt ist das Symbol der Frauenherrschaft auf Kreta, Lykien, Lydien, Anatolien, bei den Etruskern und den Römern. Es taucht in der Kunst des antiken Griechenland auf und geht dort auf Demeter, die Göttin der Amazonen zurück, die die Doppelaxt als Zepter benutzt haben soll. Zwar tragen nicht nur Lesben dieses Symbol, sie beanspruchen es jedoch oftmals als das ihre.

9 An dieser Stelle ließe sich anstatt von einem doppelten auch von einem mehrfachen Minderheitenstatus sprechen. So könnte auch das Geschlecht, die Schichtzugehörigkeit oder die Nationalität mit einbezogen werden. Der Übersichtlichkeit halber beschränke ich mich aber auf die beiden genannten Identitätsaspekte.

10 Mit ›lesbischer Subkultur‹ sind vor allem Kontexte gemeint, in denen politische und kulturelle Veranstaltungen stattfinden, die sich an Lesben richten oder diese explizit mit einbeziehen. Hierzu zählen aber auch Diskotheken, Foren im Internet und Kontaktanzeigen in der Zeitung.

11 Dieser Begriff steht hier in Anführungszeichen, um zu verdeutlichen, dass die Interviewpartnerinnen lesbische Frauen als eine homogene Gruppe konstruieren und auf ihr subjektives Bild von dieser Gruppe Bezug nehmen. Diese Konstruktion sollte kritisch hinterfragt werden.

12 Der Begriff ›KV‹ steht für ›Kesse Väter‹ und stammt aus den 1920er Jahren. Er bezeichnet Frauen, die besonders ›männlich‹ aussahen, indem sie männliche Kleidung trugen und sich männliche Verhaltensweisen aneigneten.

13 Dies ist ein Muster, das aus der Vorurteilsforschung bekannt ist. Diesem zufolge wird eine Gruppe mit bestimmten Identitätsmerkmalen abgelehnt. Bestehen jedoch persönliche Beziehungen zu Einzelnen dieser Gruppe, so wird argumentiert, dass diese sich von der Gruppe unterscheiden. Ein Alltagsbeispiel: Eine Bekannte oder ein Bekannter von Ihnen äußert sich abfällig über türkischstämmige MigrantInnen. Auf eine irritierte Nachfrage hin erhalten Sie die Antwort: »Nein, mein Freund Ali ist okay!« Die bekannte Person wird also aus dem abstrakten Feindbild ausgeschlossen, obwohl sie de facto dieser Gruppe angehört.

14 Hark, Sabine (1996).

15 Auffällig ist, dass es sich hier um die beiden ältesten Interviewpartnerinnen handelt. Die Wichtigkeit, die sie der AIDS-Prävention beimessen, könnte zum einen darin begründet sein, dass sie selbst keine AIDS-Aufklärung in der Schule hatten, zum anderen darin, dass sie den Ausbruch von AIDS sehr bewusst miterlebt haben.

16 Dies bezieht sich nicht nur auf Liebesbeziehungen, sondern auch auf andere Beziehungsformen.

17 Wie ein Konzept für eine solche Aufklärungsarbeit aussehen kann, stellt Katrin Pohlmann (1997) am Beispiel der ›AufklärerInnen‹ dar.

18 Das heißt an eine Beratungsstelle, die nicht themen- oder zielgruppenspezifisch ausgerichtet ist.

Literatur

Ahrens, Helmut/Feldhorst, Anja: Bisexualität und AIDS. In: Haeberle, Erwin J./Gindorf, Rolf (Hg.): Bisexualitäten – Ideologie und Praxis des Sexualkontaktes mit beiden Geschlechtern. Stuttgart 1994, S. 271-296.

Altendorf, Marion/Feldhorst, Anja: Bisexuelle Identität und Sexualität. In: Zentrum für Sozialwissenschaften e.V. (Hg.): Ein Leitfaden zum Umgang mit Sexualität. Berlin 1992, Bd. 1, S. 69-78.

Altendorf, Marion (1993): Bisexualität. Zweigeschlechtliches Begehren und zweigeteiltes Denken. Pfaffenweiler.

Baaken, Uschi (1995): Grenzenlose Helferinnen? Unterstützung und deren Verweigerung in Frauenfreundschaften. Universität Bielefeld: Unveröffentlichte Diplomarbeit.

Bass, Ellen/Kaufmann, Kate (1999): Wir lieben wen wir wollen. Berlin.

Bech, Henning: Fin de siècle. Vom Ende des homosexuellen Zeitalters. In: Biechele, Ulrich: Identitätsbildung, Identitätsverwirrung, Identitätspolitik – eine psychologische Standortbestimmung für Lesben, Schwule und andere. Berlin 1998, S. 21-31.

Bell, Peter: Coming-out bisexual. In: Biechele, Ulrich: Identitätsbildung, Identitätsverwirrung, Identitätspolitik – eine psychologische Standortbestimmung für Lesben, Schwule und andere. Berlin 1998, S. 128-141.

Braun, Joachim: Schwulenverfolgung und sexuelle Identitätsfindung in der NS-Zeit. In: Hartmann, Jutta/Holzkamp, Christine/Lähnemann, Lela/Meißner, Klaus/Mücke, Detlef (Hg.): Lebensformen und Sexualität. Bielefeld 1998, S. 170-176.

Bröhm, Patricia: Bi – die zweite Revolution. In: Marie-Claire 1996, Bd. 3, S. 100-108.

Butler, Judith: Imitation und die Aufsässigkeit der Geschlechtsidentität. In: Hark, Sabine (Hg.): Grenzen lesbischer Identitäten. Berlin 1996.

Caplan, Pat: Kulturen konstruieren Sexualitäten. In: Schmerl, Christiane/Soine, Stefanie/Stein- Hilbers, Marlene/Wrede, Birgitta (Hg.): Sexuelle Szenen, Opladen 2000, S. 44-69.

Coleman, Eli: Paradigmenwechsel im Verständnis der Bisexualität. In: Haeberle, Erwin J./Gindorf, Rolf (Hg.): Bisexualitäten – Ideologie und Praxis des Sexualkontaktes mit beiden Geschlechtern. Stuttgart 1994, S. 170-176.

Collins, Kimberly W.: Bisexuality: A Review of Current research. In: Familytherapy Jg. 25, Bd.1, S. 1-10.

Däumer, Elisabeth D.: Queer Ethics; or, The Challenge of Bisexuality to Lesbian Ethics. In: Hypathia 1992, Bd. 7, S. 91-105.

De Cecco, John P.: Bisexualität und Diskretion: Das Beispiel Pakistan. In: Haeberle, Erwin J./Gindorf, Rolf (Hg.): Bisexualitäten – Ideologie und Praxis des Sexualkontaktes mit beiden Geschlechtern. Stuttgart 1994, S. 183- 187.

Denny, Dallas/ Green, Jamison: Gender Identity and bisexuality. In: Firestein, Beth A. (Hg.): Bisexuality. The Psychology and Politics of an Invisible Minority. Thousand Oaks 1996, S. 84-102.

Diamond, Milton: Homosexuality and Bisexuality in Different Populations. In: Archives of sexual behavior Jg. 22, Bd. 4, S. 291-310.

Diamond, Milton: Bisexualität aus biologischer Sicht. In: Haeberle, Erwin J./Gindorf, Rolf (Hg.): Bisexualitäten – Ideologie und Praxis des Sexualkontaktes mit beiden Geschlechtern. Stuttgart 1996, S. 41-68.

Esterberg, Kristin (1997): Lesbian and Bisexual Identities – Constructing Communities, Constructing Ourselves. Philadelphia.

Feldhorst, Anja (Hg.) (1998): Bisexualitäten. Berlin.

Firestein, Beth A. (Hg.): Bisexuality. The Psychology and Politics of an Invisible Minority. Thousand Oaks 1996.

Firestein, Beth A.: Bisexuality as a Paradigm Shift: Transforming Our Disciplines. In: Firestein Beth A. (Hg.): Bisexuality. The Psychology and Politics of an Invisible Minority. Thousand Oaks 1996, S. 240-259.

Fiske, Susan T.: Stereotyping, prejudice, and discrimination. In: Gilbert, Daniel/Fiske, Susan T./Lindzey, Gardner (Hg.): Handbook of Social Psychology. New York 1998, S. 357-411.

Fox, Ronald C.: Bisexuality in Perspective: A Review of Theory and Research. In: Firestein Beth A. (Hg.): Bisexuality. The Psychology and Politics of an Invisible Minority. Thousand Oaks 1996, S. 3-50.

Früchtel, Frank/Stahl, Christian: Zwei plus X- postmoderne Partnerschaftsmodelle? In: Schmerl, Christiane/Soine, Stefanie/Stein-Hilbers, Marlene/Wrede, Birgitta (Hg.): Sexuelle Szenen. Opladen 2000, S. 250-267.

Gagnon, John H./Stein Greenblat, Cathy/Kimmel, Michael: Bisexualität aus soziologischer Sicht. In: Haeberle, Erwin J./Gindorf, Rolf (Hg.): Bisexualitäten – Ideologie und Praxis des Sexualkontaktes mit beiden Geschlechtern. Stuttgart 1994, S. 69-92.

Gamson, Joshua: Must Identity Movements Selfdestruct: A Queer Dilemma. In: Society for the Study of Social Problems Jg. 45, Bd. 3, S. 390-403.

Garber, Marjorie (2000): Die Vielfalt des Begehrens – Bisexualität von Sappho bis Madonna. Frankfurt/Main.

Genschel, Corinna: Fear of a Queer Planet: Dimensionen lesbisch-schwuler Gesellschaftskritik. In: das argument Jg. 38, Bd. 4, S. 525-537.

George, Sue (1993): Women and Bisexuality. London.

Gissrau, Barbara (1997): Die Sehnsucht der Frau nach der Frau. Psychoanalyse und weibliche Homosexualität. München.

Gleason, Philip: Identifying Identity: A Semantic History. In: Journal of American History 1983, Bd. 69, S. 910-931.

Green, Richard: Die legale Diskriminierung Bisexueller in den Vereinigten Staaten. In: Haeberle, Erwin J./Gindorf, Rolf (Hg.): Bisexualitäten – Ideologie und Praxis des Sexualkontaktes mit beiden Geschlechtern. Stuttgart 1994, S. 165-171.

Großmaß, Ruth: Weibliche Identität – ein Produkt der Moderne? In: Beiträge zur feministischen Theorie und Praxis Jg. 22, Bd. 53, S. 11-20.

Günther, Erwin: Heterosexuelle Kontakte von »homosexuellen« Frauen und Männern in der früheren DDR. In: Haeberle, Erwin J./Gindorf, Rolf (Hg.): Bisexualitäten – Ideologie und Praxis des Sexualkontaktes mit beiden Geschlechtern. Stuttgart 1994, S. 245-249.

Haeberle, Erwin J.: Bisexualitäten- Geschichte und Dimensionen eines modernen wissenschaftlichen Problems. In: Haeberle, Erwin J./Gindorf, Rolf (Hg.): Bisexualitäten – Ideologie und Praxis des Sexualkontaktes mit beiden Geschlechter. Stuttgart 1994, S. 1-39.

Hagemann-White, Carol (1984): Sozialisation: Weiblich – männlich? Opladen.

Hark, Sabine (Hg.) (1996): Grenzen lesbischer Identitäten. Berlin.

Hark, Sabine: Die paradoxe Politik der Identität. Was ist eine »authentische Identität"? In: Biechele, Ulrich: Identitätsbildung, Identitätsverwirrung, Identitätspolitik – eine psychologische Standortbestimmung für Lesben, Schwule und andere. Berlin 1998, S. 35-55.

Hartmann, Jutta/Holzkamp, Christine/Lähnemann, Lela/Meißner, Klaus/Mücke, Detlef (Hg.): Lebensformen und Sexualität. Herrschaftskritische Analysen und pädagogische Perspektiven. Bielefeld 1998.

Hekma, Gert: Bisexualität: Historische Perspektiven. In: Haeberle, Erwin J./Gindorf, Rolf (Hg.): Bisexualitäten – Ideologie und Praxis des Sexualkontaktes mit beiden Geschlechtern. Stuttgart 1994, S. 113-118.

Hennessy, Rosemary: Queer Visibility in Commodity Culture. In: Culture Critique 1995, Winter, S. 31-76.

Herdt, Gilbert: Bisexualität und die Ursachen der Homosexualität: Das Beispiel der Sambia. In: Haeberle, Erwin J./Gindorf, Rolf (Hg.): Bisexualitäten – Ideologie und Praxis des Sexualkontaktes mit beiden Geschlechtern. Stuttgart 1994, S. 188-200.

Herrmann, Friederike (2002): Privatheit, Medien und Geschlecht – Bisexualität in Daily Talks, Opladen.

Hirschauer, Stefan: Konstruktivismus und Essentialismus – Zur Soziologie des Geschlechtsunterschieds und der Homosexualität. In: Zeitschrift für Sexualforschung Jg. 5 Bd. 4, S. 331-345.

Hirschauer, Stefan (1993): Die soziale Konstruktion der Transsexualität – Über die Medizin und den Geschlechtswechsel. Frankfurt/Main.

Hoffelner, Werner: Der Mensch ist nicht Mann oder Weib, sondern Mann und Weib. In: Safer Science 1996, Bd. 10, S. 4-6.

Holzkamp, Christine: Heterosexualität – (K)ein Thema für Heterosexuelle? In: Referat für gleichgeschlechtliche Lebensweisen (Hg.): Pädagogischer Kongress: Lebensformen und Sexualität. Was heißt hier normal? Berlin 1993, S. 237-255.

Hutchins, Loraine/Kaahumanu, Lani (1991): Bi Any Other Name – Bisexual People Speak Out. Boston.

Hutchins, Loraine: Bisexuality: Politics and Community. In: Firestein Beth A. (Hg.): Bisexuality. The Psychology and Politics of an Invisible Minority. Thousand Oaks 1996, S. 240-259.

Hüsers, Francis/König, Almut (1995): Bisexualität. Stuttgart.

Interdisziplinäre Forschungsgruppe Frauenforschung (IFF) (1990): Liebes- und Lebensverhältnisse. Sexualität in der feministischen Diskussion. Frankfurt/Main.

Jeffreys, Sheila: Bisexual Politics: A Superior Form of Feminism? In: Women's Studies International Forum Jg. 22, Bd. 3, S. 273-285.

Klein, Fritz/Wolf, Timothy J. (Hg.): Bisexualities: Theory and Research. New York.1985

Klein, Fritz (1993): The Bisexual Option. Binghampton.

Kunzt-Brunner, Ruth (1994): Bisexualität. Doppelte Sehnsucht – Doppelte Scham. Reinbek.

Landesverband Berlin des Jugendnetzwerkes Lamda e.V. (Hg.): Das Aufklärungsprojekt bei Lamda Berlin. Berlin 1995.

Laaser, Ulrich/Hurrelmann, Klaus/Wolters, Paul: Prävention, Gesundheitsförderung und Gesundheitserziehung. In: Hurrelmann, Klaus (Hg.): Gesundheitswissenschaften: Handbuch für Lehre, Forschung und Praxis. Weinheim 1993, S. 177-203.

Leland, John: Bisexuality Emerges as a new Sexual Identity. In: Newsweek Jg. 126, Bd. 3, S. 44-46.

Peters, Ayshe: Nicht wie Wasser und Öl. Lespress 1996, März, S. 12-13

Matteson, David R.: Counseling and Psychotherapy With Bisexual and Exploring Clients. In: Firestein Beth A. (Hg.): Bisexuality. The Psychology and Politics of an Invisible Minority. Thousand Oaks 1996, S. 185-213.

Mc Kee, Alan: Fairy Tales: How we Stopped Being Lesbian & Gay. In: Social Semiotics Jg. 7, Bd. 1, S. 21-36.

Möhrchen, Volker (1997): Die soziale Konstruktion sexueller Identität am Beispiel bisexueller Identität von Männern – eine empirische Studie. Universität Bremen: Unveröffentlichte Diplomarbeit

Mohr, Jonathan J./Rochlen, Aaron B.: Measuring Attitudes Regarding Bisexuality in Lesbian, Gay Male and Heterosexual Populations. In: Journal of Counseling Psychology (APA) Jg. 46, Bd. 3, S. 353-369.

Money, John: Das Konzept der Homosexualität in der Geschichte. In: Haeberle, Erwin J./ Gindorf, Rolf (Hg.): Bisexualitäten – Ideologie und Praxis des Sexualkontaktes mit beiden Geschlechtern. Stuttgart 1994, S. 119-131.

Oakes, Guy: Straight Thinking about Queer Theory. In: International Journal of Politics, Culture and Society Jg. 8, Bd. 3, S. 379-389.

Ochs, Robyn: Biphobia: It Goes More Than Two Ways. In: Firestein Beth A. (Hg.): Bisexuality. The Psychology and Politics of an Invisible Minority. Thousand Oaks 1996, S. 217-239.

Paul, Jay: San Franciscos »Bisexual Center« und der Beginn der Bisexuellenbewegung. In: Haeberle, Erwin J./Gindorf, Rolf (Hg.): Bisexualitäten – Ideologie und Praxis des Sexualkontaktes mit beiden Geschlechtern. Stuttgart 1994, S. 156-165.

Penninger, Birgit S. (1999): Bisexuelle und ihre Einstellung zur Liebe. Berlin.

Plummer, Kenneth (Hg.): The making of the modern homosexual. London 1981.

Pohlmann, Katrin (1997): Auseinandersetzung mit lesbischen und schwulen Lebensweisen in der Schule. Fachhochschule Bielefeld: Unveröffentlichte Diplomarbeit.

Reisbeck, Günther: Wozu brauchen Schwule und Lesben eigentlich Identitäten? In: Biechele, Ulrich (Hg.): Identitätsbildung, Identitätsverwirrung, Identitätspolitik – eine psychologische Standortbestimmung für Lesben, Schwule und andere. Berlin 1998, S. 56-64.

Rila, Margo: Bisexual Women and the AIDS Crisis. In: Firestein Beth A. (Hg.): Bisexuality. The Psychology and Politics of an Invisible Minority. Thousand Oaks 1996, S. 169-184.

Runkel, Gunter: Bisexuelles Verhalten in Deutschland. In: Haeberle, Erwin J./Gindorf, Rolf (Hg.): Bisexualitäten – Ideologie und Praxis des Sexualkontaktes mit beiden Geschlechtern. Stuttgart 1994, S. 259-270.

Rust, Paula C.: Managing multiple Identities: Diversity Among Bisexual Women and Men. In: Firestein Beth A. (Hg.): Bisexuality. The Psychology and Politics of an Invisible Minority. Thousand Oaks 1996, S. 53-83.

Rust Paula C.: Monogamy and Polyamory: Relationship Issues for Bisexuals. In: Firestein Beth A. (Hg.): Bisexuality. The Psychology and Politics of an Invisible Minority. Thousand Oaks 1996, S. 127-148.

Rust, Paula C.: Bisexuality: A Contemporary Paradox for Women. In: Journal of Social Issues Jg. 56, Bd. 2, S. 205-221.

Rust, Paula C.: Two Many and Not Enough. In: Journal of Bisexuality Jg. 1, Bd. 1, S. 31-68.

Schediwy, Dagmar: Bitte nicht bi oder verheiratet. In: die tageszeitung 1996, 4. Januar, S. 24.

Schmerl, Christiane/Großmaß, Ruth: »Nur im Streit wird die Wahrheit geboren ...« – Gedanken zu einer prozessbezogenen feministischen Methodologie. In: Feministischer Kompass, patriarchales Gepäck: Kritik konservativer Anteile in neueren feministischen Theorien. Frankfurt/Main 1989, S. 247-285.

Schmerl, Christiane/Soine Stefanie/Stein-Hilbers, Marlene/Wrede, Birgitta (Hg.): Sexuelle Szenen. Opladen 2000.

Schmidt, Gunter: Spätmoderne Sexualverhältnisse. In: Schmerl, Christiane/Soine Stefanie/Stein- Hilbers, Marlene/Wrede, Birgitta (Hg.): Sexuelle Szenen. Opladen 2000, S. 268-278.

Schmidt, Gunter: Gibt es Homosexualität? In: die tageszeitung 2001, 17./18. März, S. 8.

Schwartz, Pepper/Blumstein, Paul: Der Erwerb sexueller Identität. In: Haeberle, Erwin J./Gindorf, Rolf (Hg.): Bisexualitäten – Ideologie und Praxis des Sexualkontaktes mit beiden Geschlechtern. Stuttgart 1994, S. 214-244.

Sigusch, Volker: Vom König Sex zum Selfsex. Über gegenwärtige Transformationen der kulturellen Geschlechts- und Sexualformen. In: Schmerl, Christiane/Soine Stefanie/Stein-Hilbers, Marlene/Wrede, Birgitta (Hg.): Sexuelle Szenen. Opladen 2000, S. 229-249.

Simon, William/Gagnon, John H.: Wie funktionieren sexuelle Skripte? In: Schmerl, Christiane/Soine, Stefanie/Stein- Hilbers, Marlene/Wrede, Birgitta (Hg.): Sexuelle Szenen. Opladen 2000, S. 70- 95.

Smith, Barbara: Queer Politics: Where is the Revolution? In: The nation Jg. 257, Bd. 1, S. 12-16.

Soine, Stefanie: Was hat »lesbische Identität« mit Frausein und Sexualität zu tun? In: Schmerl, Christiane/Soine Stefanie/Stein-Hilbers, Marlene/Wrede, Birgitta (Hg.): Sexuelle Szenen. Opladen 2000, S. 194-225.

Stein-Hilbers, Marlene/Soine, Stefanie/Wrede, Birgitta: Sexualität, Identität und Begehren im Kontext kultureller Zweigeschlechtlichkeit. In: Schmerl, Christiane/Soine Stefanie/Stein-Hilbers, Marlene/Wrede, Birgitta (Hg.): Sexuelle Szenen. Opladen 2000, S. 9-22.

Stein-Hilbers, Marlene (2000): Sexuell werden – Sexuelle Sozialisation und Geschlechterverhältnisse. Opladen.

Storr, Merl: Bisexuality: A Critical reader. In: Philosophy in Review Jg. 20, Bd. 4, S. 295-296.

Walters, Suzanna D.: From Here to Queer: Radical Feminism, Postmodernism, and the Lesbian Menace. In: Signs, Journal of Women in Culture and Society Jg. 21, Bd. 4, S. 830-867.

Weeks, Jeffrey: Fragen der Identität. In: Schmerl, Christiane/Soine Stefanie/Stein- Hilbers, Marlene/Wrede, Birgitta (Hg.): Sexuelle Szenen. Opladen 2000, S. 163-182.

Weinberg, Martin S./Williams, Colin J./Pryor, Douglas W. (1994): Dual Attraction – Understanding Bisexuality. New York.

Weinberg, Martin S./Williams, Colin J./Pryor, Douglas W.: »Bisexuell« werden und sein. In: Haeberle, Erwin J./Gindorf, R. (Hg.): Bisexualitäten – Ideologie und Praxis des Sexualkontaktes mit beiden Geschlechtern. Stuttgart 1994, S. 201-213.

Wilkinson, Sue: Bisexuality a la mode. In: Women's Studies International Forum Jg. 19, Bd. 3, S. 293-301.

Wolff, Charlotte (1977): Bisexuality – A Study. Letchworth.

Wong, Joseph: Bisexualität im China der frühen Kaiserzeit: Ein vorläufiger Überblick. In: Haeberle, Erwin J./Gindorf, Rolf (Hg.): Bisexualitäten – Ideologie und Praxis des Sexualkontaktes mit beiden Geschlechtern. Stuttgart 1994, S. 172-183.

Wrede, Birgitta: Was ist Sexualität? In: Schmerl, Christiane/Soine Stefanie/Stein-Hilbers, Marlene/Wrede, Birgitta (Hg.): Sexuelle Szenen. Opladen 2000, S. 25-43.

Wulfhorst, Anja (1996): »... ein geglücktes Junggesellenleben habe ich geführt ...«- Lesbische Frauen im Alter – Eine Fallstudie zur biographischen Entwicklung von lesbischer Identität. Universität Bielefeld: Unveröffentlichte Diplomarbeit.

Yescavage, Karen/Alexander, Jonathan: What Do You Call a Lesbian, Who's Only Slept with Men? Journal of Lesbian Studies Jg. 3, Bd. 3, S. 21-31.

Yescavage, Karen/Alexander, Jonathan: Bi/Visibility: A Call for a Critical Update. Journal of Bisexuality Jg. 1, Bd. 1, S. 173-180.

Zinik, Gary: Identity Conflict or Adaptive Flexibility? Bisexuality Reconsidered. In: Klein, Fritz/Wolf, Timothy J. (Hg.): Bisexualities: Theory and Research. New York 1985, S. 7-19.